A Justiça na sociedade
do espetáculo

Reflexões públicas sobre direito, política e cidadania

A Justiça na sociedade do espetáculo

Reflexões públicas sobre direito, política e cidadania

Pedro Estevam Serrano

Copyright © 2015 Pedro Estevam Serrano

Grafia atualizada segundo o Acordo Ortográfico da Língua Portuguesa de 1990, que entrou em vigor no Brasil em 2009.

Edição: Joana Monteleone/Haroldo Ceravolo Sereza
Editor assistente: João Paulo Putini
Assistente acadêmica: Danuza Vallim
Projeto gráfico e diagramação: Gabriel Patez Silva
Assistente de produção: Maiara Heleodoro dos Passos
Revisão: João Paulo Putini

Capa: Henri de Toulouse-Lautrec, Au cirque Fernando, l'écuyère (A amazona no circo Fernando), 1887-1888.

CIP-BRASIL. CATALOGAÇÃO NA PUBLICAÇÃO
SINDICATO NACIONAL DOS EDITORES DE LIVROS, RJ
S498j

Serrano, Pedro Estevam
A JUSTIÇA NA SOCIEDADE DO ESPETÁCULO :
REFLEXÕES PÚBLICAS SOBRE DIREITO, POLÍTICA E
CIDADANIA
Pedro Estevam Serrano. - 1. ed.
São Paulo : Alameda, 2015
448 p. ; 23 cm.

Inclui bibliografia
ISBN 978-85-7939-320-4

1. Brasil - Política e governo. 2. Direito - Brasil.
3. Cidadania - Brasil.
I. Título.

15-22423   CDD: 320.981
              CDU: 32(81)

ALAMEDA CASA EDITORIAL
Rua Conselheiro Ramalho, 694 – Bela Vista
CEP 01325-000 – São Paulo – SP
Tel. (11) 3012-2400
www.alamedaeditorial.com.br

Para Aline Vieira dos Santos e Artur Serrano Costa

Sumário

Prefácio **21**

Nota explicativa **13**

As maiorias discriminadas e excluídas 19
É inconstitucional classificar uso de droga como crime **23**
O direito ao aborto e os princípios republicano e democrático de direito **27**
O papa e o ministro **31**
O resgate necessário da nossa história oculta **33**
Tropa de Elite **36**
Lei Maria da Penha e decisões judiciais equivocadas **38**
O aborto de Cabral **42**
O decoro de Gianazzi **44**
Barbárie e civilidade na questão da homoafetividade **47**
Anistia e tortura **50**
Universalização de direitos e vencimentos da defensoria **54**
Racismo, Estado de polícia e direito **57**
Descriminalização do uso da maconha como forma de combater o crime **60**
O reconhecimento de filiação de casal lésbico **63**
Prostituição, liberdade e abuso sexual de crianças **66**

O Dia da Mulher e a publicidade "Devassa" **69**
Tortura de ontem, tortura de hoje **72**
A discriminação fardada **75**
Segurança pública e o uso recreativo de drogas **77**
O acerto de Paulo **79**
Decisão histórica **81**
Marcha da Maconha e violência **84**
A Marcha da Maconha como livre expressão **86**
O direito à livre expressão homoerótica **89**
O direito das minorias **92**
A pedagogia policial **95**
O perigo da patrulha higienista **97**
Assim na África, assim no Pinheirinho **100**
Verdade e responsabilidade pelos crimes da ditadura **103**
A decisão do STF sobre anencefalia **106**
Cotas étnicas e igualdade **109**
A PM não se adaptou ao regime democrático **113**
O descolamento de Danuza e a exclusão da PM **115**
A proteção necessária às vítimas de crimes violentos **119**
Sobre tortura e amantes **122**
Prostituição e direito à saúde **126**
O papa, os humanos e os inimigos **128**
Intimidade na internet e a violência contra a mulher **133**
A epidemia dos linchamentos **135**
Menores infratores não precisam de penas mais duras **137**

Acertos e contradições de um sistema em movimento **141**

O circo nas CPIs **143**
A reforma política que o Brasil precisa **146**

Abusos nas operações da Polícia Federal **150**
O crime de defender a Constituição **153**
Federação e cidadania **157**
O trem da alegria de uns e a tragédia de muitos **160**
A lição da Anac **162**
Inconstitucionalidade do sigilo parlamentar **165**
Financiamento de campanha eleitoral exige mudanças **167**
Vencimentos e eficiência policial **170**
Avanços e retrocessos da Constituição de 1988 **173**
Reforma política e ruptura institucional **176**
Prefeitos novos, realidade antiga **179**
Ignorância e despudor **180**
Lição da crise **183**
Artigo 142 da Constituição – Honduras será aqui? **186**
Aspectos jurídicos do golpe em Honduras **189**
O mensalão do DEM e a política como esperança **207**
A chamada lipoaspiração de nossa Constituição **210**
Lula, o brasileiro **214**
Direitos humanos e diplomacia **218**
O uso empresarial ilícito dos serviços públicos de Saúde **220**
Concessão é forma de privataria? **223**
Os *hackers* e os advogados **232**
Abandono afetivo e convívio familiar: questão de Estado **234**
Impeachment de Fernando Lugo foi, sim, um golpe **236**
Juízo de exceção na democracia **239**
Lula e o combate à corrupção **243**
O discurso de Marcus Vinicius **248**
Cuba e a democracia **250**
Proposta de reduzir poderes do MP deve ser rejeitada **255**

Democracia e reivindicação **259**
Com computador, para quê senador? **261**
A constituinte jabuticaba **264**
Serviço obrigatório no SUS é constitucional? **268**
Vandalismos **272**
O Brasil precisa se livrar do Fla-Flu político **276**
Black bloc e democracia **278**
Manifestações públicas e abuso de poder **282**
Inteligência de quem e para quem? **286**

Judiciário e cidadania **291**
O papel da mídia no Estado republicano **293**
Por uma mídia mais democrática **297**
Anistia a José Dirceu **300**
Os limites da disputa entre Judiciário e Legislativo no Estado de Direito **305**
A Venezuela e nossas concessões de rádio e TV **308**
O sigilo da quebra de sigilo **313**
Espetáculo comunicativo e o combate à corrupção **315**
O devido processo legal em nossa república infante **318**
O caso do promotor réu e a eficácia do controle externo **321**
A independência funcional do Ministério Público **323**
O porte de arma de juízes e promotores **326**
O grampo no STF **329**
Estado policial e desigualdade social **332**
Liberdade religiosa e serviços públicos de telecomunicações **335**
O ministro e o acesso a inquéritos sigilosos **340**
Lei de imprensa, liberdade de expressão e responsabilidade **343**
Censura ao Estadão e uma nova legislação democrática de imprensa **345**
Os fundamentos de uma legislação democrática de imprensa **348**

Princípios para uma legislação democrática de imprensa *353*
O padre, o advogado e o jornalista *358*
Censura e impunidade *362*
Julgamento na sociedade do espetáculo *364*
O projeto de "Lei da Mordaça" do MP e a Constituição *367*
Lei do Clima e responsabilidade por omissão *370*
A renitência da censura *372*
A mídia comercial que promove a censura *376*
Enchentes e política *379*
Comunicação social: a reforma necessária *382*
Preservação ambiental e justiça social global *388*
Escândalo no Reino Unido e nova legislação de imprensa *392*
O julgamento do mensalão *396*
CNJ e os direitos do cidadão *400*
A inocência de José Dirceu *404*
O empate no caso do mensalão *408*
A prisão dos réus do mensalão *411*
A decisão do ministro, o julgamento do mensalão e a ponderação de valores *413*
Dworkin e Carlos Alexandre Azevedo *416*
O televisionamento dos nossos julgamentos *418*
Joaquim Barbosa e o direito de defesa *421*
As nomeações para o STF *424*
É hora de reformar o STF *427*
STF acima das pressões *430*
A cortesia nos tribunais *432*
Embargos conhecidos *436*
O "mensaleiro" inimigo *439*
A decisão do STF *443*

Prefácio

Paulo Moreira Leite

O principal benefício prestado pelos artigos do professor Pedro Serrano é uma lição de mestre: ajuda a abrir nossos olhos para falsas verdades que o senso comum costuma enxergar como fatos demonstrados.

Serrano costuma partir de episódios e debates da vida cotidiana para falar de grandes dificuldades do Direito e da Justiça. Recupera a noção sociológica de sociedade do espetáculo para explicar – a partir do Caso Nardoni e das noções eruditas de Niklas Luhmann – que é adequado falar em "corrupção sistêmica" quando o universo dos tribunais se afasta de sua racionalidade específica para adotar a lógica dos meios de comunicação e do marketing.

O assunto permanente de Serrano, em todos estes momentos, é a defesa da liberdade de homens e mulheres – essa conquista que a humanidade aprendeu a valorizar somente apos o século XVIII. O professor entra na discussão sobre a descriminalização das drogas para constatar, "antes de mais nada", que "é preciso diferenciar liberdade de direito de liberdade", ensinando que "o tamanho de minha liberdade é o tamanho de minha potência corporal". Já o direito de liberdade "identifica a possiblidade de eu agir de acordo com minha vontade, desde que meu direito não prejudique o direito do outro".

Serrano ensina que está falando de um bem frágil e precioso, que costuma ser ameçado *não apenas pela força bruta das ditaduras mas também por uma visão punitivista* que gosta de acreditar que a dureza de sanções e o acúmulo de medidas fortemente repressivas, mesmo para crimes de baixa gravidade, não só reduz a criminalidade mas representa um passo positivo na construção de uma sociedade melhor e mais justa.

Debatendo os projetos de redução da maioridade penal de 18 para 16 anos, Serrano observa: "mesmo com estatísticas demonstrando que crianças e adolescentes participam com menos de 1% dos crimes praticados no país e do fato de que compilações estatísticas mostram que sanção mais grave não significa índices menores de crimes, a ampla maioria da nossa população aprova a redução da maioridade penal".

Não se trata, é claro, de uma questão específica, envolvendo apenas uma mudança legal particular, mas de uma construção mais profunda, que percorre várias instâncias do Judiciário, que o professor classifica como "irracionalidade populista." E é isso mesmo. Nascida, inicialmente, como uma resposta reacionária aos movimentos em defesa dos direitos humanos, que num primeiro momento denunciavam a tortura de presos políticos sob o regime militar e, após a democratização, tentam defender os presos comuns, essa visão tornou-se um dos alicerces do atual conservadorismo brasileiro.

Na segunda década do século XXI, o Brasil abriga a quinta população mundial e caminha rapidamente para se tornar o terceiro lugar do mundo em número de aprisionados. Mesmo assim, há gente que acredita que esta é a terra da impunidade.

Na realidade, explica Serrano, "ao contrário do que se fala, no Brasil se pune muito e se pune mal". Muitos brasileiros perdem a liberdade porque se acredita que devem ser feitos prisioneiros "preventivamente". A grande maioria dos encarcerados cometeu crimes de pouca gravidade. Seu número, gigantesco, impede que sejam tratados com o respeito devido a todo representante da espécie humana, mesmo enjaulada – até porque o tratamento odioso ajuda a alimentar a convicção vigente de que são bípedes que não têm direito a sequer a um verniz de dignidade. No fim das contas, "o controle que o Estado mantém sobre a população carcerária é mera aparência", observa. "O crime organizado surgiu, se estrutura e arregimenta mais integrantes no interior de nossas prisões."

Ao combinar a erudição jurídica com uma visão necessária da vida social ("juízes são seres humanos influenciados pelo meio em que vivem e não meros autômatos aplicadores de leis"), Serrano foi um dos primeiros a entender com clareza o que estava em curso no julgamento da Ação Penal 470, que o delator Roberto Jefferson chamou de mensalão.

Um ano antes do início do julgamento no Supremo, quando a maior parte da banca de advogados de defesa chegava a acreditar na absolvição da maioria dos réus pela falta de provas, ele apontava para o risco de formação daquele típico ambiente de "corrupção sistêmica". Lembrava verdades elementares: "julgamentos não devem ser produzidos pela imagem midiática que deles decorra, mas sim pela aplicação de nossa ordem jurídica ao caso concreto".

Falava de reportagens "dotadas da verossimilhança dos romances" e não da verdade que deveria ser o mote dos relatos jornalísticos, esclarecendo que o trabalho dos meios de comunicação poderia produzir um efeito previsível e perverso. Ajudaria a "criar um certo consenso de corredor de Tribunal de que, mesmo que não existam provas de qualquer conduta delituosa por parte dos réus, esses devem ser condenados para manutenção da imagem da Corte".

Os fatos a seguir são conhecidos de todos. Com quatro meses de duração, a AP 470 foi um dos julgamentos mais longos da história do

Supremo Tribunal Federal e sem dúvida foi um dos mais midiáticos desde a invenção da TV não apenas no Brasil, mas provavelmente no mundo. Todas as sessões foram transmitidas ao vivo, à tarde – e um resumo dos melhores momentos ocupava os telejornais, à noite. No final, embora as provas fossem fracas, e jamais se tenha demonstrado que houve desvio de dinheiro público – principal tese da acusação –, os réus foram condenados a penas robustas, agravadas artificialmente, para que fossem obrigados a enfrentar o regime fechado na prisão. Noções básicas do Direito, como a presunção da inocência, foram ignoradas, conforme denúncia de advogados insuspeitos de qualquer simpatia política pelos réus. Embora 90% dos acusados fossem cidadãos sem prerrogativas especiais, nenhum teve direito a um segundo grau de jurisdição.

Serão precisos outros argumentos para avaliar a relevância de Pedro Serrano no debate jurídico brasileiro? Duvido.

Nota explicativa

Este livro reúne parte dos artigos que publiquei ao longo da última década em diversos veículos de imprensa. Ao longo deste período, em paralelo às minhas atividades de advogado e de professor universitário, procurei intervir em diversos debates públicos em que as questões que mais me preocupam estavam em discussão.

São problemas, na maioria das vezes, ainda não resolvidos – a bem da verdade, alguns podem ser que nunca se resolvam –, que procurei organizar em três grandes grupos: "As maiorias discriminadas e excluídas", "Acertos e contradições de um sistema em movimento" e "Judiciário e cidadania". Creio que a leitura, sequencial ou aleatória, desses artigos expõem de maneira clara minhas posições sobre questões do dia a dia do Direito e da Justiça, numa sociedade em que o espetáculo muitas vezes distorce e atrapalha a compreensão a fundo dos fatos e das posições dos indivíduos, dos políticos e dos operadores do direito.

Aproveito para agradecer especialmente aos amigos Roberto Cosso e Mariana Carvalho, aos editores Haroldo Ceravolo Sereza e Joana Monteleone e aos jornalistas Sérgio Lírio, Lino Bochinni e Camilo

Toscano, que, de alguma forma, colaboraram na produção e na organização de textos desse livro. A eles, claro, não podem ser imputados eventuais equívocos, embora eu esteja convencido de que participaram dos acertos. Também fica minha gratidão a Paulo Alberto Arroyo Flores e Luciana Arroyo Bou Anni, que colaboraram na seleção dos artigos, e Marina Age Saide Schwartzman, que traduziu alguns trechos do espanhol.

Pedro Serrano, dez. 2014

As maiorias discriminadas e excluídas

É inconstitucional classificar uso de droga como crime

Publicado no portal Conjur, em 02/03/2007

À primeira vista, o uso de drogas e o direito à liberdade parecem trazer à tona ideias contrárias, antagônicas. O uso excessivo de drogas priva o homem de sua liberdade, da capacidade de autodeterminação. Mas é exatamente no direito à liberdade que se fundamenta a defesa da descriminalização do uso de drogas.

Antes de mais nada, é preciso diferenciar liberdade de direito de liberdade. A liberdade é a possibilidade de eu agir de acordo com a minha vontade na potência do meu corpo. É conceito ligado ao mundo real, dos fatos, da natureza. O tamanho da minha liberdade é o tamanho da minha potência corporal.

Já o direito de liberdade é conceito normativo, distinto do anterior, que identifica a possibilidade de eu agir de acordo com a minha vontade, desde que o meu direito não prejudique o direito do outro. É, portanto, conceito mais restrito do que a ideia natural de liberdade.

O direito de liberdade é limitado. E quem determina esse limite é a lei, a qual, na sociedade moderna, disciplinar, simboliza a vontade do cidadão. Saímos da sociedade de polícia, de uma relação autoritária, e entramos numa relação de autoridade hierárquica. No cômputo final, a liberdade real do cidadão será medida pelo número de restrições que o Estado impuser a essa liberdade corporal.

Mas não basta a edição de uma lei, no sentido formal, para impor novos limites ao direito de liberdade. Ao contrário da tradição da interpretação jurídica, é preciso considerar sua dimensão material. O fundamento para se restringir a liberdade de alguém é o fato de esse exercício prejudicar outrem. Preserva-se, assim, o direito da sociedade ou de uma determinada pessoa. É nesse contexto que estão situados os mecanismos de restrição.

Significa dizer que eu não posso impedir a vida humana pelo simples fato da minha vida provocar uma perturbação na vida do outro. É preciso respeitar o critério da razoabilidade ao se estabelecer limitações ao direito de liberdade. Para tanto, deve-se ter uma exata compreensão do que seja a conduta ilícita. O fato de eu usar droga não prejudica ninguém, além de mim mesmo.

A conduta ilícita não é usar droga, mas sim dirigir após ter usado droga, por exemplo. É o que a sociedade estabelece em relação ao consumo de bebidas alcoólicas. Nem por isso considerou-se necessário proibir o consumo de álcool.

É preciso sopesar os valores envolvidos. Avaliar a potencialidade da droga em ocasionar danos à sociedade em face dos efeitos provocados por mais uma restrição ao direito de liberdade. A liberdade é valor fundamental para o homem. Ao restringi-la, corre-se o risco de acabar com a essência humana.

Claro que há um custo social envolvendo o exercício do direito de liberdade. Assim como há custos sociais atrelados ao exercício de todo e qualquer direito. Viver ocasiona custo social.

Não se pode debater esse tema, no entanto, sem discutir a questão da responsabilidade. O conceito que permeia essa discussão é o da singularidade, que implica dizer que eu sou responsável na medida da minha conduta. Esse conceito é relativamente recente na história do homem. Já houve tempo em que toda a família respondia juntamente com o autor do delito. Aliás, essa ideia ainda perdura em algumas sociedades.

A liberdade repousa na ideia de responsabilidade. Não são os objetos do mundo anímico que causam problemas, e sim o uso irresponsável, a forma como nos relacionamos com eles, o que fazemos deles. A tentativa de suprir essa demanda por responsabilidade por meio do estabelecimento de um excesso de restrições é infrutífera. Pelo contrário, esse excesso estimula certa dose de irresponsabilidade.

Nesse sentido, a nova lei de tóxicos, ao diminuir a pena do usuário de drogas, representa algum progresso no campo legislativo. Talvez influenciado pela jurisprudência que há algum tempo já se posicionava assim, o legislador retirou do texto legal a prescrição de pena restritiva de liberdade no caso de consumo de entorpecentes. Apesar disso, ela não está isenta de críticas.

A nova lei de tóxicos é um avanço, mas um avanço tímido. Ela mantém uma inconstitucionalidade, que é considerar o uso de drogas crime.

A ordem jurídica tem que ser interpretada como valor, e não no seu sentido literal. Respeitar o direito de liberdade, portanto, significa possibilitar a aplicação da lei constitucional, e não inviabilizá-la. O direito à liberdade é garantia fundamental do homem. Merece o tratamento adequado.

Não cabe ao legislador considerar o uso de drogas crime, pois não há lesão à sociedade ou a outrem a garantir o conteúdo material desse preceito. O ato, em si, de consumir não prejudica ninguém, a não ser o próprio usuário. A forma como cada um gerencia seu corpo, sua saúde, é problema de cada um, individual. O que o Estado não pode permitir é que alguém prejudique a saúde do outro.

Vivemos hoje num mundo pródigo em proibições e restrições à liberdade. Isso é o reflexo de uma onda conservadora que alcança hoje boa parte das sociedades no mundo todo. É preciso parar e refletir se é esse o melhor caminho a ser seguido.

Enfim, é preciso também desfazer um mal-entendido bastante frequente. Muitos críticos da descriminalização confundem essa ideia com a da liberação das drogas. Descriminalizar é diferente de liberar. Liberação é não ter restrição nenhuma, é permitir o uso de forma incondicional.

A descriminalização não impede a imposição de restrições de natureza não penal, que, certamente, são necessárias. Deve sim haver limitações de caráter administrativo e civil, por exemplo, como a proibição de consumo em lugar público ou por pessoa menor de idade. Mas, no ambiente privado, particular, não há sentido em fazer essa restrição. Se eu posso oferecer um vinho, por que não posso oferecer maconha? Não é razoável proibir certas substâncias e liberar outras.

O que não se justifica, porém, é o estabelecimento do mais forte mecanismo de restrição, ou seja, a proibição, impingindo ao usuário o estigma de criminoso, quando não há prejuízo a terceiro. Só pode haver restrição penal quando uma dada conduta causar prejuízo a outrem ou à sociedade de forma objetiva, concreta e direta.

O direito ao aborto e os princípios republicano e democrático de direito

Publicado no portal Última Instância, em 19/04/2007

O Estado de Direito se caracteriza pela proteção aos princípios republicano e democrático, como decorrência deles o direito de liberdade, isto é, numa dimensão formal: a prerrogativa que todos nós temos de agir de acordo com nossas convicções e desejos, desde que respeitados os limites impostos legitimamente pelo Estado na forma da lei. Agindo dentro desses limites, o indivíduo não pode sofrer ação punitiva do Estado ou qualquer outra forma de sanção corporal.

Além de seu conteúdo formal, que apregoa só ser admissível no direito a introdução de limites ao direito de liberdade se e quando veiculados por lei, o direito de liberdade também possui uma dimensão material.

Não basta regular introdução no sistema por lei para se instituir uma limitação à liberdade dos indivíduos. É preciso também que tal limitação se justifique na proteção de direito de terceiro ou da sociedade.

O sistema jurídico brasileiro, e, em especial, o ordenamento constitucional, só admite tal restrição se ela tiver como objetivo impedir que o exercício do direito de liberdade de uma pessoa ofenda ou impeça o exercício de direito por outra pessoa, ou proteger algum interesse social juridicamente tutelado.

Em se tratando do uso de tóxicos, por exemplo, é claramente inconstitucional a criminalização da conduta do usuário de drogas, pois este, ao fazer uso da substância entorpecente, não ofende o direito de terceiros ou mesmo da sociedade. O uso de tóxicos prejudica apenas o seu agente. Cabe, portanto, a ele decidir se deseja ou não impingir tal ônus ao seu corpo. Trata-se, portanto, da gestão do seu próprio corpo, ou seja, do exercício do direito de liberdade constitucionalmente amparado.

A questão que se apresenta no tocante ao direito ao aborto, no entanto, é diversa. No aborto, o exercício do direito de liberdade da mãe, de retirar o feto, implicaria uma suposta restrição ao direito à vida. Nesse caso, podemos aventar a hipótese de conflito entre direitos de sujeitos distintos: o direito de liberdade da mãe, de gerenciar seu próprio corpo, e o direito à vida do feto. É necessário, portanto, para o deslinde desse problema, que façamos a necessária distinção entre liberdade e direito de liberdade, e vida e direito à vida.

A liberdade consiste numa potência física que a natureza atribui ao ser humano. Ao indivíduo é dada a possibilidade de agir de acordo com essa capacidade física. Já o direito de liberdade consiste na incorporação de limites a esse conceito inicial.

Com fundamento nesse direito, a conduta de um indivíduo passa a ser limitada pela conduta de outrem, tendo, necessariamente, limites culturais, barreiras impostas pela convivência social. O direito de liberdade é, nesse sentido, conceito muito mais restrito do que o conceito de liberdade.

Em relação à vida e ao direito à vida, o mesmo mecanismo pode ser aplicado. Em sentido abstrato, a vida é também uma potencialidade advinda da natureza, de fruição plena, de um "contínuo" que teve exórdio há centenas de milhares de anos no planeta. O mesmo não se dá com o direito humano à vida. Tal direito se limita à vida humana e tem por pressuposto a existência de limites advindos do vínculo cultural, isto é, dos valores que regulam a sociedade em determinada época.

Mesmo hoje, na Constituição Federal em vigor, encontramos exemplos de restrições social e legalmente aceitas à vida. O soldado que deserta no campo de batalha, por exemplo, pode ser punido com a pena de morte. Sua vida natural é interrompida por determinação do Estado, com fundamento em razões de ordem cultural: para a nossa sociedade, fugir em caso de guerra consiste numa traição tão terrível à nação que o indivíduo não merece mais viver, e também a pena de morte é necessária como punição ensejadora da cadeia de comando num conflito mortal como a guerra.

Há nítida distinção, portanto, entre vida, conceito cujo significado se encontra na natureza, e direito à vida, conceito cujo sentido reside no ambiente cultural, na convivência entre os homens.

Tais distinções, além de inerentes à ordem jurídica em geral, são absolutamente necessárias. É papel do direito, muitas vezes, estabelecer, de forma arbitrária e cultural, algo que é difícil discernir no fenômeno da natureza, limitando, assim, a vida do ser humano segundo valores sociais e que se alteram ao longo da história do homem.

Um bom exemplo para ilustrar essa situação é o do caso da morte do córtex cerebral. Quando ocorre a morte do tecido cerebral, embora tecnicamente o corpo continue vivo, o direito considera que houve morte no sentido jurídico da expressão. Com isso, autoriza-se o médico a desligar os aparelhos e interromper aquele processo mecânico e artificial de manutenção da vida.

A vida humana, para o direito, está intrinsecamente relacionada ao conceito de consciência, mesmo que potencial. É razoável, portanto, afirmar que a interrupção da vida natural antes do surgimento daquilo que possibilitará o desenvolvimento da consciência não implica, no sentido jurídico, em interrupção da vida humana.

Como o córtex cerebral começa a se formar a partir do terceiro mês de gestação, a interrupção da gravidez até esse instante não caracteriza ofensa à vida humana, pois esta não existirá enquanto não houver potência de consciência.

Em consequência do raciocínio acima, não podemos dizer que, ao interromper a gestação até o terceiro mês, a gestante esteja ofendendo o direito à vida de alguém, nem justificar uma eventual penalização da mulher em prol da proteção à vida humana. Uma vez que ainda não existe potencialidade biológica de consciência, ou seja, que o córtex cerebral ainda não se desenvolveu, a interrupção da gravidez até esse momento consiste no salutar exercício de liberdade da gestante e não pode ser punido com qualquer forma de sanção penal.

É inconstitucional, portanto, qualquer forma de sanção penal aplicada ao aborto praticado até o terceiro mês de gestação, porque, até esse momento, não existe vida no sentido jurídico da expressão. A potencialidade de vida humana vai existir quando houver o córtex cerebral, ou seja, a potencialidade de consciência.

Ninguém duvida que o aborto seja uma conduta extremada, que pode ter fortes e sérias implicações tanto do ponto de vista físico como psicológico e social. Não defendemos, de modo algum, a banalização dessa conduta nem seu uso corrente como método anticonceptivo. A questão é diversa. A discussão que ora apresentamos é a de se saber se o Estado tem o direito de punir uma mulher em consequência do modo como ela decide gerenciar o seu corpo, sem que ela ofenda a vida humana no sentido jurídico da expressão.

A questão do aborto ainda desperta muita polêmica e reações extremadas tanto daqueles que se declaram favoráveis quanto dos contrários a essa prática. Na tentativa de se entender melhor qual é a posição da sociedade brasileira, lançou-se a ideia da realização de um plebiscito sobre a legalização do aborto. A iniciativa partiu do ministro da Saúde José Gomes Temporão, e a proposta de consulta popular já tramita no Congresso.

Mas, independentemente da posição defendida por cada um na questão do aborto, não vejo justificativa para as agressões perpetradas contra o ministro em eventos públicos em decorrência dessa posição dele. A opção pelo plebiscito é uma forma republicana de tomada de decisão, que se destaca pela participação direta da população na busca de uma solução para o problema que se apresenta. No momento em que resolve colocar em debate na sociedade a questão da descriminalização do aborto, o ministro demonstra coragem cívica e republicana.

A posição do ministro não implica em defesa da prática do aborto, mas sim em estímulo ao debate público sobre uma questão que é absolutamente fundamental para toda a sociedade num país democrático e republicano. As agressões que vêm sendo noticiadas pela mídia refletem a postura autoritária de alguns poucos interlocutores que não querem debater o tema de forma democrática e republicana.

A posição do presidente Lula, noticiada pela mídia, defendendo a abstenção do governo na questão da realização do plebiscito, se realmente defendida pelo presidente, é decepcionante. O que pode haver de mal no debate e na decisão pública da questão? Pode-se compreender que o governo não se posicione contra ou a favor do aborto ou de sua descriminalização, mas se eximir de opinião quanto a um plebiscito sobre o tema? Faltou ao comandante a coragem cívica do comandado. Lula, neste caso, decepcionou!

***

O papa e o ministro

Publicado no portal Última Instância, em 09/05/2007

Diversos órgãos de imprensa dão notícias de uma suposta tensão na visita papal ao Brasil em face do governo Lula, fundada na postura do ministro da Saúde, José Gomes Temporão, de querer pôr em debate temas como a descriminalização do aborto e das pesquisas com células-tronco provenientes de embrião.[1]

O fator fundante do fim do obscurantismo da Idade Média, na história humana, foi indubitavelmente a centralização do poder político nas mãos do Estado e a separação definitiva de seu exercício da religião e da Igreja. O Estado laico foi uma conquista humana fundamental, sem a qual a democracia e a República contemporâneas não seriam possíveis.

Espiritualidade e fé são dimensões humanas inafastáveis e existentes em toda forma de organização social conhecida. Mas essas dimensões não se confundem com o exercício de poder político por organizações religiosas como a Igreja Católica.

A história da humanidade é recheada de exemplos que podem representar o exercício religioso do poder político, inclusive na contemporaneidade, haja vista a ditadura no Irã, que apedreja homossexuais e obriga o uso da *burka* pelas mulheres.

O Estado de Direito, antes de se caracterizar pela supremacia da lei no sistema, funda-se também na ideia de racionalidade nas decisões públicas.

Políticas públicas num regime democrático e republicano são realizadas por critérios laicos, racionais e não de crença ou fé. É o que funda a noção de separação entre religião e Estado, inclusive como medida de preservação da própria liberdade religiosa, não se privilegiando nestas políticas de Estado nenhuma religião em detrimento de outra.

A preservação das liberdades públicas, dentre as quais a liberdade religiosa, com seu consectório de preservação da isonomia no trato estatal entre as crenças dos cidadãos, se vê ameaçada quando um aspecto fundante do regime democrático é objeto de investidas de uma

---

1 Entre 09/05 e 13/05/2007 o Papa Bento XVI esteve em visita ao Brasil. Poucos meses antes, o então ministro da Saúde do governo Lula, José Gomes Temporão, havia apoiado publicamente a realização de um plebiscito para consultar a população sobre a descriminalização do aborto e defendia a autorização de pesquisas com células-tronco embrionárias no Brasil – dois temas avessos à Igreja Católica.

organização religiosa como a Igreja: o direito da cidadania de debater livremente e decidir democraticamente o conteúdo de suas leis criminais.

Isso porque o que propõe o ministro é o debate democrático e a decisão popular por plebiscito quanto à descriminalização do aborto e não a adoção de uma postura fechada por parte do governo. O que deseja a Igreja é o não debate da questão.

Absolutamente compreensível que lideranças eclesiais se ponham contra a descriminalização do aborto, mas não que litiguem contra o debate aberto e o método democrático de decisão a respeito.

Usar do altar como lugar de ataque ao procedimento democrático é uma pratica perigosa e de tristes resultados quando eficaz.

Que a crença de cada um seja fundamento do fortalecimento de sua cidadania – como já foi, no triste passado de nossa ditadura militar, a fé católica de alguns de nossos heróis contemporâneos da luta pelos direitos humanos – e não fator de obscurantismo e litígio contra métodos ensejadores de um poder político cidadão e republicano.

***

O resgate necessário da nossa história oculta

Publicado no portal Última Instância, em 31/05/2007

Foi com incontida satisfação que recebemos a notícia veiculada por este site no último dia 26 de maio sobre o manifesto subscrito por um grupo de integrantes do Ministério Público Federal e por juristas de primeira grandeza, no tocante a provocar o Judiciário brasileiro para que promova a punição dos responsáveis por crimes de tortura e homicídio durante a vigência do regime militar no Brasil.

Não se trata de querer a punição apenas dos agentes públicos civis e militares, mas mais que tudo garantir à nossa nação o legítimo direito à apropriação de sua história. Do lado das forças políticas que se revoltaram de forma pacífica ou armada contra a ditadura, seus agentes já foram identificados e seus nomes e trajetórias estão aí à disposição de nossa história. A maioria recebeu formas diversas de punições ou retaliações que vão da retirada compulsória do exercício de cargos públicos à tortura e morte, passando pelo exílio.

Do lado do então governo ditatorial, seus então agentes promotores e mandantes de torturas e desaparecimentos de aprisionados políticos tentam desaparecer do escrutínio histórico. Talvez por culpas inconfessáveis, vergonha de seus atos covardes de submeter outro ser humano à condição de impotência e então torturá-lo e mesmo matá-lo; receio de ter de encarar seus herdeiros e parentes próximos, tendo de se assumir como autor de atrocidades inomináveis sob o manto protetor do exercício abusivo de autoridade pública etc. Não importam as razões pessoais dos criminosos, mas é relevante que seus crimes sejam postos à luz com identificação de sua autoria como forma de resgate e conhecimento de nossa história.

O pior de desconhecer tais condutas e suas autorias é a possibilidade de que, por tal ignorância histórica, futuras gerações venham a praticá-las novamente. O interesse individual e corporativo de nossas forças militares não pode se sobrepor ao interesse geral da nação em conhecer a verdade dos fatos e das pessoas envolvidas.

A exemplo de outras nações sul-americanas que passaram por ditaduras semelhantes, os poderes estatais não podem vacilar em seu dever de promover o resgate dos fatos e identificação das autorias por meio de apurações realizadas com vistas à obtenção de verdade isenta, segundo as normas reguladoras de investigação e processo previstas em nossa Constituição e na legislação.

E o que mais estarrece não é a reação contrária de integrantes na ativa e na reserva de nossas forças armadas. Talvez atuem assim por acreditar estarem protegendo companheiros, olvidando que são criminosos que desonraram a farda que ilegitimamente ainda vestem.

O que mais surpreende é a conduta complacente, na fronteira da conivência, do Governo Federal com esta ocultação histórica, que parece esquecer suas origens na luta contra esta mesma ditadura. O governo parece trocar a história de seu povo por conveniências ocasionais de administração. O presidente Lula age com inexplicável tibieza contraditória à imagem do estadista que demonstra ser em outras ocasiões. A nação espera que os confortos palacianos não lhe façam esquecer as agruras do cárcere onde também foi ilegitimamente aprisionado como adversário do regime militar.

Nosso governo ainda tem tempo para reverter suas posições em favor da ocultação dos crimes do regime militar e se colocar como autor do merecido resgate de nossa história.

Algozes fardados já nos tiraram as liberdades individuais e políticas por duas décadas, que não nos tirem o conhecimento de nossa história como nação, inclusive no que ela tem de mais vergonhoso, para que tais fatos não mais se repitam.

Tropa de Elite

Publicado no portal Última Instância, em 27/09/2007

As revistas semanais trazem na capa manchetes relativas ao filme *Tropa de Elite*, produção nacional dirigida por José Padilha, que estreia em circuito comercial em 12 de outubro, mas desde o início de setembro vem sendo apresentada em Jundiaí, para poder cumprir as regras de competição do Oscar. O filme teve também exibição ao público na abertura do Festival do Rio 2007 e em outras avant-premierès pelo resto do país. Além disso, foram vendidas milhares de cópias piratas, calculando-se que a produção já tenha sido assistida por mais de 1 milhão de pessoas.

Tive a oportunidade de ver o filme. Espetacular obra cinematográfica. Além de trazer a nu aspectos relevantíssimos da vida urbana no Brasil, é excelente entretenimento, prendendo a atenção do espectador por cada segundo de seu longo percurso.

O filme, entretanto, assume a perspectiva dos oficiais da força de operações especiais da PM carioca, o Bope. Mostra claramente os métodos de tortura e homicídio usados por esta tropa e pela polícia em geral nos morros cariocas. As informações são obtidas através de tortura cruel muitas vezes de inocentes membros da comunidade, e os supostos bandidos são mortos a sangue frio.

Enquanto o Bope é posto como tropa incorruptível, a corrupção do restante da Polícia Militar é corajosamente denunciada e exposta, razão pela qual oficiais desta corporação tentaram impedir a exibição da película.

Não me recordo de ter assistido um longa-metragem nacional que abordasse a questão da guerra e da violência contra o crime organizado e da corrupção policial sob a ética dos integrantes destas forças policiais. O filme supre essa lacuna.

Como uma das conclusões essenciais que a obra oferece temos que ao policial militar só são oferecidas três alternativas de conduta face à tragédia que é a violência do crime organizado e das condições sociais do país: se omitir, se corromper ou "ir para a guerra". Em palavras mais precisas: prevarica, pratica em quadrilha crime de corrupção e peculato ou se torna um psicopata torturador e homicida.

Segundo as revistas semanais, a reação da população carioca é impressionante. A tropa do Bope é aplaudida por onde passa, inclusive no desfile de 7 de setembro, desde que o filme chegou ao mercado paralelo e à internet.

É de estarrecer que o público considere como mocinhos agentes que são apresentados no filme como torturadores e homicidas a sangue frio. Mais do que mostrar a natural revolta da população com a tragédia que é a violência urbana e o crime organizado, o comportamento revela nosso despreparo no que respeita a uma necessária consciência mínima quanto aos direitos fundamentais do ser humano e do cidadão. Nossa Constituição, portanto, passa ao largo dos aplausos.

Por óbvio, o policial que tortura e mata é tão criminoso quanto o malfeitor que busca aprisionar e deve ser tratado pela sociedade e pelo Estado como tal.

Aplaudir a tortura e o homicídio é sintoma de um traço incivilizado que nada acrescenta em termos de eficácia ao combate do crime organizado. Como o filme demonstra, há décadas a tortura e o homicídio são os métodos repressivos usados por parte da polícia nos morros cariocas e na persecução ao crime organizado e nem por isso sequer arranhou as estruturas das quadrilhas e bandos.

Notícia do jornal *O Estado de S. Paulo* demonstra que tais condutas não são privilégio da PM carioca; também alguns policiais de São Paulo as praticam corriqueiramente.

A tortura e o homicídio, além de ineficazes como método de combate ao crime, afastam o policial da sanidade própria dos homens civilizados, transforma-o num psicopata animalizado, tornando-o um criminoso de alta periculosidade.

Existem métodos aceitos internacionalmente de investigação e captura de malfeitores compatíveis com o Estado Constitucional de Direito. A eles a conduta policial deve se limitar. O policial torturador e homicida deve ser exemplarmente punido, assim como o corrupto. Deve sofrer a reprovação social que todo criminoso perigoso faz por merecer.

Aplaudir a tortura e o assassinato é um encômio à incivilidade, à barbárie e implica num risco de retrocesso em valores conquistados após séculos de história humana prenhe de sacrifícios para tanto, além de sinal da triste doença social que é a violência urbana de nossos tempos.

***

Lei Maria da Penha e decisões judiciais equivocadas

Publicado no portal Última Instância, em 25/10/2007

Os últimos dias nos trouxeram, pelos meios noticiosos, o conhecimento de infelizes decisões judiciais – uma de juiz de primeiro grau e outra de tribunal de segunda instância, de estados diferentes – que consideraram inconstitucionais os dispositivos da lei 11340/06. A chamada Lei Maria da Penha estabelece procedimentos mais ágeis e penas mais rigorosas que a legislação penal comum para o homem que comete violência doméstica contra qualquer mulher que habite seu lar.[2]

Ao que consta no noticiário, a decisão do tribunal referido funda-se no princípio da igualdade entre homem e mulher no exercício de direitos e deveres do matrimônio.

A decisão de primeiro grau referida traz argumentos teratológicos, indicadores inclusive de ausência de condições mínimas para o exercício da magistratura por seu autor, tais como a suposta culpa feminina pelo "pecado original" e outras estultices de cunho pseudo-religioso, que desmereçem citação expressa em homenagem a quem nos lê e que jamais deveriam servir de arrimo técnico para uma decisão judicial.

Ao juiz, é dada pela Constituição ampla liberdade de fundamentar sua decisão da maneira que bem entenda, desde que o faça de forma minimamente referida na ordem jurídica e não em interpretações peculiares e machistas do evangelho. Evidente o abuso de poder em referida decisão.

O argumento do tribunal, de cunho mais técnico e adequado, não merece prosperar contudo, se realmente observada nossa ordem constitucional.

Como é cediço, igualdade numa relação jurídica não implica desconhecimento das diferenças que são inerentes aos seres humanos. Nossa jurisprudência e doutrinas são fartas no que tange à fixação da igualdade como tratamento desigual no limite da desigualdade, na expressão do saudoso Rui Barbosa.

Ou seja, igualdade no sentido jurídico significa não aceitação de estabelecimento de critérios discriminadores que não encontrem razão de

---

[2] Sancionada em 2006, a Lei Maria da Penha gerou diversas controvérsias entre os aplicadores do direito, que questionaram sua constitucionalidade. Diante deste cenário, em dezembro de 2007, a fim de afastar a insegurança jurídica sobre a aplicabilidade dos dispositivos da Lei, especialmente dos Artigos 1°, 33 e 41, a Presidência da República apresentou ao Supremo Tribunal Federal (STF) a Ação Declaratória de Constitucionalidade 19 (ADC 19), que foi acolhida por unanimidade em 2012.

ordem lógica que os amparem (vide Celso Antonio Bandeira de Mello in "O Conteúdo Jurídico do Princípio da Igualdade").

Por razões óbvias, a diferenciação entre os sexos no que diz respeito à violência doméstica encontra amplos fundamentos lógicos que a justifique. Iniciando pela condição física privilegiada que, em geral, o homem possui em relação à mulher.

A violência de um ser humano contra outro deve ser reprimida evidentemente, como forma de manutenção da paz social, da segurança jurídica e da integridade física das pessoas.

Ocorre que quando realizada na intimidade do lar, perpetrada pelo mais forte contra a parte fisicamente mais fraca, torna-se de uma perversão maior e atenta contra – além dos bens e valores jurídicos referidos, atinentes a qualquer ato de violência corrente – o essencial valor de salvaguarda da família, direito de todos e dever do Estado proteger consoante o artigo 226 de nossa Carta Constitucional.

Ao agredir sua esposa, o marido não apenas agride um ser humano, agride o núcleo humano tido por nossa Constituição como base de nossa sociedade: a família. Obviamente, sua pena deve ser mais rigorosa que a da violência comum, pois agride a uma maior gama de bens jurídicos legítimos e amparados por nossa ordem constitucional.

Deixemos de hipocrisia. Nosso país pode não ser a nação de nossos sonhos. Mas se a maioria de nosso povo levanta de manhã e vai trabalhar, em vez de ir assaltar ou se embebedar, isso se deve mais a nossas mulheres que aos nossos homens.

Iniciei minha vida profissional atendendo a população carente, num serviço de assistência judiciária. Pude constatar então o que todos sabem: quem sustenta e conduz a vida dos filhos são as mulheres. Nossas famílias, em geral, são abandonadas por nossos ébrios varões.

Se algo há de digno em nossa sociedade isso se deve à mulher, em especial à mulher pobre, sem recursos, que traduz na tez rude, sem os adereços de nossa elite, o amor aos filhos como cotidiano de entrega ao trabalho e à crueza da vida dura. Essas são as mulheres agredidas que carecem de um mínimo de apoio da sociedade, que se matam para ajudar a construir.

Escárnio perverso com a cidadania usar dos atributos da magistratura para pretender invalidar um dos poucos diplomas legais que visam proteger nossas mulheres na única situação em que são hipossuficientes em relação a nossos homens: a de potência física.

O que surpreende nessas infelizes decisões não é apenas sua incultura técnico-jurídica, mas sua falta de sensibilidade e seu machismo incontestável.

Felizmente, são decisões ocasionais, que representam o inculto entendimento de um mínimo de magistrados. O próprio Poder Judiciário saberá corrigir o equívoco evidente.

Mas também não deixa de ser triste a existência de decisões assim. Não se discute a autoridade que se reveste uma decisão judicial, sempre há que se cumpri-la.

Pobre a sociedade em que a autoridade é exercida em oposição ao cavalheirismo e à sensibilidade. Nossas Marias merecem decisões de melhor qualidade, na altura de seu valor como pilares do que de melhor há em nós.

O aborto de Cabral

Publicado no portal Última Instância, em 01/11/2007

Em mais de uma oportunidade, nesta coluna, pude expor meus argumentos em favor da descriminalização do aborto, tanto em dimensão jurídica quanto política.

Segue, contudo, que a mídia nesses últimos dias trouxe ao conhecimento público declaração do atual governador do Rio de Janeiro, Sérgio Cabral Filho, na qual este defende a descriminalização do aborto como forma de mitigação dos índices de violência e de ampliação da segurança pública.

O referido governador aparentemente aplicou mecânica e irrefletidamente assertivas do economista Steven Levitt ("Freakonomics") sobre o tema.[3]

Ao que consta, o governador reviu sua declaração, desfazendo o desconforto que a mesma ocasionou.

Mesmo com o desmentido, nunca é demais grifar-se o despautério deste tipo de formulação, infelizmente não tão incomum.

O conteúdo subjacente na assertiva é cruel e insano. Propõe-se eliminar os efeitos malignos da miséria pela eliminação física dos miseráveis.

A título de defender uma proposta progressista e racional, a descriminalização do aborto, utiliza-se uma fundamentação que só faz fortalecer a hegemonia neofascista que vem tomando corpo em nossa sociedade por conta da tragédia que é a violência urbana em nossas principais cidades.

Este tipo de fundamentação, além de se por às textilhas com o valor que supostamente procura defender, o tratamento do aborto como

---

[3] No livro *Freakonomics – O lado oculto e inesperado de tudo que nos afeta*, o economista norte-americano Steven Levitt defende teses polêmicas, entre elas a de que a legalização do aborto seria a grande responsável pela redução das taxas de criminalidade nos Estados Unidos.

questão de saúde pública e não como crime, numa perspectiva de tolerância e liberdade, coloca a eliminação física do miserável como solução para a miséria.

Junto com ícones públicos como o Bope no Brasil, o Patriot Act nos EUA, os "abrigos" de Calais na França e demais representações de políticas públicas de violência contra as pessoas como técnicas correntes de governo, a fundamentação referida ajuda a criar o caldo cultural conformador daquilo que Agamben, fundado em obscura figura do direito romano arcaico, chama "Homo Sacer", o que pode ser morto por qualquer um sem punição.[4]

Ou seja, a aceitação cultural de que uma parcela da humanidade não deve ser tida como humana, como titular de direitos mínimos inerentes ao simples fato de pertencer à espécie.

"Homo Sacer" não são os exércitos de mão de obra de reserva que descreveu Marx, excluídos que, ao menos, tinham um papel no sistema. Na contemporaneidade, papel nenhum lhes é reservado no sistema, excluídos integralmente da vida gregória, sendo consentido, a qualquer um, retirar-lhes a vida. Sagrados apenas porque destinados ao sacrifício, ao papel de cordeiros imolados. Habitam a África, as favelas cariocas, os cortiços paulistas etc.

Sob as vestes racionais da defesa da descriminalização do aborto e do uso dos números de Levitt, a formulação desumana e desmentida de Cabral nos alerta para o fato de que não apenas os discursos religiosos são passíveis de serem contaminados pela insanidade. Também a razão, quando divorciada de sua contraface axiológica, distante de valores humanos, pode ser atingida pela mesma patologia (vide a eugenia hitlerista).

---

4 Giorgio Agamben (22/04/1942), filósofo italiano, é autor de obras cujos temas vão da estética à política. Seus trabalhos mais conhecidos perscrutam os conceitos de estado de exceção e homo sacer.

Mais do que nos preocuparmos em defender ou atacar propostas "de lege ferenda", temos que estar atentos a sua fundamentação. A mesma proposta pode servir a Deus e ao Demônio, segundo a liturgia de quem a defende.

***

O decoro de Gianazzi

Publicado no portal Última Instância, em 29/11/2007

Foi noticiado recentemente o ocorrido na Assembleia Legislativa de São Paulo referente ao ato de lançamento de Frente Parlamentar em defesa da livre orientação e expressão sexual, durante o qual o transformista Henrique Rocha se apresentou vestido em trajes sumários, de calcinha e sutiã.

Em razão da forma exuberante de autoexposição praticada pelo transformista, pretendem alguns parlamentares a cassação do mandato do deputado Carlos Gianazzi, do PSOL, líder da aludida Frente, por supostamente o parlamentar não ter interditado a conduta inadequada da *drag queen*.

A conduta do transformista em questão no âmbito jurídico não parece merecer maior atenção para sua qualificação jurídica. Se não caracterizado, eventualmente, crime de atentado ao pudor, parece-nos que a exibição indevida caracteriza-se como sujeita a interdição administrativa pelas autoridades competentes diante da incompatibilidade com o pudor devido ao ambiente institucional e de representação da cidadania da Assembleia.

Já tive a oportunidade de manifestar nesta coluna meu ponto de vista de que o direito fundamental à liberdade de expressão não inclui apenas a livre manifestação de ideias e opiniões, mas também a expressão afetiva, inclusive a homoafetiva. Nossa Constituição garante a heteros e homossexuais os mesmos direitos de expressão pública de sua afetividade, desde que observados os limites inerentes à convivência social expressos nas proibições legais garantidoras do pudor público.

Relevante para o deslinde constitucional do tema ter-se em mente a diferença entre liberdade e direito de liberdade.

Liberdade é um conceito representativo de uma potência física advinda da natureza, que só nos quadrantes materiais do corpo e de suas possibilidades encontra limite. Direito de liberdade expressa uma forma cultural em que a ordem jurídica condiciona e limita o exercício desta potência física e da vontade pessoal no ambiente social de convívio. Ou seja, o direito de liberdade é sempre uma possibilidade de conduta mais restrita materialmente do que a liberdade física, pois condicionado por fronteiras limitadoras que garantem o convívio. Meu direito de liberdade vai até onde começa o do outro.

O direito à livre expressão homoafetiva não deve ser tratado de forma diferente. É garantido pela Constituição desde que exercido nos limites postos por nossa ordem jurídica. Independentemente de sua orientação ou condição sexual, as pessoas devem observar limites de pudor público na expressão de sua afetividade e erotismo, de acordo com as circunstâncias fáticas.

A ilicitude de apresentar-se numa Assembleia Legislativa em trajes sumários configura-se de forma igual a todas as orientações sexuais, hetero ou homo. Aliás, a nosso ver, o que caracteriza a ilicitude não é apenas o traje sumário em si, mas o que seu uso significa de agressão e provocação ao pudor público. Se o traje sumário, pelas circunstâncias de sua apresentação, não implica agressão, não há ilicitude, por exemplo, uma moça fantasiada de biquíni que integra uma escola de samba que se apresenta na Casa de Leis. A ilicitude ocorreria, contudo, se a mesma moça de biquíni comparecesse a um velório de autoridade realizado no Legislativo.

No plano político, é de destacar-se que a conduta do transformista em nada contribuiu com a justa luta pela livre expressão homoerótica. Além de inadequado e aparentemente ilícito, o comportamento nos pareceu ter o único fito de chamar as atenções sobre si em prejuízo do interesse coletivo em defender uma causa de defesa da liberdade humana.

Por outro lado, não nos parece razoável e juridicamente adequado cassar o mandato do deputado Gianazzi por falta de decoro parlamentar, responsabilizando-o pelo ocorrido.

A falta de decoro parlamentar só deve incidir sobre condutas pessoais do parlamentar, nunca em razão da conduta de terceiros. É natural da atividade política a promoção de manifestações públicas. O parlamentar não pode ser responsabilizado por condutas individuais tidas durante manifestações coletivas que promove. Não foi a conduta pessoal do parlamentar que implicou ofensa ao decoro e ao pudor daquela Casa de Leis.

Ainda que se considere o deputado como detentor de poder de polícia para interdição da conduta, o que é discutível, e portanto tendo omitido conduta devida ao não reprimir a apresentação do transformista, é de considerar que o exercício do poder de polícia administrativa é discricionário, comportando margem subjetiva de apreciação das circunstâncias fáticas pelo agente que o exerce.

Tendo em conta que a conduta do cidadão em questão não punha em risco a segurança física dos demais manifestantes nem do patrimônio da casa, não nos parece sancionável eventual omissão de ordem de repressão física ao agente do delito. A decisão de usar ou não formas legítimas de violência para coibir imediatamente a conduta nestas circunstâncias é dotada de amplo grau de discrição pela autoridade, não havendo como caracterizar como ilícita a omissão na expedição da ordem, sendo eventual cassação do mandato do parlamentar írrita por falta de fundamento jurídico ou por, ao menos, ausência de proporção e razoabilidade.

A nosso ver, além de incompatível com a ordem jurídica, seria profundamente injusta a cassação do combativo parlamentar por conta do inadvertido excesso de um manifestante isolado. A tentativa de cassá-lo, no fundo, mais que inconformidade moral de parlamentares, expressa o preconceito e intolerância destes com a livre expressão afetiva de homossexuais, o que se põe às textilhas com os valores pluralistas do convívio democrático.

***

Barbárie e civilidade na questão da homoafetividade

Publicado no portal Última Instância, em 12/06/2008

A história humana se realiza por paradoxos. Ordem e coerência são qualidades do pensar e da razão humana e não da realidade, mesmo que se tendo em conta fenômenos culturais. Produtos humanos, portanto. Características de quem descreve e não do real descrito, como na proposição kantiana de que o universo é o caos, e o homem é quem cria o cosmos para poder compreendê-lo.

O momento em que vivemos no país e no mundo é pródigo nessas contradições. Na semana passada, a imprensa – em páginas diferentes dos mesmos órgãos noticiosos – expôs dois casos que reafirmam essa constatação.

De um lado, uma instituição da União – o Exército brasileiro – convivendo com a suspeita da mídia local e internacional de que estaria procedendo a atos discriminatórios contra dois sargentos assumidamente homossexuais.

Se verdadeiras as imputações de prática de discriminação contra dois de seus integrantes pelo fato de estabelecerem relação homoafetiva, a conduta caracteriza uma barbárie inaceitável no que diz respeito à conduta estatal, mesmo que militar. O Exército deve ser a mão armada da Constituição para defesa da pátria e do Texto Magno, jamais a ele podendo se contrapor em suas condutas.

A orientação sexual é problema de cada pessoa, traduzindo-se em liberdade fundamental garantida pela Carta de escolha e gerência do próprio corpo e seus afetos. Discriminações fundadas em orientação sexual são inadmissíveis face ao princípio da igualdade estatuído em nossa Constituição.

Inadmissível num Estado Democrático de Direito, onde vigem o princípio da isonomia e o direito fundamental à liberdade, esse tipo de persecução realizada por agentes públicos civis ou militares.

Se esses agentes possuem valores conservadores quanto à vida sexual, se creem na homoafetividade como conduta inadequada, que manifestem seu ponto de vista como cidadãos nas formas previstas no regime democrático. Mas, no exercício de funções públicas, que se calem, sob pena de estarem abusando no exercício do poder que lhes foi atribuído pela ordem jurídica para realização dos fins previstos nesta mesma ordem jurídica e não para obtenção de fins ou valores pessoais, particularistas ou corporativos.

Por outro lado, nos mesmos dias dos fatos narrados acima, outro órgão da União, o Ministério da Saúde, dá um exemplo, mesmo que simbólico, de civilidade e de tolerância à convivência numa sociedade aberta que se procura construir na contemporaneidade, estabelecendo a possibilidade de realizar-se pelo SUS, o sistema público de saúde, a cirurgia para mudança de sexo, atendendo à demanda de transexuais desejosos de compatibilizar corpo material e alma desejante.

As alegações de que o universo de beneficiados é uma minoria e de que o sistema é falho como um todo na realização de suas funções primordiais não empecem a mensagem simbólica contida nessa correta política pública antidiscriminatória. Afinal, atender tal demanda dentro das possibilidades em nada prejudicará os demais serviços prestados. E serviços de saúde se prestam a atender a todos, mesmo que minorias sociais. Aliás, a maioria dos doentes pode ser caracterizada como minorias, sejam doentes do corpo, como cardíacos e obesos, ou doentes dos afetos – como os transexuais que desejam mudar a realidade física do próprio corpo.

Mais que uma política discriminatória, a postura do ministério traduz uma nova e contemporânea visão de serviço de saúde não apenas como instrumento de combate às doenças do corpo, mas também como instrumento para obtenção de uma melhor qualidade de vida para todos os setores sociais, expressão primária e positiva do Estado em favor do direito de todo cidadão em buscar a felicidade. Uma medicina pública comprometida efetivamente com a saúde, a felicidade e a vida, e não com a doença.

Não é a primeira demonstração nesse sentido oferecida pelo atual ministro da Saúde, a nosso ver um dos melhores que já passaram pela função na história mais recente de nossa República.

Mas o que é de se estranhar é o paradoxo de um governo que por um lado exalta a civilidade e por outro tolera a barbárie. A ausência de uma apuração independente dos fatos que envolveram os sargentos, ainda não esclarecidos satisfatoriamente, apontando ao final se caracterizam persecução discriminatória ou rotina disciplinar de quartel, é resultado de um indevido silêncio das autoridades competentes na República.

O ministro da Defesa – que tanta generosidade cívica teve ao abandonar o exercício de sua bem-sucedida atividade profissional privada para assumir um ministério em pleno auge da crise aérea que atormentou o país e que ele, em pouquíssimo tempo, de forma discreta, conseguiu controlar – nesta questão falhou em não proceder a uma apuração mais pública e esclarecedora dos fatos.

Esse fato em si, obviamente, não tem proporção para enodoar o mérito da conduta do ministro da Defesa, que junto a seu colega da Saúde, se destacam no cipoal de incompetência que normalmente graça pelos escaninhos do Estado brasileiro em todas as instâncias da Federação. Mas sua generosa e competente conduta na questão dos serviços aéreos também não serve de arrimo ao silêncio face a suspeita local e global de conduta discriminatória do Exército na questão da livre orientação sexual em seus quadros.

Não teria a ingenuidade de desconhecer que neste silêncio na devida apuração reside ainda o justificável, mas infeliz, receio do cheiro de mofo passado e autoritário que ainda provém de nossas casernas. O cheiro putrefato do passado não pode afugentar nossa esperança de construção de um futuro livre e tolerante.

***

Anistia e tortura

Publicado no portal Última Instância, em 14/08/2008

A anistia aos que cometeram delitos políticos e crimes conexos durante o regime militar foi concedida pela Lei 6.683, de 28 de agosto de 1979.

A partir de declaração do ministro da Justiça, em pronunciamento amplo, mas nem sempre bem fundamentado, debate público surgiu em todos os meios de comunicação sobre a questão da apuração do cometimento de atos de tortura e homicídio de aprisionados por agentes públicos civis e militares durante o regime militar.[5]

No âmbito do debate, posições equivocadas surgiram de lado a lado, como, por exemplo, a ideia de que a proposta de apuração dos referidos delitos fundar-se-ia em hipotética e inconstitucional alteração legislativa da Lei de Anistia.

Ora, o que se coloca em debate é outra questão; não se trata de postular mudança na Lei de Anistia, mesmo porque esta já esgotou seus efeitos, incorporando-se como direito ao patrimônio jurídico de seus beneficiados, sendo incompatível com o princípio constitucional da segurança jurídica e da irretroatividade da lei sobre o direito adquirido.

O que se põe em questão é a interpretação dessa referida lei em sua dicção original, ou seja, trata-se não de a modificar legislativamente, mas sim de estabelecer juridicamente seu exato sentido e extensão.

A Lei de Anistia beneficia claramente as pessoas que cometeram delitos políticos como opositores do regime militar, bem como as que foram por ele perseguidas, exiladas etc.

Entretanto, o suposto benefício aos agentes estatais civis e militares que praticaram crimes de tortura e homicídio está mais claro no discurso dos que defendem as práticas da ditadura militar do que no texto do direito positivo em comento.

A lei anistia os que cometeram delitos políticos e os que realizaram crimes "conexos" a estes delitos.

Como foi produzido e aprovado em pleno regime militar, e como os governantes de então não pretendiam assumir perante a opinião pública internacional que durante o regime autoritário foram cometidos

---

5   Em agosto de 2008, durante audiência pública no Ministério da Justiça, o então ministro Tarso Genro defendeu a punição a militares, policiais e agentes do Estado que tenham praticado tortura, assassinatos e violações dos direitos humanos durante o regime militar (1964-1985).

crimes de estado, como a tortura e sevícias de aprisionados, o texto legal não define expressamente qualquer benefício de anistia a torturadores.

Este benefício, insisto, está mais no desejo subjetivo dos criminosos, que permanecem nas sombras, e alguns incautos defensores, do que no direito positivo.

Interpretada de forma sistêmica, a expressão crime conexo não encontra modo, a nosso ver, de ser entendida como includente dos delitos de tortura e desaparecimento de pessoas. A tortura como delito não tem os mesmos motivos, o mesmo *iter*, e sua tipificação não cura os mesmos bens jurídicos que os delitos políticos.

Que conexão há entre o crime de tráfico de drogas ou o de sequestro e o delito do agente policial que tortura os suspeitos de os ter cometido?

Em verdade, a tortura é um método ilícito, ineficaz e perverso de investigação, de tentativa de conhecimento de fatos. Quando o agente estatal tortura, está em meio a uma investigação, não tem certeza alguma quanto à conduta praticada pelo investigado. Se tem certeza dos fatos, a tortura seria desnecessária. É um delito inerente à investigação, um abuso máximo das prerrogativas de autoridade, nada tem de político em sua dimensão ideológica. O torturador não tortura por crença ideológica, o faz para obter informações ou por pura perversão e crueldade.

Não há que se falar em conexão entre delitos dos torturadores e dos torturados. Até porque é sabido que diversas pessoas, sabidamente não praticantes de delitos políticos, foram torturadas e até mortas durante o regime militar, ou porque eram parentes, ou amigas ou advogadas de militantes opositores do regime. Deputados e jornalistas foram mortos. Mesmo pessoas sem qualquer ligação pessoal com militantes opositores foram torturadas, por razões menores, como briga de vizinhos, vinganças pessoais, equívocos de identificação, denúncias falsas etc.

Ou seja, no período mais duro do regime militar, a tortura como prática foi muito além da repressão à atividade política, atingiu diversos rincões da cidadania por motivos os mais diversos.

O discurso que a anistia beneficiou de "ambos os lados", ao menos sob o ponto de vista jurídico, nos parece falso.

E os agentes públicos civis e militares de então não podem se queixar, pois foram eles próprios que redigiram a Lei de Anistia.

Nesse sentido, nada justifica a inação de nossas instituições incumbidas de investigar tais delitos.

A promoção pelo Ministério Público Federal de medidas civis contra agentes torturadores de então é positiva e bem-vinda, mas insuficiente.

Primeiro porque atinge um limitadíssimo e conhecido universo de torturadores, não dizendo respeito ao âmbito criminal da questão e não representando a adoção de uma ampla política investigatória.

Como norma constitucional originária, a estipulação magna do crime de tortura como imprescritível repercute amplo efeito na questão, exigindo a ampla apuração criminal dos fatos.

É necessária, e devida, a criação de grupo especial do Ministério Público e da Polícia Federal, especializado em tais apurações, para que sejam desvelados os fatos e submetidos à jurisdição que decidirá, inclusive, de forma definitiva a exata extensão dos benefícios da Lei de Anistia, segundo o que está nela positivado.

De forma alguma, no plano político, se sustentam tentativas de buscar confundir as atuais forças armadas como instituição com essas práticas delituosas de uma minoria ligada ao governo despótico da ocasião. Esta confusão é produzida, obviamente, para proteção dos agentes de crimes lesa-humanidade.

A tortura, além de crime lesa-humanidade, é uma prática que contraria a essência do que são os maiores valores militares. Submeter um aprisionado a uma situação de impotência, de impossibilidade física de reação, e torturá-lo é um ato de tamanha covardia e perversão que afronta a noção de dignidade, honra e coragem que animam a atividade militar.

A coragem, generosidade cívica e senso pessoal de dignidade que compõem a imagem do soldado são o antônimo do que significa a covardia, a torpeza e perversão do torturador. Não é à toa que os agentes que torturaram não assumem o que fizeram, lutam para continuar nas sombras. A vergonha os leva a isso.

O momento exige coragem de nossos governantes e distanciamento e rigor técnico de nossos policiais, procuradores e magistrados. Mais do que desejar punição, o que devemos almejar é saber o que houve, apropriarmo-nos de nossa história como sociedade e Estado. É nosso direito como coletivo. É o que nos transforma de povo em nação. Nação é o povo com história.

***

Universalização de direitos e vencimentos da defensoria

Publicado no portal Última Instância, em 21/08/2008

Ultimamente, temos um inegável avanço da concretização dos direitos fundamentais das pessoas, assegurados por nossa Constituição, a partir de decisões do Supremo Tribunal Federal. Têm elas garantido valores basilares do sistema magno, como integridade física e moral de detidos, no caso do uso de algemas; liberdade de pesquisa e desenvolvimento científico, no caso das células-tronco; segurança jurídica e direito à presunção de inocência, a exemplo da tentativa de impedir candidaturas de pessoas rés em processos judiciais etc.

Todas decisões recentes, como que produzidas para comemoração dos 20 anos de nossa Constituição cidadã, indiscutivelmente um dos melhores textos constitucionais do mundo.

Esse avanço dos direitos humanos e fundamentais das pessoas, contudo, para serem realmente efetivados no âmbito e sentido determinados por nossa Constituição, carecem ser universalizados, ou seja, não serem garantidos apenas a alguns afortunados, que possuem condições financeiras de arcar com os custos de advogados competentes.

O sentido dos direitos constitucionais fundamentais da pessoa humana é de serem garantidos a todos, independente de sua condição social ou financeira. Aliás, uma boa gama desses direitos dirige-se em especial às parcelas mais carentes, economicamente hipossuficientes de nossa sociedade.

E esses direitos só podem ter sua efetiva realização universalizada se forem disponibilizados serviços jurídicos gratuitos competentes à nossa população carente.

Ou seja, só há alguma chance de efetiva universalização dos direitos fundamentais se nossas Defensorias Públicas forem aparelhadas de recursos materiais e humanos para poderem prestar bons serviços à comunidade.

Efetivamente, não há o que se questionar quanto à competência profissional de nossos defensores públicos. São eles jovens profissionais selecionados por rigorosos e isonômicos concursos públicos.

Mas, ao menos no estado de São Paulo, a situação salarial desses mesmos defensores é alarmante, representando um atentado contra os mais elementares valores de cidadania.

E falo isso sem qualquer intenção de benefício pessoal. Nunca fui defensor público. O mais próximo que estive desta função foi ter sido procurador do Estado, cargo que já não exerço há muitos anos. Também não possuo parentes defensores. O que me alarma é o profundo descompasso entre a relevância social e política dos serviços da Defensoria e a remuneração de seus agentes.

Este descompasso, se não resolvido de forma célere, implicará, inapelavelmente, na perda de quadros desta profissão para outras carreiras públicas ou para os grandes escritórios privados.

No estado de São Paulo, os vencimentos iniciais das carreiras de juiz de Direito ou do Ministério Público andam em torno de R$ 18 mil. Os de procurador do Estado, em torno de R$ 11 mil. Os da Defensoria Pública, contudo, situam-se na faixa dos R$ 5 mil brutos.

O mais difícil de compreender arrima-se no fato da Defensoria ter surgido da antiga Procuradoria de Assistência Judiciária, órgão extinto da Procuradoria Geral do Estado. Ora, não há como explicar de forma razoável a diferença entre os vencimentos dos procuradores e dos defensores.

A nosso ver, as carreiras jurídicas de juiz, promotor, procurador, defensor e delegado de Polícia deveriam todas ser equiparadas em vencimentos.

Mas, de qualquer forma, enquanto isso não é possível, ao menos o retorno à situação prévia de vencimentos iguais entre advogados públicos (procuradores e defensores) deveria ser efetivado com urgência.

Essa situação descabida e deprimente parece não ser apenas própria do estado de São Paulo. Notícias veiculadas pela imprensa dão conta de movimento de protesto salarial iniciado por defensores públicos da Bahia.

A questão carece de solução em todos os estados, onde má remuneração e distorções institucionais se apresentem.

Além do aspecto salarial, medidas administrativas, como realização de mais concursos para cargos de defensores e de servidores administrativos, informatização e racionalização dos serviços são também necessárias.

Em verdade, priorizar a Defensoria mais que necessário é algo fundamental para a realização dos valores constitucionais que animam e civilizam a nação. Mas, no momento, o que nossa Defensoria precisa é de socorro, para ao menos manter um mínimo de qualidade e generalidade nos serviços que presta.

***

Racismo, Estado de polícia e direito

Publicado no portal Última Instância, em 20/11/2008

Nas últimas semanas, pululuaram notícias e comentários a respeito das ideias do jurista e constitucionalista alemão Carl Schmitt (1888-1985), indubitavelmente um dos maiores luminares do direito público e da filosofia política da primeira metade do século 20. Schmitt foi um dos expoentes de toda uma linhagem radical conservadora de pensamento que influenciou sentidamente a história humana naquele período, com repercussões até os dias correntes.[6]

Entretanto, se é possível admirar a qualidade intelectual e acadêmica do autor, na mesma medida, deve-se repudiar o conteúdo de suas ideias fundamentais.

A concepção de direito e Estado de Schmitt passava por três pressupostos. Primeiro, propunha o poder de instituir um Estado de exceção como razão e sentido maior da soberania estatal, regime este de exclusão dos direitos fundamentais e de qualquer regulação do poder em que

---

6 Em novembro de 2008, em uma palestra na cidade do Rio de Janeiro, o juiz Fausto De Sanctis, responsável pelo processo em que o banqueiro Daniel Dantas foi acusado de crimes financeiros e corrupção, citou o jurista alemão Carl Schmitt para defender sua visão sobre a Constituição. Suas declarações tiveram grande repercussão na imprensa, pois, à época, o magistrado havia ordenado a prisão de Dantas, depois de o ministro do Supremo Tribunal Federal (STF) Gilmar Mendes ter mandado soltá-lo.

o chefe do Executivo, como intérprete maior da vontade popular, teria poder de definição sobre a vida e a morte das pessoas.

Segundo, compreendia a democracia como regime fundado no valor da igualdade, concebida como resultado da homogeneização da sociedade a partir da exclusão das diferenças e dos diferentes. Por último, Schmitt preconizava o direito tendo como fundamento a política, entendida não por constituir a seara de edificação do interesse público na visão liberal ou da luta de classes no pensamento marxista, mas como ambiente do existir humano que implica no exercício do poder de identificar os amigos e os inimigos e de definir o modo de tratá-los.

A defesa do Estado, portanto, é um valor em si, bem como a decisão de instaurar um regime de exceção supressor de direitos fundamentais é tida como expressão maior e única da soberania. A decisão soberana do chefe do Executivo em estabelecer a exceção é fundada nela mesma, não se reportando a qualquer valor ou norma que lhe sirva de fundamento e limite.

Vários aspectos do pensamento de Schmitt são conformados para combater, de um lado, a concepção liberal e, de outro, o marxismo – podem e devem ser criticados por implicarem na construção de um ideário que fundamenta um Estado policial não regulado pelo direito.

Note-se que o Estado de exceção de Schmitt nada tem a ver, por exemplo, com os regimes de exceção previstos em nossa Carta Magna, tais como o estado de sítio, o estado de defesa e o estado de emergência, porque tais regimes, mesmo que excepcionais e restritivos de direitos, são regulados pelo direito positivo, enquanto o Estado de exceção de Schmitt implica no afastamento de qualquer regulação jurídica. Nele, o direito positivo é substituído como fonte maior de poder no Estado pela vontade autônoma e pessoal do governante.

Além de seus mecanismos obscurantistas de exercício policial do poder, a formulação de Schmitt quanto à igualdade excludente de diferenças como valor maior de seu modo de conceber a democracia, em verdade, acabou por servir de fundamento às tentativas nazistas de homogeneização eugênica da vida social e às posturas genocidas desse regime contra os judeus, ciganos, negros, homossexuais e, em suma, à qualquer segmento que se diferenciasse do padrão ariano.

Nunca na história humana a defesa de uma suposta "igualdade" implicou em tamanha e cruel desigualdade, que excluiu do direito à vida e dos demais direitos inerentes ao reconhecimento como ser humano amplos segmentos da população.

O pensamento de Schimitt prestou-se ao combate do pensamento de juristas tidos como "formalistas", como é o caso de Hans Kelsen, que com ele litigou intelectualmente em favor de valores políticos e jurídicos tidos como universais a partir do pós-guerra.

Infelizmente, em momentos históricos diversos, como na década de 1980, por exemplo, intelectuais e acadêmicos bem-intencionados procuraram resgatar o pensamento de Schmitt numa perspectiva democrática, como que a legitimar seu pensar tentando divorciá-lo do homem que o produziu e de sua história. A nosso ver, algum resgate democrático desse pensar só se torna possível pela colheita de aspectos pontuais de seu pensamento, esquecendo-se da abordagem do mesmo como um todo sistêmico.

Que a memória de suas formulações nos sirva para lembrar a verdadeira conquista humana que foi a lei como forma e a Constituição como fundamento maior do agir estatal; que o povo do regime verdadeiramente democrático é o povo institucionalizado em normas conformadoras da cidadania; que igualdade é valor só passível de ser tido como afirmador das diferenças humanas e de uma convivência social pluralista; que o Judiciário é a esfera estatal que deve se prestar a guardar a Constituição, antes de tudo, como forma de defesa das pessoas ante abusos do poder do Estado; que vontade popular é a vontade institucionalizada por procedimentos regulados pela ordem jurídica, para que julgamentos não se tornem linchamentos e para que agentes estatais não usem do nome do povo para oprimi-lo; que a ética é o anteparo para que a razão não se contamine pela insanidade.

Numa data como hoje, Dia da Consciência Negra, que marca a luta contra o racismo, nunca é demais lembrar que a origem do ódio muitas vezes está nos punhos de renda de um intelectual. Que o século 21 nos presenteie com mais advogados como Barack Obama e menos juristas como Carl Schmitt.

***

Descriminalização do uso da maconha como forma de combater o crime

Publicado no portal Última Instância, em 19/02/2009

Pouco antes de morrer, Evandro Lins e Silva, um dos mais brilhantes juristas que o Brasil já teve e autor do pedido de *impeachment* de Fernando Collor de Mello, defendeu em entrevista uma mudança essencial na política de combate às drogas e à violência: descriminalizar o uso da maconha.

Já tive oportunidade aqui, em artigo anterior, de formular meu ponto de vista quanto aos aspectos jurídico-constitucionais da questão, parecendo-me como inconstitucional a criminalização do uso de drogas. Neste momento, pretendo me cingir à mera opinião política, de *lege ferenda*, de mérito quanto à questão.

A ideia, que então já era defendida pelo deputado Fernando Gabeira, ganhou na semana passada apoio de três ex-presidentes na América Latina: Fernando Henrique Cardoso (Brasil), César Gaviria (Colômbia) e Ernesto Zedillo (México). Com a experiência do exercício presidencial e aliados ao escritor peruano Mario Vargas Llosa e a Paulo Coelho, os três participaram da 3ª Reunião da Comissão Latino-Americana sobre Drogas e Democracia, que resultou na propositura à ONU (Organização das Nações Unidas) do documento "Rumo a Uma Mudança de Paradigma". O texto propõe que se altere a forma de combater o tráfico de drogas, a partir do incremento de políticas de saúde, de campanhas de conscientização e da descriminalização do uso da maconha.

"Essa história de guerra contra as drogas não resolve", chegou a declarar Fernando Henrique Cardoso. E não poderia ter dito melhor. O mundo já está suficientemente experimentado na questão para concluir que os mecanismos de repressão adotados por diversos países, inclusive o Brasil, já se revelaram improdutivos. Nas duas últimas décadas, assistimos ao avanço das organizações criminosas, mesmo diante de orçamentos na área de segurança cada vez mais elevados. É um sinal claro de que a política repressiva não surte efeito.

Nesse campo, uma das políticas mais bem-sucedidas é a da redução de danos. Em linhas gerais, constitui-se em classificar os problemas em uma escala de gravidade e buscar, primeiramente, soluções para o mais grave. Um exemplo clássico é o combate à Aids em países como Suécia e Dinamarca, nos quais o governo promoveu ampla distribuição de seringas descartáveis para que usuários de drogas injetáveis abandonassem o hábito de compartilhamento das seringas. Com a prática de compartilhamento, uma conduta de risco, as chances de disseminação do HIV eram muito maiores.

Na Inglaterra, chegou-se a produzir uma espécie de manual para que os usuários de drogas inalantes soubessem o que fazer em caso de alguma reação grave do organismo durante uma sessão de uso de entorpecentes. A lógica é simples: admitir que a proibição não induz as pessoas a deixarem as drogas e, por isso, é preciso educá-las quanto ao que fazer para salvarem suas vidas. A vida é o bem maior a ser protegido.

No caso da maconha a situação é semelhante. O problema mais grave não está no uso da droga, mas nas organizações criminosas que se beneficiam do tráfico não só de maconha, mas principalmente de cocaína e de armas. Políticas adotadas recentemente de forte repressão e responsabilização do usuário são profundamente equivocadas.

Não se sustentam nesse debate argumentos como "a descriminalização seria um estímulo ao consumo, o que levaria ao aumento de usuários e, consequentemente, ao crescimento dos crimes". Simplesmente porque hoje quem quer consumir, consome, não o deixa de fazer porque é preciso recorrer a um traficante. Além disso, a proibição talvez seja um dos estímulos ao consumo, se pensarmos em usuários adolescentes.

Outro argumento contrário à descriminalização que é muito utilizado é o de que a área da saúde, já com orçamento tão precário, teria que receber uma injeção de divisas para dar conta do acréscimo de usuários nos hospitais e postos. O argumento é frágil porque não é frequente usuários de maconha recorrem a hospitais, pelas características da droga e seus efeitos. Maconha não é como álcool. Além disso, é sabido que o custo do tratamento é muito menor que o custo da repressão, e o dinheiro usado na repressão atualmente pode ser deslocado para a área da saúde.

É preciso ressaltar também que mais de 10% da população carcerária brasileira é composta por pessoas que foram presas com pequena quantidade de drogas, caracterizando uso próprio. Ora, um dos mais graves problemas que enfrentamos na área de segurança é justamente a superpopulação carcerária, o que mistura diferentes tipos de criminosos e transforma as cadeias em universidades do crime. A descriminalização da maconha pode colaborar igualmente para minorar esse problema.

A meu ver, acertam os que colocam a questão do uso de maconha no campo da saúde pública, não no da segurança pública. O usuário é um elo fraco na cadeia da produção, contrabando, venda e consumo da droga. É preciso adotar uma política de redução de danos no caso da maconha. Ou seja, descriminalizar para educar as pessoas e começar a desatar o nó das organizações criminosas que têm no tráfico um de seus pilares.

***

O reconhecimento de filiação de casal lésbico

Publicado no portal Última Instância, em 19/03/2009

A família, como instituição social, face às mudanças na tecnologia de assistência à reprodução e à cada vez maior aceitação social à livre orientação sexual, vai mudando sua forma tradicional de conformação, embora mantenha sua função social e afetiva.

A revista *Época* da última semana traz notícia que anuncia a chegada ao Brasil de um caso jurídico já ocorrido em diversas oportunidades em países de primeiro mundo. Sinteticamente, um casal lésbico de jovens paulistanas pretende levar à Justiça o reconhecimento de dupla maternidade biológica de gêmeos que deverão nascer em maio do ano corrente.

Em essência, o que ocorreu é que uma das jovens recebeu em seu ventre óvulo fecundado da outra. Ou seja, os nascituros serão advindos da carga genética de uma, mas com gestação e parto feitos pela outra. Sob o ponto de vista biológico, teríamos, assim, duas mães, pois uma forneceu o óvulo, e a outra, o ventre. Ambos são elementos imprescindíveis à consecução do nascimento com vida. O jovem casal lésbico pretende assim obter na Justiça o registro dos bebês como sendo fruto de dupla maternidade.

Os aspectos jurídicos da questão, no âmbito do direito positivo, são controversos e darão pano para muita discussão, neste e em outros casos análogos que certamente surgirão, pelo uso cada vez mais habitual da fertilização "in vitro" e dos chamados bancos de doadores anônimos de esperma.

Alguns deverão alegar, certamente, suposto impedimento do pretendido reconhecimento fundando-se no parágrafo 3° do artigo 226 de nossa Constituição, que prevê a união heteroafetiva, entre pessoa do sexo masculino e outra do feminino, como formadora da União Estável como entidade familiar.

Em verdade, tal objeção, à primeira vista, não nos parece oferecer obstáculo intransponível para a pretensão. Primeiro porque, em várias decisões, nossa jurisprudência tem admitido a flexibilização do enunciado constitucional, em favor de uma proposição normativa mais protetora dos vínculos afetivos familiares que das crenças ideológicas e religiosas sobre o tema, corretamente acolhendo o reconhecimento de casais gays para efeito da proteção de nossa ordem jurídica.

E também porque a questão aqui não implica reconhecimento de união estável entre as integrantes do referido casal homoafetivo, mas sim do fato de que ambas contribuíram para a realização do nascimento daquelas crianças de forma necessária e insofismável. O nascimento não ocorreria sem o óvulo de uma e o ventre de outra. Sob o ponto de vista natural, queiramos ou não, essas crianças possuem efetivamente duas mães, situação inabitual, mas possível pela atual tecnologia reprodutiva.

Mas não desejo nesse espaço jornalístico descer a argumentos jurídico-positivos sobre o caso pelo espaço não comportar debates mais técnicos e pelo fato de que prefiro deixar o debate para especialistas em direito de família, haja vista que no plano constitucional não vislumbro impedimentos à pretensão.

O que me atrai na polêmica são os aspectos que observo deixados em segundo plano pela mídia e pelos debates ensejados pelo tema, quais sejam, os aspectos éticos e jurídicos inerentes à paternidade anônima advinda dos chamados bancos de esperma.

O parágrafo 7° do artigo 226 de nossa Carta Magna estipula os princípios da dignidade humana e da paternidade responsável como valores fundadores no plano jurídico de nossa instituição familiar.

Se de um lado é necessário reconhecer que a doação de esperma caracteriza ato intrinsecamente generoso em favor de casais heteroafetivos que não podem ter filhos e de casais homoafetivos, de outro há de se admitir que é direito da criança saber de sua história genética e exigir de seu pai o cumprimento dos deveres inerentes à paternidade, bem como exercer os direitos de filiação que lhe são acometidos, inclusive herança etc., sob pena de jogarmos pó de cal nos direitos infantis e adolescentes previstos no art. 227 de nosso Texto Maior.

O que nos contraria, portanto, não é a doação de esperma, mas sim seu caráter sigiloso. A nosso ver, tal sigilo é incompatível com o disposto em nossa Constituição no que tange à paternidade responsável e aos direitos de filiação e cuidado familiar. A generosidade deve, neste ponto, ser integral e responsável por parte do doador.

No caso em concreto, nada temos a opor no território ético contrariamente a que uma criança possa ter reconhecida sua dupla filiação materna. Se uma mãe presente é fonte de carinho e cuidado, duas é afeto e cuidado em dobro. Mas esta alegria propiciada a casais lésbicos pelo avanço tecnológico não deve suprimir a figura da paternidade no território jurídico. A criança que nasce tem direito de saber quem é seu pai e dele receber os cuidados e mantença que faz jus, bem como a exercer todos os demais direitos inerentes à filiação ou dela decorrentes.

Até que a tecnologia proporcione procriação sem encontro de gêneros, a figura do pai é inafastável e indisponível, como direito da criança que não deve ser obstruído por pretensões outras.

***

Prostituição, liberdade e abuso sexual de crianças

Publicado no portal Última Instância, em 05/11/2009

Sempre vi com simpatia a legislação penal brasileira que exclui a prostituição das condutas passíveis de sanção penal. Quando vejo alguém defendendo a criminalização da atividade, só consigo ver a força que a hipocrisia produz em alguns. O que mais me afeta nessa postura é a tentativa de que o Estado intervenha, indevidamente, na esfera legítima de livre gestão corporal destas mulheres.

As práticas sexuais consentidas entre adultos tratam-se, a meu ver, de área de intangibilidade pela atuação punitiva do Estado, esfera de incompetência em sua ação. Aliás, creio que ainda resiste inequívoco ranço hipócrita em nossa legislação penal, qual seja, o de punir a mera intermediação de favores dessa natureza. Nada mais justo que punir a violência física, psíquica ou moral eventualmente usada como meio de indução e controle da prostituição, pois se tratam de graves condutas ofensivas a esta mesma liberdade e autonomia de gestão corporal, mas a mera intermediação comercial não há porque, a nosso ver, ser punida.

Se a prostituição é atividade econômica lícita, pois, ao não ser proibida, é protegida pela norma geral de nossa Constituição que tutela o direito à liberdade de trabalho, não há, a meu ver, motivo razoável a fundamentar a punição de sua intermediação.

Mas o que mais chama atenção na realidade social brasileira é a inação estatal e a tolerância de amplos setores sociais para com a prostituição infantil. A criança e os adolescentes são seres hipossuficientes, desprovidos de maturidade mínima para gerir autonomamente seu corpo. A realidade é pior que a simples exploração abusiva da imaturidade infantil e juvenil. O que vemos é a mais pura e cruel exploração das condições trágicas de pobreza em que vive parcela significativa de nosso povo.

Matéria desta semana da Agência Estado informa que levantamento da Polícia Federal demonstra haver a cada 26,7 km de nossas estradas federais um ponto de prostituição infantil, onde crianças e adolescentes oferecem seu corpo por até dois reais! Uma tragédia cuja dimensão dramática dispensa comentários.

Tal situação é criada, fundamentalmente, pelo fosso de desigualdades sociais que marca nossa vida social. Não se veem crianças filhas da classe média em tal tipo de atividade incompatível com a infância. É a infância pobre quem comparece para satisfazer a lascívia de nossos prósperos e conservadores pais de família.

Apenas uma mudança intensa nas políticas públicas que vise radicalizar o combate às injustiças sociais, distribuindo riqueza e promovendo serviços públicos mitigadores da exclusão social, é que conseguirá, ao menos, diminuir a intensidade da tragédia.

Mas, para tanto, haveremos, concomitantemente, de exigir do Estado que cumpra seu papel na repressão severa aos agentes de tal criminalidade. E à sociedade que cesse sua vergonhosa tolerância com tais práticas. De que vale cultuar valores familiares, defendendo crianças que, por serem nossos filhos, trazem similitude de aparência com nossos rostos e conformações corporais, se, com isso, acomodamos nossas consciências e toleramos tal tipo de prática criminosa e cruel contra as crianças das ruas e estradas?

Toda criança carece de nossa proteção, sendo nossos filhos ou não. Isso é um dever de cidadania. Cidadania não se trata apenas do exercício de direitos, mas também de deveres para com a sociedade em que vivemos. Tolerar o abuso sexual contra crianças, não denunciá-lo, é um cruel descumprimento do mais relevante de nossos deveres como cidadãos. Devemos denunciar o parceiro da pescaria que vai a um prostíbulo que ofereça adolescentes, o amigo que comenta sua satisfação com tal prática, o chefe, o parente, qualquer um que auxilie nessa conduta, em especial, os que vivem da intermediação e lucram explorando tais crianças.

Se, por um lado, a prostituição de adultos é atividade que deve ser tida como lícita e merecedora de toda proteção estatal ao trabalho, a prostituição infantil é de ser combatida com tolerância zero pelo Estado e por todos nós.

O Dia da Mulher e a publicidade "Devassa"

Publicado no portal Última Instância, em 11/03/2010

O episódio da proibição da propaganda da cerveja Devassa levou-me a algumas reflexões sobre o comportamento da nossa sociedade e reforçou em mim a ideia de que vivemos um período de excessiva invasão do espaço de realização das liberdades individuais pelos mecanismos de poder social.

Relutei um pouco, internamente, a adentrar no tema, pois, nesse debate eivado de cunho autoritário e pretensamente moralizador, corria um risco considerável de ser mal interpretado e, por conseguinte, ser rotulado por algo que não sou. No entanto, veio a semana da mulher, e passei a avaliar como necessária uma reflexão do problema, como uma maneira de prestar uma homenagem a elas.

O primeiro pensamento que me acometeu foi o do uso inadvertido do comportamento politicamente correto. Nascida com propósito de reduzir preconceitos, preservar o outro e percebê-lo como igual e próximo a mim, à cultura do politicamente correto tem faltado o ingrediente da razoabilidade. Muitas vezes, esse excesso leva ao efeito contrário, reforçando o preconceito ou criando novas formas de intolerância. Tolerância implica leveza, humor, afeto e, principalmente, liberdade. Não se constrói a tolerância democrática pela sisudez raivosa. A tolerância habita mais o território do desejo libertador que o da cultura repressiva.

No caso da propaganda da Devassa, em que a socialite americana Paris Hilton vestida esfrega uma garrafa em seu corpo, a pretexto de proteger a imagem da mulher e evitar um forte apelo sexual, o Conar (Conselho de Autorregulamentação Publicitária) decidiu suspender a veiculação da campanha.

O contexto da decisão é o de inúmeras outras propagandas de cerveja, biquínis, refrigerantes, carros etc. com imagens mais sugestivas do ponto de vista da sensualidade do que a da propaganda em questão. A constante sexualidade que atravessa os eventos da Fashion Week e do Carnaval está autorizada – e, logo, não é sexismo – porque se dá sob as fendas da alta costura ou da transmissão televisiva? Creio que o equívoco é palpitante.

Mas ainda que consideremos só o comercial proibido, cabe a pergunta: por que é um desrespeito à mulher a expressão corporal do desejo? Nosso órgão de propaganda, hoje mais próximo de uma patrulha sexual conservadora, pode nos responder sem subterfúgios? E a Secretaria Especial dos Direitos da Mulher?

O inquietante engano é pressupor que à mulher só deve ser permitido expressar a sexualidade passivamente ou dentro das quatro paredes. Ou que, ao adotar uma postura puramente sexual, ela se diminui, transformando-se em objeto, como se tudo que é digno no ser humano se localizasse em seu cérebro ou no esforço para puramente sobreviver.

A questão de gênero se impõe, nessa perspectiva, como obrigação de um comportamento, digamos, mais recatado. Além disso, as propagandas de cervejas que veiculam mulheres sensuais agindo a reboque da sedução dos homens, de forma passiva, seguem autorizadas, mas o comercial com uma mulher que tem atitude sensual, desvinculada da iniciativa masculina, é proibido. Às mulheres não é deferida a possibilidade de provocar o desejo em homens, e por que não dizer, de outras mulheres também.

Há uma correlação direta entre o exercício da liberdade corporal pela mulher e a qualificação que a sociedade lhe dá: quanto maior o uso de sua liberdade corporal, mais próxima da imagem pejorativa ela está. Com os homens, o fenômeno é inverso: quanto maior a liberdade corporal, mais homem ele é. Em outras palavras, a liberdade de uso do próprio corpo ainda é terreno de domínio machista. O homem que busca provocar o afeto feminino é um sedutor, a mulher que expressa sua sensualidade pela provocação do desejo sexual é uma pessoa, no mínimo, desprovida de bons modos, vulgar, incontida, mero objeto dos desejos masculinos!

Se fazer publicidade usando da imagem da mulher como provocadora de desejos é um desrespeito à imagem do gênero feminino, cabe-nos perguntar: qual mulher é desrespeitada pela propaganda? Aquela que só deve provocar desejos no marido-dono? Aquela que só existe para os livros, para a maternidade e para o trabalho?

Em última análise, prevalece fortemente o entendimento de que as mulheres não podem ser devassas, não podem ter atitude de expressão sexual. O corpo das mulheres vira, nesse sentido, novamente um objeto. Um objeto de domínio social. Uma *burka* simbólica construída pelo bem pensar supostamente feminista e politicamente correto e, em verdade, sexualmente repressor, que confunde manifestação ativa da sedução feminina com mulher-objeto. Afinal, qual o problema em ser objeto do desejo do sexo oposto ou de pessoas do mesmo sexo? Qual o grande pecado em provocar este desejo? Convenhamos, esse feminismo assexuado é, antes de tudo, chato!

Salutar também verificar que a origem da palavra "devassa" é obscura, embora uma de suas acepções seja vulgarizar, no sentido de tornar público. Há ainda que verificar a etimologia da palavra "libertinagem", um dos sinônimos para "devassa". O termo vem do latim *"líber"*, de onde se origina a palavra "liberdade" e que significa "que pode dispor de sua pessoa, que não está sujeito a algum senhor". Talvez o nome mais adequado para a cerveja fosse "Libertina", mas não foi o nome do produto que foi censurado.

Na semana em que se comemora o Dia da Mulher, valeria um manifesto de revolta contra a decisão de censura do Conar. Uma espécie de "queima de sutiãs revisitada". Pois o exercício dos direitos da mulher passa, necessariamente, pela liberdade de expressão corporal e pela libertação do controle do próprio corpo por outrem. A meu ver, esta seria a melhor forma de comemorar o Dia da Mulher em 2010.

***

Tortura de ontem, tortura de hoje

Publicado no portal Última Instância, em 13/05/2010

A decisão do STF (Supremo Tribunal Federal) sobre a possibilidade de punição dos agentes públicos civis e militares que, durante o Regime Militar, praticaram tortura e homicídios de presos políticos opositores da Ditadura já está tomada pela Corte Maior do país. Não há mais espaço jurídico para questionamentos em âmbito nacional. E decisão judicial se cumpre.

No entanto, há que se fazer uma análise mais profunda, sociológica até, sobre as consequências do posicionamento adotado pelos ministros do Supremo, tendo como referência a compreensão de que toda opção humana tem um custo.

Por certo, o STF travou o debate sobre os ônus à sociedade resultantes de uma investigação, e eventual punição, dos agentes públicos autores de torturas no Regime Militar. Todavia, não houve esgotamento do debate sobre as consequências sociopolíticas, culturais e jurídicas da opção de não fazer essa investigação.

Nesse sentido, pretendo dar minha humilde contribuição à inescapável análise dos efeitos da decisão.

Em conformidade com a observação desenvolvida pelo pensador italiano Giorgio Angamben, as democracias contemporâneas estão cada vez mais permeadas por medidas e práticas típicas dos estados de exceção. Pouco a pouco, cunhas imperiais e de polícia vão sendo incrustadas no regime democrático. No Brasil, os exemplos vão desde o excesso de medidas provisórias até questões mais candentes, como a não universalização dos direitos fundamentais da Carta de 1988. São exemplos da legitimação das práticas de exceção como posturas rotineiras no interior do Estado Democrático.

É esse o contexto em que foi tomada a decisão do STF sobre a Lei da Anistia. E, por isso, o julgado produzido por nossa Corte Maior tem como custo sociopolítico a sinalização, em um âmbito mais geral, de que o Estado Democrático pode absorver rotinas de exceção.

A mais sangrenta prática de exceção adotada como rotina é a tortura, um dos pontos debatidos no STF por ocasião do julgamento sobre a extensão da Lei da Anistia. Tortura que é até hoje praticada em nosso país, como se pode constatar na violência policial praticada contra um motoboy em frente à sua casa, no bairro de Cidade Ademar, em São Paulo – onde o número de mortos em confronto com a PM cresce 40% na comparação com o início de 2009. Tortura que se viu amparada na decisão do STF, afinal, as estruturas que torturaram são as mesmas que hoje receberam a mensagem de que, no Brasil, tortura se lamenta, mas não se pune.

Na minha opinião, a atual composição do STF é a melhor que nossa história próxima já produziu, a que mais assegurou a prevalência dos valores democráticos e inerentes ao Estado de Direito. Mas, sem dúvida, a decisão sobre a Lei da Anistia é a pior decisão da atual composição do Supremo.

Porque o julgado atuará na direção da consolidação de uma visão arcaica de que a tortura é impune e, ao mesmo tempo, meio de domínio da sociedade, como expressão do domínio, mas também como modo de relação entre Estado e população pobre. Nesse sentido, a decisão do STF reforça essa visão, já em demasia sedimentada no cotidiano e no imaginário dos brasileiros.

Talvez a grande diferença entre a tortura do Regime Militar em relação à que é praticada contra a população mais pobre representada na figura do motoboy enterrado no Dia das Mães seja justamente a capacidade de vocalização da dor. Não serve de alento, mas as vítimas da Ditadura, em sua maioria filhos da classe média, encontraram uma voz de resistência e disseminação dos horrores praticados pelos agentes públicos em nome do Estado. Hoje, nem essa voz a população mais pobre possui.

Evidente que há um estímulo à conduta de barbárie estatal pela sociedade que tolera, convive e estimula este tipo de prática. Em um momento em que o Brasil é festejado como um país mais avançado, mais democrático e que goza no mundo contemporâneo de maior presença e capacidade de interferência na geopolítica global, ainda somos uma sociedade que convive com a barbárie na relação Estado-sociedade. Ainda prevalece a visão de que as pessoas pobres são mais titulares de deveres do que de direitos nessa relação.

Sob o ponto de vista jurídico, o que se pode esperar é um pronunciamento da Corte de Direitos Humanos da OEA (Organização dos Estados Americanos) sobre a decisão tomada pelo STF. Do ponto de vista social, espera-se que os casos de atrocidades policiais cometidos contra a população mais pobre não fiquem impunes. Tais quais os casos de tortura, assassinato e desaparecimento forçado do período militar.

A discriminação fardada

Publicado no portal Última Instância, em 12/08/2010

A pessoa soropositiva de HIV não necessariamente manifesta a doença e o convívio social e de trabalho dos portadores do vírus não carreiam risco algum a terceiros.

Discriminar soropositivos em sua admissão a empregos privados é um absurdo, uma discriminação injustificada e inaceitável no convívio social de uma sociedade que se pretende democrática, tolerante e constituída a partir de valores humanos solidários.

Se assim deve ser para empregos privados, quanto mais se o diga para funções estatais, de natureza pública.

Em um Estado de Direito, incumbe aos poderes públicos a estrita observância em suas condutas e escolhas do determinado em nossa ordem jurídica. O Estado deve ser o mais atento cumpridor de nossas leis e de nossa Constituição, como titular que é de prerrogativas públicas fundadas na possibilidade do uso legítimo da violência para imposição de suas normas.

Por conta disto, é de estarrecer a notícia de que o Ministério Público Federal, por conta de suas funções de cautela da cidadania, foi compelido a ingressar com ações civis públicas para impugnação de conduta discriminatória da Escola de Sargentos do Exército consistente em exigir dos participantes do concurso de admissão na aludida Escola a realização de exames de detecção do HIV.

Nossa Constituição estabelece, como é cediço, o princípio da isonomia, da igualdade, como um de seus fundamentos na tutela dos direitos das pessoas. Em essência, tal princípio não proíbe de forma absoluta discriminações, pelo fato de que diferenças entre os homens são inerentes à condição individual da existência humana. O que determina a norma em questão é que, para ser legítima a discriminação, deve estar amparada por razões de ordem lógica que a justifique, na já clássica lição de Celso Antônio Bandeira de Mello

Nada no conhecimento científico atual sobre a Aids e o vírus HIV justifica a discriminação perpetrada contra os soropositivos, aliás, tal fator de discrímen vai em sentido diametralmente oposto ao da sociedade que cada vez mais acolhe os portadores do vírus.

Não há razão de ordem lógica que possa justificar o afastamento de soropositivos do exercício de funções públicas civis ou militares por conta de sua condição de saúde. Trata-se tal tipo de conduta de obscurantismo preconceituoso incompatível com o determinado em nossa Constituição. A sociedade e os órgãos jurisdicionais competentes devem rechaçar com vigor este tipo de iniciativa inaceitável e ilícita.

Caberia ao senhor ministro das Forças Armadas, como responsável maior pela conduta administrativa de nosso corpo militar, determinar a eliminação de tal exigência dos certames seletivos de todas as escolas militares. O presidente da República, no caso de omissão do ministro, deve agir. Lula já se mostrou contrário a esse tipo de discriminação injustificada várias vezes.

As medidas judiciais correta e adequadamente propostas pelo Ministério Público devem ser acolhidas pelo Judiciário de forma rápida e contundente. De positivo no ocorrido, apenas a forma eficaz, juridicamente correta e justa com que agiu o Ministério Público Federal, que com esse tipo de medida mostra à sociedade a extrema relevância das funções que exerce.

Segurança pública e uso recreativo de drogas

Publicado no jornal Folha de S.Paulo, em 17/12/2010

Superada a fase inicial da operação no Complexo do Alemão, no Rio, já é possível traçar análises menos apaixonadas sobre as políticas de combate à violência no país.

Coaduno com a opinião daqueles que veem nos esforços de instalação de Unidades de Polícia Pacificadora uma vitória, mas restrita a apenas uma das inúmeras batalhas que devemos travar contra as organizações criminosas forjadas e consolidadas em décadas de inoperância, desatenção e descaso do poder público com as periferias urbanas.

Já no dia 29/11, esta *Folha* relatava a avaliação de estudiosos sobre a importância de o Estado se fazer presente de forma permanente nos locais ocupados, sob pena de repetir operações ineficazes de outrora.

Indubitavelmente, a guerra contra a criminalidade se vence com a presença estatal a garantir os direitos fundamentais das pessoas.

No entanto, chegou a hora de instigarmos um debate mais responsável e abrangente.

É pertinente tocar numa ferida que avalio indissociável do real enfrentamento, com transparência, das raízes da violência: se não quisermos construir mais uma vitória de Pirro, teremos que encontrar as condições adequadas para adotar legislação que comporte a descriminalização do uso recreativo das drogas – como já defendeu o governador do Rio, Sérgio Cabral.

Mais: cabe refletirmos, igualmente, sobre a legalização e regulação, pelo Estado, do comércio de entorpecentes. Ignorar que tais temas são delicados seria comportar-se da mesma maneira como os que se negam a debatê-los.

Longe de querer provocar falsas polêmicas, devemos afastar o furor e as paixões e promover discussão racional e jurídica sobre essas questões, que, invariavelmente, varremos para debaixo do tapete.

Há fortes razões emocionais para sucumbir à opção fácil de nos esquivarmos dessa reflexão urgente, afinal, as ideias geralmente associadas ao uso de drogas estão sedimentadas num oceano que mistura aspectos médicos, tradições jurídicas, moralismos e preconceitos.

O combate à violência, contudo, será tão mais eficiente quanto mais conseguirmos livrar a esfera de ação individual da intromissão excessiva do coletivo, em atenção ao direito de liberdade expresso no artigo 5º de nossa Constituição.

Em essência, ninguém deve ser proibido de adotar um comportamento sem que tal proibição tenha por fundamento a proteção de direito de terceiros.

Ao Estado cabe informar à pessoa, por meio de ações educativas, o mal à saúde que o uso de substâncias entorpecentes para fins recreativos ocasiona, mas a decisão final do que fazer com o próprio corpo cabe à própria pessoa.

O que deve ser punido criminalmente são as condutas associadas ao uso de drogas que vulnerem real ou potencialmente direitos de terceiros, como dirigir sob seu efeito, fornecer tais substâncias a menores ou fora das condições administrativas estabelecidas em lei etc.

Descriminalizar o uso e disciplinar o comércio, com a fixação, inclusive, de altos impostos para financiar os custos de tratamento decorrentes do consumo, revela-se estratégia complementar às operações policiais.

Isso porque devolve ao indivíduo sua própria e inalienável gestão corporal e porque retira das organizações criminosas uma de suas fontes de financiamento, a comercialização dos psicotrópicos, relegando a questão da adição aos planos familiar, pedagógico e de saúde, sem o entorno de violência que a criminalização propicia.

Teremos coragem para entrar nesse debate?

***

O acerto de Paulo

Publicado na Carta Capital, em 19/04/2011

Não vejo, portanto, qualquer sentido racional, numa sociedade livre e democrática, na existência de uma legislação penal que puna criminalmente o usuário de qualquer substância entorpecente.

Mesmo com as mudanças ocorridas na legislação penal de porte e comércio de drogas, o uso de algumas substâncias entorpecentes ainda continua sendo crime no Brasil, o que caracteriza uma evidente inconstitucionalidade e uma irracionalidade a toda prova.

Inconstitucionalidade formal, jurídica, que se traduz em agressão a um valor evidente do pensamento liberal que se transformou em conquista humana, qual seja, de que ninguém pode ser penalmente punido por conduta pessoal que não ocasione danos a terceiros. Mesmo o vetusto liberalismo inglês de Stuart Mill postulava por este critério definidor das fronteiras da liberdade individual.

Não sou um liberal, não consigo enxergar as sentidas diferenças sociais da vida contemporânea como "naturais", ou que a mão invisível do mercado solucionara nossos problemas de injustiça social. Mas tenho com o liberalismo um diálogo constante, reconhecendo que esta forma de pensar produziu valores que se traduziram em conquistas humanas e não apenas da classe social que a supedaneou.

Aliás, desta dimensão humana da liberdade, o chamado "neoliberalismo" contemporâneo se esqueceu. Defendem ardentemente a liberdade do capital e se esquecem das liberdades humanas, aliás contra elas litigam, compondo uma atípica conjunção de defesa da liberdade de propriedade com o ataque às demais formas de liberdade individual e coletiva.

De qualquer modo, a questão é objetiva, nossa Constituição estatui o direito de liberdade como norma magna. Outro não pode ser o sentido material deste dispositivo, se não o de vedar sanções penais a condutas que atinjam apenas o próprio corpo do agente, sem ocasionar danos a terceiros. E por óbvio não há que se entender dano como a mera perturbação natural da convivência social, mas, sim, efetivos danos concretamente aferíveis.

Não vejo, portanto, qualquer sentido racional, numa sociedade livre e democrática, na existência de uma legislação penal que puna criminalmente o usuário de qualquer substância entorpecente. No caso de nossa Constituição, parece-me evidente a inconstitucionalidade de tal legislação repressiva.

E também me parece inconstitucional, por consequência do raciocínio exposto, punir-se com as sanções penais do tráfico usuários que produzam drogas para consumo próprio, como é o caso do plantio caseiro de maconha.

Nesse sentido, é com alegria e esperança que vejo a notícia na mídia de que o deputado Paulo Teixeira, líder do PT na Câmara Federal, defende às abertas a propositura de projeto de lei que descriminalize o uso e o plantio não comercial de maconha em cooperativas.

Mais que um avanço qualquer, uma atitude de coragem cívica do deputado que resolve dar ao debate democrático o caráter que ele deve ter para ser funcionalmente eficaz em termos de evolução social: buscar convencer a maioria e não conformar sua opinião confortavelmente a ela, o que parece ser o maior vício de nossa democracia na conjuntura atual.

O debate na questão nem se dá pelo clássico argumento dos que defendem a descriminalização: de que o Estado gasta fortunas com a repressão atavicamente ineficaz, nem pelo argumento dos que defendem a criminalização mais rigorosa, de que o uso estimula o tráfico.

O verdadeiro argumento é o do descabimento do Estado em imiscuir-se penalmente na esfera privada de gestão corporal. Cabe ao Estado educar e informar do mal que as drogas ocasionam, mas não criminalizar a pessoa pelo mero uso de seu corpo, indiferente a terceiros.

Fora do período de eleições, que tem sido tão propício a demagogias conservadoras irracionais, o debate do tema vai avançando, infelizmente ainda de forma limitada a iniciativas corajosas como esta do deputado Paulo Teixeira.

***

Decisão histórica

Publicado no portal Última Instância, em 12/05/2011

Mais de uma vez, sustentei neste espaço que considero a atual composição do STF (Supremo Tribunal Federal) a mais bem-sucedida que já tivemos quando o assunto é garantia aos direitos fundamentais e respeito às liberdades públicas. Na semana passada, novamente, o STF fez história e fortaleceu essa avaliação: colocou ponto final a uma discussão que se arrastava há anos em nossa sociedade, ao declarar que casais do mesmo sexo podem sim constituir família.

E por que não poderiam? No âmbito jurídico, a argumentação contrária sustenta que o parágrafo terceiro do artigo 226 da nossa Constituição restringe a união civil estável a "homem e mulher". Liberais, por sua vez, rebatiam com o *caput* do artigo 5º da Carta Magna, que garante a todo o ser humano a livre gestão do próprio corpo.

A dubiedade na interpretação legal, que antes do posicionamento histórico do STF ensejava interpretações diversas, na realidade servia para fomentar um preconceito baseado na diferença das minorias, portanto, contrário aos princípios constitucionais que exigem tratamento isonômico. Nesse sentido, ao decidirem por unanimidade que casais homoafetivos e heteroafetivos têm os mesmos direitos, os ministros abriram os olhos da sociedade para uma realidade que já era nítida para muitos, mas igualmente sanaram essa injustiça.

A relação entre pessoas do mesmo sexo jamais foi legalmente proibida e seu exercício sempre contou com a proteção de um sistema de direitos fundamentais. Por que, então, tratá-la como diferente?

Houve reações à decisão. E as redes sociais foram os palcos escolhidos para os mais exaltados proclamarem seus discursos inflamados, baseados na defesa dos valores da família, na necessidade de um casal gerar filhos ou com argumentos outros de ordem religiosa, por conseguinte, alheia ao Estado Democrático de Direito, laico por definição.

De fato, a natureza humana é múltipla e complexa, especialmente quando se trata de "conjunções carnais", nas palavras dos ministros do STF, ou de sexo, no linguajar cotidiano. Enquanto outros seres vivos só se aproximam durante o cio, nós seres humanos estamos ligados o tempo todo e aptos à atividade sexual nas mais diversas situações, sempre pautados em fantasias. Em um relacionamento, de fato, a nossa busca primeira é pelo prazer e é isso que nos aproxima de outro ser humano.

A reprodução da espécie pode ser uma consequência deste processo ou não, bem como a participação do amor pode ser integrante ou apartada do ato sexual: essas decisões, em última análise, perfazem o conjunto de opções que cada ser humano faz.

Do ponto de vista dos avanços sociais e dos princípios constitucionais em jogo, garantir o espaço para a tomada dessas decisões é basilar. Em uma sociedade livre e civilizada, não podemos negar às pessoas o direito de conduzir suas vidas dentro de preceitos estritamente hetero-afetivos, em suas crenças e valores subjetivos. Assim como também não podemos negar a elas o direito de escolherem os caminhos da homoafetividade. Essa é uma decisão que não gera prejuízo para um ou outro grupo, tratando-se de uma escolha individual, que deve ser respeitada pelos seus diferentes.

A decisão do STF constrange, isso sim, nosso Congresso Nacional, que patinou durante anos sobre o dilema de reconhecer ou não como família uniões estáveis homoafetivas. Não tivesse o Judiciário interferido, ainda estaríamos à deriva em uma questão que, há muito, integra a ordem do dia. Esse talvez seja o aspecto mais importante da decisão da mais alta Corte do país, no que se refere ao futuro: e as demais questões polêmicas, como legalização do aborto, descriminalização da maconha, regulamentação das atividades de mídia, punição aos autores dos crimes cometidos por agentes estatais no período militar, entre outras?

Nosso Poder Legislativo tem a oportunidade e a responsabilidade de tomar a dianteira nesses debates, por ser o fórum apropriado de confronto de ideias e aprovação de leis, por ser, enfim, representante do povo. O temor de assumir posições paralisa, o que tem ocorrido com o Congresso Nacional mais do que o desejado. Já vivenciamos isso quando decidimos sobre o uso de células-tronco em pesquisas científicas e sobre a validade da lei da ficha limpa nas últimas eleições.

Finalmente, o recado que o STF transmite com decisões como as de reconhecimento do caráter cível das uniões homoafetivas é o de que não fugirá de seu papel constitucional de guardião da nossa Carta. É isso que esperamos.

***

Marcha da Maconha e violência

Publicado na Carta Capital, em 24/05/2011

A difundida máxima "decisão judicial se cumpre" tem como sustentáculo o reconhecimento do Judiciário como Poder fundamental à preservação da ordem democrática. A observância e respeito às decisões judiciais é conduta inerente aos valores fundamentais do Estado Democrático de Direito, tais como superioridade e aplicação universal da Lei, segurança jurídica, entre outros.

Ocorre que o necessário cumprimento das ordens judiciais não as devem imunizar de críticas pela comunidade jurídica e pela cidadania em geral.

Esta atividade crítica, além de expressar inegável direito de opinião, é relevante instrumento de aperfeiçoamento jurídico e político da jurisdição.

É sob essa compreensão que reputo equivocada a liminar da 2ª Câmara de Direito Criminal do TJ-SP, que declarou ilegal a manifestação em defesa da legalização da maconha. Notem que a marcha não foi convocada com o intuito de defender o uso da droga, nem propunha que as pessoas fumassem maconha, o que seria instigação ao crime, mas sim mudar a lei penal que criminaliza o consumo, conferindo um caráter inequívoco de exercício das liberdades de opinião e reunião.[7]

Ficou patente que a decisão dos desembargadores atentou contra o direito à livre expressão do pensamento e ao direito de reunião. Com a proibição, os manifestantes transformaram a marcha em protesto pela liberdade de expressão. Um cartaz com os dizeres "legalizem o debate" ilustrava com precisão o sentimento dos manifestantes. Sob pretexto de fazer valer a decisão, as forças policiais usaram cassetetes e bombas de gás para dispersar a marcha, transformando em violência o que deveria ser um justo e justificado exercício da liberdade de expressão – repórteres que faziam a cobertura jornalística da marcha chegaram a ser agredidos.

Não quero recorrer ao pueril argumento de que a polícia deveria se ocupar do verdadeiro combate ao crime, mas é preciso se perguntar "para quê tudo isso?". Era realmente necessário o uso de tamanha força numa simples passeata? As cenas do embate entre polícia e manifestantes me fizeram recordar do regime militar, mas avalio que há grande parcela de responsabilidade dos magistrados ao decidirem pela proibição.

Em diversas oportunidades, defendi que nossa Constituição garante que ninguém pode ser penalmente punido por conduta pessoal que não ocasione danos a terceiros, o que tornaria inconstitucional a legislação combatida pela passeata. Presenciamos pela mídia a posição de homens públicos de valor propugnando pela descriminalização do uso da maconha. Em outras ocasiões, confrontamo-nos com argumentos contrários a esse ponto de vista, num ambiente democrático de debate. A decisão do TJ-SP, contudo, contribui para a interdição de um debate que interessa, acima de tudo, à cidadania e à família brasileira.

---

7   Em 20/05/2011, do Tribunal de Justiça de São Paulo proibiu a realização da Marcha da Maconha no estado, que estava programada para acontecer no dia seguinte. Na data e local marcados, manifestantes protestaram contra a proibição e a favor da liberdade de expressão.

Quando o debate e o embate de opiniões é substituído pelo zunido dos cassetetes, perdemos em civilidade e maturidade democrática. Democracia, no sentido que Norberto Bobbio empresta ao conceito, é o regime político que implica na adoção de procedimentos de debate pacífico em substituição ao conflito físico entre grupos sociais de opinião diversa. A livre expressão de ideias, mais que um mero direito do indivíduo, é um relevante instrumento de paz e ordem social. Quando o direito à livre expressão não é observado, o que se vê são manifestações pacíficas serem substituídas por espetáculos de violência, como o que ocorreu neste caso.

Convém à sociedade e aos órgãos jurisdicionais agir em defesa do pleno exercício da liberdade de expressão, sob pena de amanhã assistirmos o autoritarismo e a violência avançarem mais um degrau no seio das instituições democráticas. Pode até parecer que não, mas o silêncio neste caso será profundamente danoso.

***

A Marcha da Maconha como livre expressão

Publicado na Carta Capital, em 20/06/2011

A semana passada foi marcada por uma decisão da mais alta Corte do país, o STF (Supremo Tribunal Federal), capaz de resgatar um sentido essencial que vinha se perdendo nos posicionamentos das instâncias inferiores da Justiça. Ao considerar lícitas manifestações que defendem a mudança da legislação que criminaliza o uso da maconha, o STF reforçou os ditames do artigo 5º de nossa Constituição no que tange ao valor fundamental de garantia ao direito de livremente se reunir e de expressar ideias.

De fato, provocados por pedidos de concessão de liminares por parte de integrantes do Ministério Público, juízes de primeira instância e também a 2ª Câmara de Direito Criminal do TJ-SP (Tribunal de Justiça de São Paulo) acabaram por confundir a defesa da mudança da lei com o descumprimento desta. Em suas decisões, consideradas inconstitucionais pelo STF, impediram a realização de "marchas da maconha". As instâncias inferiores não atentaram, inclusive, que os organizadores da manifestação orientavam contrariamente ao uso da substância proibida durante a marcha.

Não havia sido a primeira vez que marchas do tipo foram impedidas de acontecer, sempre com o argumento da apologia ao uso da droga e à impossibilidade de se evitar o consumo no decorrer da manifestação. No entanto, em todas as decisões judiciais impeditivas da marcha, persistiam os mesmo equívocos de interpretação constitucional, que desembocaram em atentados ao princípio democrático e aos direitos fundamentais resguardados no julgamento do STF.

O princípio democrático é a norma constitucional que determina não apenas a adoção de decisões por uma maioria legislativa ou social, mas também, em especial, a preservação dos direitos das minorias. Esse sempre foi o caso das marchas que foram impedidas. Afinal, o direito à livre expressão do pensamento, acompanhado pelo direito à reunião, é um dos instrumentos fundamentais a garantir a possibilidade da minoria se transformar em maioria pela arma do convencimento, o que opera como mecanismo de compensação de formas violentas de enfrentamento, trazendo ao Parlamento o papel de *lócus* da disputa e solução pacífica entre interesses e valores conflitantes dos grupos sociais divergentes.

É, por conseguinte, direito inalienável de qualquer cidadão, ou grupo de cidadãos, exprimir, de forma pacífica, seu pensamento discordante da maioria parlamentar que aprovou e mantém uma determinada lei penal vigendo. Isso vale para círculos restritos de amigos e familiares, debates públicos, opiniões na imprensa ou em praça pública. Tais manifestações não implicam em estímulos à conduta tipificada por esta mesma legislação que se quer criticar e alterar. Na doutrina norte-americana, se alcunha este tipo de posicionamento pela expresssão *in favor off*.

A situação proibitiva era tão insólita que lembrava os tempos da Ditadura Militar, em que protestar contra a existência da Lei de Segurança Nacional era considerado crime contra a Segurança Nacional. Afinal, se postular pela revogação de uma lei não é conduta salvaguardada pelo direito de livre expressão e reunião, que condutas da cidadania seriam salvaguardadas por este direito? Posso expressar que sou contra as normas vigentes, mas não posso dizer quais e as respectivas razões?

Ora, subtrair de parcela da cidadania o direito de protestar contra a vigência de qualquer lei, penal ou não, é ferir de morte o regime democrático. É retirar-lhe o sentido, traduzindo-se em ato imperial, impróprio ao Estado Democrático de Direito.

Podemos argumentar que não há direito absoluto, o que é avaliação precisa. Assim, o direito à livre expressão não pode ofender a honra de alguém ou estimular a prática de delitos. Mas postular a revogação de uma lei penal não pode ser considerado incitação ao crime que ela tipifica, nem ofensa à honra. Se havia receio por parte da jurisdição de que os defensores de uma nova lei usassem a marcha para a prática de desobediência civil, via consumo da erva, nada impedia que os policiais presentes à passeata realizassem a prisão em flagrante dos infratores. Aliás, esse é o procedimento que a lei recomenda, não só em situações de protesto, mas nas demais, porque extrapolaria os limites do direito à livre expressão.

Finalmente, está claro que decisões judiciais não se descumprem, mesmo que as achemos inconstitucionais, porque são animadas pela presunção de legitimidade própria à segurança jurídica das relações humanas e sociais reguladas pelo direito. Mas caberia aos tribunais inferiores pautar suas decisões pelo entendimento de que, na dúvida, devem ser resguardados e valorizados os direitos fundamentais de livre reunião e expressão, jamais interditados. Esse sentido constitucional foi resgatado pela decisão do Supremo.

A importância e profundidade desse resgate pelo STF jogam novamente luz sobre as normas penais brasileiras. Não se tratam de cláusulas pétreas, imutáveis, portanto, devem estar sempre sujeitas ao debate público. Arrisco-me a sustentar que esse é inclusive o sentido desejado pelo legislador originário. Os debates a serem travados doravante não podem ser confundidos com estímulos à prática das condutas vedadas. Que passemos a entender que criticar leis não é o mesmo que as desobedecer. É, pois, o contrário: a expressão essencial e mínima do que se constitui um regime democrático. Hoje, do ponto de vista dos direitos da cidadania, certamente estamos mais maduros.

***

O direito à livre expressão homoerótica

Publicado na Carta Capital, em 04/07/2011

Notícia veiculada pela mídia na semana que passou informa a ocorrência do primeiro casamento gay no país. Nada que surpreenda.

Consequência natural da interpretação dada pelo STF ao parágrafo 3º do art. 226 de nossa Constituição.[8]

Aliás, diga-se de passagem, de estranhar manifestação crítica de alguns juristas conservadores, amplamente divulgada pela mídia, compreendendo que teria o STF transbordado de suas funções, invadindo no tema seara do Legislativo, inclusive trazendo entendimentos de doutrina e julgados estrangeiros, que dizem respeito a Constituições de outros países, não à nossa.

Se não for papel do STF interpretar a extensão e o sentido de um dispositivo constitucional específico, como é o caso, qual seria sua atribuição? Nossa Constituição resolveu tratar do tema diretamente, por normas próprias, ao contrário de outros países, que tratam do tema em âmbito infraconstitucional.

Ao estipular norma constitucional regulando a matéria, nosso sistema constitucional atribui ao STF a competência para interpretar tal norma, inclusive sua extensão. É algo propedêutico, óbvio em termos estritamente jurídicos. Nada houve de juridicamente inadequado na interpretação de nossa Corte Suprema.

No âmbito social e político, creio que tais decisões jurídicas são conquistas de um âmbito maior de luta contra a discriminação: o da livre expressão homoerótica.

No que percebo em meu cotidiano de classe média, o preconceito autoritário contra o homoerotismo vem sendo aos poucos emparedado por sua absoluta incompatibilidade com a vida numa sociedade livre e complexa.

Isso se observa no conteúdo discursivo da homofobia, onde quer que ele se produza, das mesas de almoço familiar de domingo aos discursos parlamentares, como os do deputado Bolsonaro ou da deputada

---

[8] Em 05/05/2011 o Supremo Tribunal Federal (STF) aprovou por unanimidade o reconhecimento da união homoafetiva como entidade familiar.

Myriam Rios. Atualmente, sempre se iniciam com a "desculpa" de não serem preconceituosos contra a prática homoerótica, centrando fogo no que há de relevante, sua expressão pública, sua aceitação social como prática amorosa.

Afirmações correntes no sentido de que gay bom e aceitável é o "low profile", que não expõe publicamente sua afetividade e erotismo, ou mesmo aquele que é "masculino" em seu comportamento (ou "feminino", no caso das mulheres), ou seja, que gay legal é aquele que não é "bicha". São claras manifestações de qual é o foco do preconceito, do que mais incomoda o fascismo heteronormativo cotidiano, qual seja, a expressão pública da homoafetividade, ou mais precisamente do homoerotismo.

O amor é um sentimento que exige expressão. O relato, a manifestação sígnica, seu discurso mesmo que gestual, no sentido de Roland Barthes, é "o tributo que o enamorado deve pagar ao mundo para reconciliar-se com ele". Beijar em bancos de praça e andar de mãos dadas pelas calçadas são condutas próprias da paixão e do amor em sua expressão pública. São dele conteúdo e não apenas continente. Até o amor secreto carece de alguma forma ser expresso em sua intimidade e discrição; mesmo tendo o sabor intenso e o natural ônus da transgressão, sempre carece de expressão.

A repressão cotidiana à expressão homoerótica é a mais potente arma do preconceito e, hoje em dia, a mais corrente e aceita socialmente, como se reprimir a expressão do amor homossexual fosse aceitável, razoável. Que os gays se amem no sótão e não na sala.

No território jurídico, nada mais equivocado. O princípio da isonomia ou da igualdade estatuído no artigo 5º de nossa Constituição, entendido a partir de uma perspectiva laica, própria de um Estado Democrático de Direito, não permite que a expressão homoerótica seja tratada de forma desigual à heteroerótica. Onde for permitido o beijo público de um casal hetero, deverá também o ser o beijo homo.

O direito à livre expressão de nossa Carta Magna, por evidente, inclui afetos em seu sentido e extensão e não apenas pensamentos dotados de razão e lógica.

Na perspectiva política, como falar em uma sociedade democrática e defensora de direitos humanos fundamentais sem tolerância ao diferente? Como tolher da pessoa a plenitude de realização de seu erotismo humano, aquele que é eivado de fantasias e desejos abstratos, que não é praticado apenas no cio e que não é feito apenas pelos órgãos reprodutivos? Aquele que, como quase tudo no humano, exige expressão na convivência?

A livre expressão homoerótica é direito fundamental específico, salvaguardado por nossa Constituição e inequivocamente inerente ao direito à dignidade humana e à busca da felicidade. Mais que um direito, um passo significativo para uma vida social mais humana e civilizada.

***

O direito das minorias

Publicado no portal Última Instância, em 04/08/2011

Não é de hoje que abordo como tema relevante da pauta nacional a questão da união homoafetiva, sempre buscando confrontar e equilibrar os princípios constitucionais envolvidos na questão. Nesse sentido, seria no mínimo negligência de minha parte silenciar em um momento como este, em que a Câmara Municipal de São Paulo aprova controverso projeto de lei que cria o dia do orgulho heterossexual.[9]

---

9   Em 02/08/2011, a Câmara Municipal de São Paulo aprovou o projeto de lei 294/2005, do vereador Carlos Apolinário (DEM), a fim de instituir, no município, o Dia do

No dia 25 de março de 2010, neste mesmo espaço, abordei a questão de fundo ao tratar de um outro projeto do mesmo vereador que propôs a criação do dia do orgulho hétero. Na época, sua proposta era proibir a realização da Parada Gay na avenida Paulista. Alguém até poderia imaginar que o vereador tem pautado parte significativa de seu mandato para legislar contra a minoria homossexual, haja vista a quantidade de proposições avessas às reivindicações desses cidadãos.

O que importa, contudo, é denunciar comportamentos intolerantes que possam sugerir, estimular ou encampar opressões. E esse parece ser o caso da criação do dia do orgulho hétero.

É preciso frisar que nossa Constituição busca assegurar o direito de as minorias exercerem sua cidadania na plenitude. Nesse sentido, não pode a maioria, pelo simples fato de reunir o maior número de pessoas com a mesma opinião em dado assunto, suplantar o direito da minoria. Em linhas gerais, porque a maioria tem à sua disposição inúmeros instrumentos de fazer valer sua vontade, enquanto que a minoria não dispõe dos mesmos recursos de afirmação.

Do ponto de vista constitucional, portanto, faz todo o sentido a instituição de um Dia do Orgulho Gay, porque visa a preservar os espaços de exercício da cidadania da minoria gay a partir da afirmação da existência desse grupo de cidadãos, de suas bandeiras, lutas, dificuldades, enfim, de tudo o que possa reafirmar ao restante da sociedade que, em se tratando de minoria, a tendência é haver situações de opressão. O mesmo raciocínio vale para as minorias raciais, religiosas ou de pessoas com deficiências: nossa Carta Magna se destina a preservá-las.

Assim, a recorrente reação à criação do dia do orgulho hétero de dizer "se tem um Dia do Orgulho Gay, pode haver um do orgulho hétero" se transforma em retórica desprovida de sentido. Afinal, o orgulho é um sentimento positivo quando se trata da resistência da minoria,

---

Orgulho Heterossexual. O projeto foi vetado pelo então prefeito Gilberto Kassab.

mas quando é o orgulho do forte transforma-se em massacre do fraco. À maioria recai a necessidade de ser humilde e tolerante, não orgulhosa.

Do ponto de vista estritamente jurídico formal, não há empecilhos à criação da data. Mas há que se pensar em seu conteúdo, altamente perverso e motivado por uma atitude beligerante da maioria em relação à minoria. Como bem ensina Norberto Bobbio, democracia é o regime que se caracteriza pela adoção de procedimentos de debate tolerante como substituto dos conflitos violentos entre os grupos sociais majoritários e minoritários. Nesse sentido, é o regime político que busca a paz como valor e meta maior.

Orgulho hétero é um não à tolerância com a minoria, é uma mensagem de guerra. Trata-se de reação desproporcional num momento em que essa mesma minoria obtém avanços na garantia dos seus direitos, com decisões favoráveis inclusive no Supremo Tribunal Federal.

O que se espera de um Poder Legislativo, seja ele municipal, estadual ou federal, é trabalhar pela inclusão e convivência pacífica entre os diferentes, garantindo a todos os direitos fundamentais expressos em nossa Constituição. Ao aprovar a criação do dia do orgulho hétero, a Câmara de Vereadores de São Paulo foi na contramão de um trabalho com essas qualidades.

Portanto, não há razão para o prefeito Gilberto Kassab titubear: embora legal, o projeto que cria o dia do orgulho hétero tem de ser vetado por atentar contra o interesse público, na medida em que estimula a intolerância.

A pedagogia policial

Publicado na Carta Capital, em 11/11/2011

Leciono, há mais de duas décadas, numa universidade de muito prestígio em minha área de saber, o Direito. Nos últimos anos tem sido comum, cada vez mais, em nossas universidades, e não só na USP, o trato de questões de conflitos com movimentos políticos e de reivindicações das comunidades nos campi através do uso da força policial militar.

Convocar a polícia, antes de tudo, significa assumir nossa ineficiência como educadores no plano da gestão universitária, nossa incapacidade de criar estruturas de poder e representação nas universidades semelhantes às que exigimos como intelectuais, com diálogo, arejamento democrático – pedagogia pelo afeto e debate e não pelo cassetete, enfim.

Temos de ter consciência de que cada ato praticado dentro de uma universidade, mesmo que aparentemente administrativo, há de ter sempre sentido pedagógico. Se não se recomenda a violência nem no adestramento de cães usados nas ações policiais, como se pretende ensinar cidadania e respeito aos nossos alunos pelo uso do aprisionamento e da violência?

Que a sociedade debata se o uso de drogas é um problema de polícia ou de educação ainda vá lá. Mas que se acolha a tese repressiva em plena universidade é de estarrecer pela desconfiança que representa em métodos educativos e que, em geral, ela mesma cria e propaga.

Se a conduta dos estudantes que ocuparam a reitoria foi produto de um grupelho pouco representativo e autoritário, o que parece verdadeiro, após a ação da polícia este quadro se reverteu. Como há anos não se via no movimento estudantil, o comparecimento à assembleia estudantil posterior às prisões dos estudantes foi significativa e deliberou pela greve geral em protesto.[10]

Parece-me de bom senso que problemas reais de segurança no campus, que implicam violência marginal, não se dão por conta da ausência da PM, mas sim pela ausência de qualquer vigilância ou monitoramento.

Força civil de segurança treinada pela própria universidade ou mesmo forças policias especialmente treinadas para segurança nos campi seriam a solução adequada.

Isso porque os métodos empregados costumeiramente pela Polícia Militar são evidentemente inadequados a um ambiente de educação cidadã.

As abordagens policiais, em geral, são feitas com base em preconceitos sociais e de etnia; a violência é usada como método de investigação e não como mera autodefesa. A manifestação pública de reivindicação de grupos é vista por essas forças como crime e não como legítimo exercício de direitos fundamentais de cidadania.

Liberdade e segurança são valores relevantes para a vida social. Para que ambos imperem concomitantemente, temos de saber ponderá-los adequadamente face a cada circunstancia fática. Por evidente, num educandário onde se preza a formação livre do pensamento – e que quer estimular a experimentação de ações de cidadania pelos jovens –, o valor da liberdade deve preponderar. Não há saber de excelência sem liberdade de pensar. Neste ambiente, é melhor pecar pelo excesso de liberdade do que pelo excesso de repressão.

---

10 Em 27/10/2011, três estudantes foram detidos no campus Butantã da Universidade de São Paulo (USP) por porte de maconha. A prisão gerou protestos e confronto entre policiais e estudantes. Na sequência, várias manifestações foram realizadas na universidade contra a presença e o papel repressor da Polícia Militar dentro do campus.

O perigo da patrulha higienista

Publicado na Carta Capital, em 24/11/2011

Proibir o fumo em ambientes coletivos fechados é medida de inegável mérito sanitário. Neste sentido, o projeto aprovado pelo Senado atende a uma demanda cidadã e é atenta a valores constitucionais de relevo.[11]

De fato, é insustentável a situação vigente na maior parte do país. Nos restaurantes e bares, linhas imaginárias são traçadas separando áreas de fumantes e não fumantes. O ato de fumar nesses ambientes agride frontalmente a saúde dos não fumantes, pelo contato imediato que são obrigados a ter com a fumaça dos cigarros e com seus consequentes malefícios.

Ocorre que a situação de inadmissível ofensa à saúde das pessoas é substituída por outra que, com seus exageros politicamente corretos, acaba por ofender o direito à liberdade dos fumantes, de gerirem seu corpo da forma como bem queiram.

O caso, por evidente, implica em conflito ou tensão entre dois direitos ou princípios, o da preservação da saúde de um lado e o da liberdade de outro.

O conflito entre princípios é algo rotineiro numa sociedade complexa como a nossa, que conforma esferas de consenso em torno dos valores mais elementares e gerais do Estado Democrático de Direito. Para a realização da gama de direitos que se considera como adequados à plena satisfação das pessoas e grupos na vida social, é necessário ungir como normas jurídicas a proteção a direitos e valores que tendem a conflitar uns com os outros em situações fáticas específicas.

---

11 Em novembro de 2011, o Senado aprovou a Lei Antifumo, que proíbe o fumo em recintos coletivos fechados em todo o país, sejam eles públicos ou privados. A nova legislação também extinguiu os fumódromos e ampliou as restrições à propaganda de cigarro.

Nossa sociedade, por exemplo, quer segurança mas, ao mesmo tempo, quer liberdade. Por óbvio surgirão situações em que um desses valores conflite com o outro. O direito constitucional contemporâneo está atento a este fenômeno já há algumas décadas e tem buscado compor técnicas que busquem trazer o máximo de objetividade à ponderação entre princípios conflitantes, sempre de forma a eleger o princípio adequado para prevalecer no caso concreto, mas de forma também que esta prevalência se realize sempre de forma a restringir o mínimo possível o princípio que não prevalece.

Isto porque uma sociedade democrática e complexa como a nossa quer que valores diversos sejam preservados sem que a observância de um suprima o outro. Ainda no exemplo, queremos segurança, mas não de uma forma que extinga totalmente a liberdade das pessoas.

Para que tal complexidade de valores seja preservada em nossa vida social, as decisões estatais de aplicação da Constituição, seja no âmbito político ou jurídico, devem sempre buscar trilhar o caminho da ponderação, da razoabilidade, da restrição mínima a direitos preteridos pela prevalência de outros.

No caso da lei antifumo, é evidente que a preservação da saúde dos não fumantes deve prevalecer em detrimento da liberdade dos fumantes, no que diz respeito ao uso do cigarro em ambientes coletivos fechados. Impossível se admitir que não fumantes sejam obrigados a suportar danos à sua saúde apenas para satisfazer o mero prazer dos fumantes.

Ocorre que o projeto aprovado, emprenhado por exageros discursivos próprios de nossa época – que transformam questões de saúde em verdadeiras patrulhas higienistas sobre a vida privada –, realiza a prevalência da saúde de forma desproporcional, extinguindo totalmente a liberdade de fumar em tais ambientes, mesmo em situações onde a saúde dos não fumantes esteja totalmente preservada.

A lei não permite o ato de fumar mesmo em ambientes onde haja a segregação de fumantes e não fumantes por barreiras físicas, onde a área de fumantes seja segregada dos não fumantes por paredes ou vidros, em ambiente de aeração condicionada ou mesmo em tabacarias, bares e restaurantes destinados apenas aos fumantes.

A segregação física dos fumantes garante aos não fumantes a possibilidade de preservação de sua saúde, sem que para tal seja necessária a supressão integral, absoluta, da liberdade dos fumantes

Sempre se poderá opor o argumento de que a proibição radical busca provocar que o fumante deixe de sê-lo. Ora, neste caso a intenção legislativa verdadeira seria o de proibir o ato de fumar e não apenas de preservar a saúde do não fumante, e isto nos parece uma intromissão absolutamente indevida do Estado na esfera de liberdade privada das pessoas.

Desde que não cause gravames a terceiros mais significativos que as perturbações naturais da convivência social, cada pessoa tem o direito de gerir seu corpo da forma que bem lhe aprouver, sem sofrer qualquer restrição estatal nesta liberdade. Este é o sentido maior do direito de liberdade salvaguardado no *caput* do artigo 5º de nossa Constituição. Assim, se o ato de fumar é realizado de uma forma que só cause prejuízos ao corpo do próprio fumante, este não poderá ver sua liberdade de fumar restrita por lei estatal.

É comum tratarmos na mídia, ou em nosso cotidiano, dos males da religião e seus fundamentalismos. As insanidades da fé.

Temos de nos lembrar, contudo, que na história humana a razão científica também foi origem de insanidades políticas e sociais. Eugenia e higienismo pautaram os estados nazifascistas em suas trágicas trajetórias. E tais insanidades se deram exatamente pela aplicação acrítica e desproporcional de saberes tidos então como científicos no âmbito da política e das ações estatais.

Temos de lutar para que o valor da saúde pública prevaleça, mas de forma ponderada, adequada a uma sociedade saudável – e livre, sem patrulhamentos higienistas sobre a vida privada. A ciência pode nos dizer o que devemos fazer para sermos saudáveis, mas não o que fazer para sermos felizes. Não há felicidade sem saúde, mas também ela não existe sem liberdade.

***

Assim na África, assim no Pinheirinho

Publicado na Carta Capital, em 26/01/2012

Por sugestão de Fabio Konder Comparato e iniciativa de Marcio Sotelo Felippe, ambos juristas da melhor qualidade técnica e humana, passou a circular na web um abaixo assinado reivindicando a apuração pela Comissão de Direitos Humanos da OEA, a Organização dos Estados Americanos, do ocorrido na execução de ordem judicial de reintegração de posse na área de Pinheirinho, no município de São José dos Campos. Medida mais que meritória, necessária e urgente.

A forma autoritária e violenta com que a ordem judicial foi concedida e executada, desconsiderando tentativas concretas de negociação entre ocupantes e o Governo Federal, estarrece profundamente pela desconsideração com os seres humanos que lá residiam.[12]

---

12 Em 22/01/2012, Polícia Militar de São Paulo e a Guarda Civil de São José dos Campos (SP) invadiram a ocupação conhecida como Pinheirinho para cumprir uma ordem de reintegração de posse expedida pela justiça estadual. A violenta desocupação da comunidade pelas forças policiais ficou conhecida como "Massacre do Pinheirinho". Cerca de 1500 famílias residiam no local há mais de oito anos.

Não houve qualquer preocupação, pela jurisdição concedente da ordem de reintegração, com a dimensão social e humana da questão, neste aspecto se pondo às textilhas com o sistema de valores positivados em nossa Constituição.

A adequada ponderação entre o princípio estipulador do direito de propriedade e os da preservação da vida, integridade física, moradia e dignidade humana, não deixam outra alternativa senão reconhecer que a garantia da propriedade, no caso concreto, não pode se dar sem as cautelas necessárias para preservação mínima da integridade e dignidade dos ocupantes, o que não houve de forma alguma no ocorrido.

Propriedade e direito de propriedade, como já esclarecido exaustivamente por nossa melhor doutrina jurídica, não se confundem.

Propriedade é um conceito filosófico e político, ilimitado *a priori* como qualquer conceito ideal.

Direito à propriedade é a forma e os limites com que a propriedade é estabelecida numa ordem normativa concretamente. Ou seja: é conceito limitado, seja por limites explícitos a ele inerentes positivamente, como sua função social determinada na Constituição, como também por outros direitos que, no caso concreto, com ele entrem em tensão ou colisão.

O direito de propriedade, portanto, em nosso sistema normativo, não é absoluto nem ilimitado.

Os direitos fundamentais dos ocupantes foram radicalmente inobservados seja pelo Poder Judiciário que concedeu a ordem de reintegração, aliás com fundamentos evidentemente truculentos e nada ponderados, seja pelo Poder Executivo Estadual, que não demonstrou qualquer preocupação humana e social na execução da ordem.

Com o mau funcionamento da jurisdição brasileira no que toca à observância dos direitos fundamentais do homem no caso em apreço, dá-se por cumprido o requisito formal necessário à atuação da Comissão e da Corte de Direitos Humanos da OEA na questão, razão pela qual merece estímulo por parte da cidadania qualquer medida que provoque esta mesma atuação.

O caso irá se inscrever em mais um capítulo na triste história da evidente esquizofrenia fascista que caracteriza o Estado brasileiro no que toca aos valores democráticos e de garantia dos direitos fundamentais.

Se, de um lado, as nossas elites, com todas as limitações de eficiência que se podem argumentar quanto ao funcionamento estatal, são reconhecidas e têm assegurados os direitos fundamentais e os valores democráticos estabelecidos em nossa Constituição, ao nosso povo pobre só lhe são estipuladas, de fato, obrigações.

O povo pobre brasileiro só recebe do Estado obrigações e violência.

A ausência real de universalização dos direitos fundamentais da pessoa humana em nossa sociedade é o sintoma claro de uma cultura fascista, genocida e esquizoide que ainda existe em meio a nossa ordem democrática e pela qual todos somos em alguma medida responsáveis.

Há um fosso social que separa drasticamente essas duas personalidades de nossa sociedade e do seu Estado esquizofrênico.

De um lado o Estado democrático e civilizado que reconhece e garante direitos mínimos a sua cidadania consumidora e incluída, e de outro o Estado fascista e genocida que expressa sua soberania pelo domínio absoluto e violento da vida nua de seus servos pobres, titulares apenas de obrigações, sem direitos, sem dignidade existencial.

Tal conjuntura desalentadora se intensifica quando consideradas as condições de reprodução do capital no mundo contemporâneo.

Como bem destaca Giorgio Agamben, os antigos exércitos de reserva de mãos de obra do capitalismo industrial, destinados ao desemprego naquele momento histórico, no capitalismo contemporâneo se transmutaram em verdadeiros exércitos de exclusão da vida.

Por sua desnecessidade na reprodução intensa de capital que caracteriza a contemporaneidade, são destinados à morte física ou à mera sobrevivência em vida nua, desprovida dos elementos de dignidade que compõem o conceito de humanidade. Assim na África, assim no Pinheirinho.

Aos setores de nossa sociedade que defendem patamares mais civilizados de convivência social não há outra atitude a tomar se não a de denunciar e litigar intensamente contra tal situação, que se expressa de forma dramática na tragédia do Pinheirinho.

***

Verdade e responsabilidade pelos crimes da ditadura

Publicado na Carta Capital, em 13/03/2012

Procuradores do Ministério Público Federal estão prestes a ingressar com ações criminais contra agentes civis e militares tidos como responsáveis pelo desaparecimento de pessoas durante a ditadura militar.[13]

Tal atitude, por evidente, funda-se no fato de serem os crimes de sequestro e ocultação de cadáver de natureza permanente, cujo *iter* não se encerra até que se encontre a vítima ou seu cadáver.

A conduta dos procuradores federais merece os mais intensos elogios e o mais sentido apoio por parte da cidadania comprometida com os valores do Estado de Direito e da democracia. Efetivamente, crimes

---

13 Em março de 2012, o Ministério Público Federal intensificou esforços para a instalação de processos que pudessem responsabilizar agentes do Estado envolvidos com os chamados crimes permanentes – sequestro e ocultação de cadáver, nos anos da ditadura militar (1964-1985).

cujos percursos delitivos não estavam ainda encerrados. Portanto, não são passíveis de serem atingidos por qualquer anistia.

Por outro lado, não há como não reconhecer as dificuldades que tal meritória iniciativa enfrentará ao ser futuramente apreciada pelo STF, depois da infeliz decisão daquela Corte sobre a validade e extensão da Lei de Anistia, nódoa maior na história de decisões recentes da Corte, mesmo contando a iniciativa com a clara decisão da Corte Interamericana de Direitos Humanos da OEA em sentido contrário à de nosso Supremo.

Nosso STF entende que os crimes e delitos cometidos durante a ditadura são página virada, em essência algo que deve ser esquecido, mesmo com o cheiro dos cadáveres ainda exalando por debaixo dos tapetes do acobertamento.

Por evidente, dar andamento a investigações criminais que procurassem, além de localizar corpos, apontar responsabilidades de agentes não seria relevante pelas punições que ocasionalmente produzissem, mas pela história que seria resgatada, identificando algozes, expondo vilezas e, com isso, desestimulando a repetição deste tipo de atrocidade em nossa vida política.

Entretanto, se medidas de caráter criminal podem encontrar dificuldades jurídicas de prosperar, face ao equivocado entendimento de nosso STF, a nosso ver medidas investigativas de outra natureza seriam possíveis por se darem fora do âmbito penal. E poderiam se tornar instrumento útil à identificação de agentes civis e militares torturadores e homicidas, promovendo sua responsabilização civil pelos gastos que o Estado teve, tem e terá com as corretas e devidas indenizações das vítimas de tortura, homicídio e outros vilipêndios e seus familiares.

Os crimes cometidos por agentes públicos durante a ditadura militar deram causa a indenizações pagas às vitimas por decisões do Executivo ou do Judiciário.

Conforme disposto em nossa Constituição, nos parágrafos 5º e 6º de seu artigo 37, é dever do Estado cobrar dos agentes públicos indenizações pagas por danos ocasionados por seus atos praticados com dolo ou culpa. E as medidas de cobrança de tais débitos são imprescritíveis. A Lei de Anistia visou anistiar crimes, não indenizações civis devidas por agentes públicos.

Ou seja: além dos danos políticos, sociais e humanos que a ditadura ocasionou, os atos criminosos de seus agentes deram origem a indenizações adequadamente pagas, mas que significam lesão ao patrimônio público ocasionada por atos dolosos de agentes públicos civis e militares.

Obviamente cabe a estes agentes civis e militares que ocasionaram tais danos ao erário público ressarci-lo.

Ocorre que, em se tratando dos abusos da ditadura, são conhecidas as vítimas mas não a maioria de seus algozes. Sabe-se que danos ao erário foram ocasionados por atos dolosos de agentes públicos, mas ainda não se tem a identidade destes.

Para tal situação existem os inquéritos civis, promovidos pelo Ministério Público, que poderiam se transformar em importante instrumento de apuração histórica do que ocorreu e da identificação dos responsáveis.

Neste aspecto, inclusive, a sinergia com a Comissão da Verdade é evidente. A Comissão da Verdade é órgão administrativo. Uma vez que encontre provas de autoria de delitos ocasionadores de indenização a vítimas, tais provas devem ser usadas pelo Ministério Público ou mesmo pela Advocacia Geral da União para cobrar os valores pagos dos autores destes ilícitos, para que se recomponha o erário publico lesado por conta de seus atos.

Por tudo isso não nos parece correto afirmar que das conclusões da Comissão da Verdade apenas registros históricos devem restar, sem qualquer consequência jurídica para agentes civis e militares que cometeram crimes e atrocidades na ditadura. Devem ser punidos criminalmente e, independentemente disso, devem ao menos reparar o erário público que lesaram.

É cada vez mais comum na mídia conservadora culpar as vítimas de tortura, homicídio e outras formas de perseguição durante a ditadura pelos gastos que o Estado, corretamente, teve de realizar para indenizá-los.

Além de vil e tumultuária, esta posição não conta com qualquer informação jurídica para fundamentá-la. Quem deve responder pelo dano ao erário publico ocasionado pelas devidas indenizações é quem as ocasionou, ou seja, os agentes públicos que praticaram os atos ilícitos que geraram o direito a indenização de suas vítimas ou familiares destas.

Mas mais que uma forma de obter a devida reparação do erário público, tais investigações civis e respectivas ações judiciais seriam instrumentos de resgate efetivo de nossa memória, na qual ilícitos não restam sem consequência, servindo de estímulo para que tais atrocidades não se repitam.

***

A decisão do STF sobre anencefalia

Publicado na Carta Capital, em 16/04/2012

Na semana passada, o STF (Supremo Tribunal Federal) decidiu que não será crime a interrupção da gravidez em que a gestação seja de um feto com anencefalia, ou seja, de fetos cuja má-formação do cérebro e do córtex inevitavelmente leva ao óbito momentos após o nascimento.

No entanto, uma análise estritamente jurídica da decisão permite-nos observar que foram equivocadas muitas interpretações difundidas sobre o que apreciou o Supremo – seja na grande imprensa ou nas redes sociais.

A confusão maior se deu na avaliação de que o STF julgou que está em conformidade com a Constituição a prática abortiva dos fetos anencéfalos. Mas não foi bem isso que, a meu ver, a Corte analisou.

O que dizem nossas leis? Inicialmente, que os abortos são proibidos, portanto, sua prática é vedada em todo o território nacional. Mas o dispositivo legal prevê duas exceções a essa regra geral: 1. Quando a gravidez oferece risco à vida da mãe; e, 2. Quando o feto em gestação é resultado de estupro, crime hediondo previsto no Código Penal.

São duas exceções animadas pelo princípio da razoabilidade e que contam com o amplo apoio da sociedade.

Portanto, para considerar que um aborto deixe de ser crime fora dessas condições claramente determinadas em lei, o STF teria que inovar e ampliar o rol de exceções. Nesse sentido, a Corte estaria criando um terceiro caso passível de exceção à regra geral, o de que também podem ser realizados, com o amparo da lei, abortos de fetos com anencefalia. Ora, mas isso seria usurpar o papel do legislador.

Aliás, esse foi o cerne da argumentação que o ministro Ricardo Lewandowski utilizou para votar contra: criar uma nova exceção seria o mesmo que o STF legislar, logo, desviando-se de suas funções de julgadores e interpretadores da Constituição.

Poderíamos, inclusive, ir além e vislumbrar nessa interpretação a abertura de espaço para o Supremo avaliar a constitucionalidade de outros casos de aborto.

Ocorre que não foi isso o que o STF analisou. O olhar dos ministros se projetou não para o início da vida, mas para sua potencialidade. Quer dizer, no caso de fetos com anencefalia, sabe-se que não há, potencialmente, chances de se constituir uma vida a partir de sua gestação. É ponto pacífico que não haverá concretização da vida nesses casos.

Sob esse ângulo, a curetagem de um feto com anencefalia deixa de ser um aborto, ao menos no sentido jurídico da expressão. Se não há chance de concretização da vida, não há crime contra a vida, portanto, não é o caso de se falar em aborto.

Mais do que isso: julgada sob esses termos, não resta dúvida de que o Supremo não invadiu a competência legislativa do Congresso Nacional, porque não criou uma nova exceção à proibição ao aborto e, nesse sentido, também não abriu brechas para descriminalizar o aborto de forma ampla. Não restam razões jurídicas para justificar isso, pois não foi analisada a constitucionalidade do aborto.

Em suma, o que o STF fez foi reconhecer no debate jurídico uma proposição que vem da ciência – o da impossibilidade de concretização da vida nas gestações de fetos anencéfalos.

Não se entrou na análise da extensão jurídica que emergirá da confrontação de dois princípios: o direito à vida e o direito à livre gestão corporal pela mulher. O que se fez foi declarar a não incidência do tipo penal "aborto" no caso concreto da interrupção da gravidez por anencefalia.

Ou seja, considerar que tal caso não se enquadra como aborto e não considerá-lo um "aborto excepcional".

A diferença pode parecer sutil, mas é imensa. De um lado subtrai do caso, a nosso ver, qualquer característica de inovação legislativa, pois nada mais fez a Corte do que considerar uma tipologia de casos como enquadrados ou não nas normas já vigentes, tarefa aliás exclusiva da jurisdição em nosso sistema.

De outro lado, contudo, não autoriza, sob o ponto de vista jurídico, se afirmar que a decisão foi um passo para a descriminalização total do aborto, pois o tipo penal aborto não entrou em debate quanto à sua constitucionalidade em momento algum. Em essência, decidiu-se pelo não enquadramento da curetagem de fetos anencéfalos no tipo penal em comento.

Sabemos que o Brasil é o quarto país com maior número de casos de anencefalia do mundo, de acordo com a OMS (Organização Mundial da Saúde), com um caso para cada 700 nascimentos por ano. Era preciso tomar providências para minimizar o sofrimento dessas mulheres que se viam sob a imposição legal de garantir uma gestação sabendo de antemão que aquela jamais seria a concretização de uma vida.

Ao decidir que interromper a gestação de fetos com anencefalia não é crime, sem considerar o ato um caso de aborto, o STF dá um passo importante para minimizar ao menos esses sofrimentos.

***

Cotas étnicas e igualdade

Publicado na Carta Capital, em 25/04/2012

Nossa Constituição, como bem explana Ricardo Marcondes Martins, conta com um plano ideológico próprio, ou seja, estipulou originalmente um conjunto de valores que foram positivados como normas do maior status hierárquico em nosso sistema jurídico.

Dentre estes valores, transformados em princípios constitucionais, temos o da igualdade formal entre os cidadãos e também o da busca de maior igualdade material entre os mesmos.

Nossa Constituição adotou claramente o modelo de Estado social, ou seja, o de um Estado que intervém através da lei e outros atos estatais nas relações jurídicas entre as pessoas para realização de uma maior justiça social, ou seja, para realização de uma vida social com menor diferença entre as classes e demais grupos sociais no campo econômico, afetivo, socioambiental etc.

Esta intervenção estatal ocorre no mais das vezes em colisão com o princípio da igualdade formal, chamado de isonomia pelos juristas.

Como é cediço na contemporânea doutrina de direito constitucional, princípios constitucionais, por trazerem em seu conteúdo valores, ou seja, virtudes humanas e sociais que o constituinte quis ver realizadas na vida social, em geral tendem a colidir entre si.

Aristóteles já havia, há séculos, identificado este caráter colidente das virtudes humanas. A coragem é uma virtude, mas a prudência também. Coragem e prudência colidem entre si, sendo necessário ponderar entre ambas, de acordo com a circunstância fática, para que uma prepondere em detrimento da outra.

De um soldado em guerra exige-se mais coragem, pois é obrigado a enfrentar tiros do inimigo pondo sua vida em risco constantemente, mas sem eliminação total da prudência para que não morra bobamente. De um piloto de avião exige-se mais prudência para que não ponha em risco sua vida e a dos passageiros, mas sem eliminação total da coragem se não o avião não sai do chão.

Pois nossa Constituição, como conjunto de normas superiores de uma sociedade democrática hipercomplexa, determina que se observe na vida social uma série de virtudes ou valores que obviamente tendem a colidir entre si. Essas normas os juristas chamam de princípios.

Assim, nossa Carta Magna determina que as pessoas tenham liberdade individual, mas, ao mesmo tempo, que tenham segurança ou observem medidas de preservação da saúde pública, por exemplo. A liberdade individual é colidente com o valor da segurança, que exige para sua realização de normas restritivas daquela. Conforme a circunstância fática, um ou outro princípio deve preponderar, tendo-se sempre em vista o plano ideológico da Constituição (não o pessoal do intérprete). Legisladores, juízes e autoridades administrativas têm de realizar tais ponderações, em abstrato ou em concreto, no cotidiano de suas decisões.

Pois o Estado social, ao realizar o valor da justiça social, intervindo na relação entre as pessoas, normalmente o faz tendo de preponderar tal valor em detrimento da igualdade formal.

O princípio da igualdade formal determina, por exemplo, que os particulares que travam um contrato devem ser tidos como iguais perante a lei e as clausulas contratuais.

Ocorre, entretanto, que se tal contrato tem como parte um particular em nítida desvantagem econômica em relação ao outro contratante, o Estado, através da lei, intervém rompendo a igualdade entre as partes, estabelecendo normas intransigíveis com vistas à proteção da parte mais fraca, do chamado hipossuficiente.

Isto ocorre nos contratos de trabalho, nos de consumo etc. CLT e Código de Defesa do Consumidor são exemplos de intervenções estatais nas relações privadas, com vistas à promoção de uma maior justiça social em detrimento da noção de igualdade formal, para obtenção de uma maior igualdade material.

No Estado social é assim mesmo. Em geral, para realização de uma maior igualdade material temos de restringir a igualdade formal. Ambos os valores entram em tensão e, pelo plano de valores de nossa Constituição, a busca de maior igualdade material deve preponderar na maior parte das situações, mas sem eliminar por completo a igualdade formal, restringindo-a no mínimo necessário para que a igualdade material prevaleça.

Pois é esta situação a que ocorre na questão das cotas raciais em nossas universidades.

Durante um bom pedaço de nossa história, os negros não eram tidos como pessoas por nossa ordem jurídica, eram coisas, escravos!

A escravidão gerou graves distorções sociais. Existem brancos pobres, mas esses são minoria entre os pobres. Existem negros ricos, mas esses são minoria entre os ricos.

Etnia no Brasil, por conta de nossos antecedentes históricos, é fator profundamente relacionado às desigualdades sociais. Racismo aqui é forma de garantia dos interesses econômicos de nossa elite eurodescendente.

Não é segredo para ninguém que estudo significa ascensão social.

Cotas para negros em nossas universidades é medida eficaz não apenas de compensação de um passado vergonhoso para nossa nação, mas forma atual de realização da justiça social.

Tentar fazer que a igualdade formal prepondere sobre o valor da justiça social é postura ideológica própria do liberalismo. Não há problema algum em defender tal ponto de vista no plano político, realizar o livre debate.

Mas no plano jurídico não. Nossa Constituição adota o modelo do Estado social, não o do Estado mínimo liberal. Justiça social em nosso país é norma constitucional. Comando a ser obedecido e não apenas tema para debate.

Obviamente o debate democrático poderá no futuro resultar em termos uma Constituição liberal, que estipule um Estado mínimo, mas até lá temos que cumprir a Constituição posta em 1988. É o que se espera do STF no julgamento da constitucionalidade das cotas. Estado de Direito significa governo das leis, não governo dos juízes.

A PM não se adaptou ao regime democrático

Publicado na Carta Capital, em 30/09/2012

Duas meninas, uma de 11 anos, outra de 14, foram baleadas por um policial militar na Zona Sul da capital paulista.[14]

O mais estarrecedor neste tipo de violência é que o que deveria ser trágico é cotidiano. Indubitavelmente aí reside uma das maiores patologias sociais de nossa época

Evidentemente houve um grave erro operacional dos agentes policiais envolvidos, que gerou consequência quase irreparável. O Estado deverá responder pelos danos ocasionados às vítimas e o agente envolvido deverá ser responsabilizado administrativa, civil e criminalmente na forma da lei.

Mas, por outro lado, não há que se demonizar o agente policial envolvido. De origem certamente humilde, mal treinado e com péssima remuneração, ainda mais tendo-se em conta que presta um serviço que implica arriscar a vida cotidianamente, não há que se despejar no indivíduo a culpa de todo um sistema de segurança.

Não faz sentido manter uma força de natureza militar como responsável pela segurança pública.

Produto da ditadura militar, tal sistema de segurança ostensiva é totalmente inadequado a um regime democrático de direito.

Se por um lado é certo que a eventual substituição da Polícia Militar por uma Guarda Civil não evitaria abusos por si só, também não há que se negar que a organização policial militar é concebida mais como força de ocupação territorial e controle político violento da população pobre.

---

14 Em 28/09/2012, duas meninas foram baleadas por policiais militares durante uma abordagem no bairro Campo Limpo, na Zona Sul da capital paulista. Uma foi alvejada no nariz e a outra no olho. Os policiais alegaram que ambas foram atingidas acidentalmente, mas depoimentos das vítimas e de testemunhas os desmentiram.

Em vez de força de segurança pública submissa ao direito, a Polícia Militar, por sua própria estrutura preparada para a guerra e não para a proteção, se põe como força de exceção. Não reconhece na população pobre uma cidadania titular de direitos, mas apenas seres dotados de obrigações perante o Estado.

Como no mundo do capital globalizado já quase não há exércitos de mão de obra de reserva, a maioria da população pobre é destinada à exclusão da vida.

No dizer de Agamben, este amplo contingente miserável da população global é dotado apenas de "vida nua", vida que não conta com a proteção de direitos políticos mínimos, nem mesmo o direito à sobrevivência. A PM matou mais por ano no Brasil do que a maior parte das guerras ocorridas no globo nas últimas décadas.

Ao contrário, contudo, do que dizem setores mais conservadores da opinião pública, o que há não é uma "guerra" entre Estado e população pobre. O que há é um verdadeiro genocídio, de cunho racista, regionalista e social.

A título de se combater o banditismo, que sempre aumenta mesmo com toda a violência da PM, o que demonstra no mínimo sua ineficácia, trabalhadores pobres são vilipendiados cotidianamente em sua integridade física e moral, quando não são mortos por uma violência tão cruel quanto apoiada pela eurodescendência bem pensante das áreas nobres de São Paulo e de nossas capitais.

O fetiche do Estado de Polícia, do Estado autoritário que traz na punição o grande fator de contenção da violência, ainda seduz a maior parte de nossas classes médias, contra todos os dados racionais e históricos.

Ser humano que não se sinta minimamente amado, protegido e acolhido pelo meio ambiente familiar e social que o cerca é um ser, sempre e em qualquer circunstância, com ampla possibilidade de se animalizar. Ele rouba e mata porque tem pouco a perder com a punição e mesmo com a morte, sua vida já é em si destituída de um sentido mínimo de dignidade material e afetiva que conforma o que chamamos de humano. Só o que lhe resta é viver intensidades para se sentir vivo.

Enquanto persistirmos em tratar a pobreza com o cassetete e não com a mão solidária, enquanto nos focarmos na violência que a população pobre faz contra nós sem vermos a violência que fazemos cotidianamente contra ela, continuaremos reféns, pagando a conta desta violência em nossos faróis e esquinas mesmo que com tanques de guerra para nos defender.

As soluções são complexas, mas qualquer solução da segurança pública como política de Estado passa, a nosso ver, pela extinção da Polícia Militar e sua transformação em Guarda Civil, ao menos pelo sentido simbólico de que o Estado democrático, ao contrário das ditaduras, não carece estar em guerra com sua população mais pobre, preferindo o acolhimento e a proteção à chacina.

***

O descolamento de Danuza e a exclusão da PM

Publicado na Carta Capital, em 27/11/2012

O conceito é antigo. Não sou historiador mas, certamente, a ideia tem ao menos alguns de seus elementos constituídos na Antiguidade greco-romana. Com a cristandade, ganhou consistência e sentido maior. O conceito de "pessoa". Integrante da espécie humana. Filhos todos do mesmo Pai. Irmãos, portanto. Por mais diferenças que possamos ter como indivíduos, somos dotados de uma igualdade essencial e inalienável que nos é dada pela comunhão da mesma espécie, pertinência à mesma comunidade global e à humanidade.

Com a modernidade, o conceito de "pessoa" ganha foro laico, no âmbito político e jurídico. A "pessoa" vira "cidadão". A pertinência e a comunhão da mesma espécie biológica passam, então, a serem reconhecidas como fato constitutivo da proteção política. Basta ser uma pessoa, basta ser um integrante da humanidade para ser reconhecido como titular de direitos mínimos perante uma ordem jurídico-estatal, inicialmente liberdades públicas oponíveis à própria autoridade estatal – que, no correr do século XX, são complementadas com direitos a um mínimo de existência material digna, ou seja, no conjunto os chamados direitos humanos ou direitos fundamentais.

Na contemporaneidade, o conceito de pessoa, em sua dimensão jurídica – sem perder sua dimensão política nem sua dimensão histórico-cristã – é mais que um mero ente exercente de direitos e obrigações. É o sopesamento perfeito entre os princípios ou valores de igualdade e liberdade.

Só há noção de pessoa a par da noção de igualdade, pois só a partir dela é que se entende o humano como igual ao outro humano, filhos que são do mesmo Pai, integrantes da mesma espécie, iguais em essência, portanto.

Ao mesmo tempo, só a partir desta noção igualitária de pessoa, como a do ser pertencente à espécie, pertencente à grande família humana, é que se tem o conceito da mais relevante entre as várias formas de liberdades humanas, qual seja, não a de liberdade individual que se opõe à maioria, mas a liberdade de pertencer à maioria como comunidade, como família.

Não à toa, a maior punição que a ordem jurídica opõe ao indivíduo é apartá-lo da convivência com sua comunidade. Não se trata de restringir seu direito de ir e vir genericamente considerado, pois este pode ser restringido de forma genérica em várias situações sem graves ofensas à vida individual, mas sim de restringir o direito de ir e vir de forma a subtrair o indivíduo da vida em comunidade. Todos sabemos como isso fere! Fora a subtração da vida, não há pena maior que nos separar dos entes queridos e da vida em comunhão com nossa espécie.

Por mais que a ideologia liberal queira nos fazer esquecer, a mais relevante liberdade é a de viver em comunidade, na maioria e não contra ela. É com a sua subtração que a própria sociedade liberal pune o indivíduo que realiza o crime, para proteger a sociedade, mas também para evitar o cometimento de crimes pela dissuasão, pois é sabido o temor humano da perda da alteridade em sua existência.

Se de um lado a história humana registra desde a modernidade essas tentativas laicas de conformação jurídica e política deste conceito inclusivo de "pessoa" criado pela cristandade, de outro, desde priscas eras se registram de forma contínua nesta mesma história humana formas mais ou menos mascaradas de exclusão desse conceito comum e inclusivo, ou no sentido de excluir pelo privilégio com que diversas formas de elite procuraram se destacar do restante da espécie por se considerarem superiores, ou por formas de exclusão de parcela dos integrantes por serem considerados hostis, inimigos, estranhos, perigosos ou daninhos à sociedade ou mesmo não dotados de condições sociais, físicas, estéticas ou intelectuais mínimas para se integrarem de forma saudável à convivência com os demais em condições de igualdade. Obviamente as forma de descolamento por superioridade tiveram sempre íntima relação com as de exclusão por inferioridade.

Sem querer tratar de tema tão vasto em tão poucas linhas, mas apenas para lembrar brevemente, assim foi com senhores feudais de um lado e servos de outro, aristocratas e plebeus, elite rural e escravos. Uns dotados de privilégios e outros não providos da condição de "humanos". Na antiguidade, Zaffaroni se refere à exclusão dos hostis no direito romano, Agamben à dos *"Homo Sacer"*.[15]

---

15 Eugenio Raul Zaffaroni, ministro da Suprema Corte Argentina, é professor titular e diretor do Departamento de Direito Penal e Criminologia na Universidade de

Mas, mesmo depois do surgimento da figura jurídica do cidadão, tivemos a constituição do "inimigo" sob vários nomes e formas – mas sempre de modo a excluir certos grupos a priori da condição de pessoa sem lhes conferir a proteção política e jurídica comuns aos demais cidadãos. Assim aconteceu e acontece com os supostos "terroristas" (Patriotic Act), os "drogados" (internação compulsória), os "mendigos" (expulsão dos locais de convivência, violência etc.), os "traficantes" e os "fichados" pela polícia (execução sumária) e assim por diante.

Por outro lado, os grandes contribuintes das campanhas políticas, os muito ricos, as figuras públicas de grande influência no público, os donos dos meios comerciais de comunicação continuam tendo uma cidadania especial, privilegiada, que é ouvida pelos poderes de Estado de uma forma diferenciada do resto da cidadania em suas decisões.

A última semana de notícias retratou este triste quadro de cidadania excludente no Brasil. De um lado os queixumes de Danuza Leão quanto à presença maior de integrantes da plebe ignara e deselegante brasileira nas vias públicas e nos centros comerciais de Paris e Nova York, produto da melhor distribuição de renda de nossos tempos. Ou seja: da melhor realização do comum – e talvez não elegante – conceito de "pessoa". O "comum", o irmão pobre e filho do mesmo pai, invadindo o que até pouco tempo atrás era praia do irmão meio besta, descolado da família e elitista.

De outro lado, os mapas da morte do inimigo. Jornalistas investigativos – sim, eles ainda existem, são poucos, mas existem – apontam a execução de pessoas por agentes estatais pelo simples fato de terem antecedentes criminais. E pior: com o apoio expressivo de parcela de nossa sociedade. O suposto "inimigo", desprovido da condição mínima que deveria ser outorgada a qualquer "pessoa", o direito à vida.

O conteúdo das pesquisas de opinião desenha a tragédia. Se fôssemos pela opinião de cerca de 40% dos entrevistados, outorgaríamos a nossos

---

Buenos Aires.

policias o poder máximo da exceção, do poder político bruto, da soberania estatal em sua maior violência. Decidir sobre quem é o "amigo" e o "inimigo", decidir sobre a vida e a morte das pessoas. Decidir, portanto, sobre quem merece ou não ser "pessoa". No plano teológico, ocupar o papel de Deus.

Acho que não há necessidade de argumentar muito para mostrar a absoluta falta de senso na opinião destes 40% dos entrevistados. A vida social, por óbvio, descambaria para a total barbárie e para um patamar de violência muito maior da que já temos hoje. Sim, ela pode aumentar muito e ficar muito pior. E não, é melhor não experimentar. A vida pública não é um jogo de dados.

***

A proteção necessária às vítimas de crimes violentos

Publicado na Carta Capital, em 20/01/2013

Creio que quase todos veículos de mídia noticiaram o trágico assalto no qual uma jovem grávida foi banal e brutalmente assassinada. Ficou evidenciado, conforme também noticiou a mídia, a ocorrência de várias mortes realizadas por policiais militares cuja única característica das vítimas era possuir algum antecedente criminal (um extermínio banalizado e consentido em certa medida pela hipocrisia social de elites que desejam o assassínio dos pobres, mas medeiam sua angústia culpada com a criminalização das vítimas).[16]

---

16 Em 08/01/2013, Daniela Nogueira de Oliveira, 25 anos e grávida de nove meses, foi baleada na cabeça durante um assalto no bairro Campo Limpo, Zona Sul da capital paulista.

Segundo matéria do site da ONG Conectas de Direitos Humanos, publicada em abril de 2012, até aquela data, quatro jornalistas foram assassinados no Brasil no correr do ano, o que significava um jornalista assassinado por mês, em condições que legitimam a suspeita de que o tenham sido em razão de exercerem livremente seu direito de expressão do pensamento.

Ao menos dois aspectos as ocorrências descritas têm em comum, sem prejuízo de outras comparações possíveis, quais sejam o fato de ter ocorrido um crime que atentou contra a vida de pessoas e, por consequência, a existência de vítimas diretas e indiretas da conduta criminosa. Pessoas perderam a vida, mas também familiares sofreram a perda de um pai, filho ou irmão, com significativo dano afetivo e muitas vezes material pela ausência do arrimo da família.

Seja o criminoso um agente estatal ou policial abusando de poder, um homicida profissional pago por políticos ou empresários também criminosos, um marginal que realiza um assalto ou um integrante do crime organizado, a realidade é que na convivência social brasileira há um grave problema humanitário como consequência da violência banalizada em nosso cotidiano. Familiares sofrem a perda afetiva e material, sem qualquer assistência estatal por isso.

Setores de direita costumam acusar os defensores de direitos humanos de não atentarem aos direitos das vítimas de crimes violentos. Corretamente tais defensores não aceitam a crítica, que traz como fundamento oculto o muito equivocado pressuposto de que direitos humanos são "direito de bandidos" e não a proposição verdadeira de que direitos humanos são direitos mínimos reconhecidos a qualquer ser humano por sua simples condição de pertinência à humanidade.

Assim, direitos humanos são, em verdade, direitos da humanidade e não apenas de "bandidos". Defender direitos humanos não inclui defender a não punição de crimes, mas apenas que essa punição se realize nos marcos da legalidade e segundo valores universais consagrados em nossa civilização.

Ocorre que há de se reconhecer que a proposição utilizada pela direita autoritária tem uma dimensão que faz todo o sentido: a de que pessoas vitimadas pela violência criminosa têm de ter direito à assistência estatal em amplo sentido, psicológica, médica, social e, quando implicar em morte de arrimo de família, financeira.

Com uma sociedade semelhante à nossa, na qual a violência é banalizada, o abuso de poder é cotidiano e o crime organizado, uma realidade, mas com legisladores e governos nacional, regionais e locais mais atentos ao problema das vítimas, o México acaba de publicar, no início de janeiro – e com apoio de movimentos sociais como o Movimento pela Paz, ONGs de defesa de direitos humanos e da ONU – uma Lei Geral de Assistência às Vítimas de Violência (Ley General de Victimas).

A lei referida estabelece atendimento especializado emocional, além de auxílio financeiro até o valor de 500 salários mínimos, envolvendo União, Estados e municípios. Contempla também um sistema especial de proteção a militantes defensores de direitos humanos e jornalistas.

A Lei Geral de Vítimas não é um produto perfeito. Várias dúvidas são levantadas quanto a eventuais abusos por não trazer uma definição exata do conceito de vítima e pela extensão que oferece à oferta de auxílio financeiro, ao mesmo tempo em que o subordina a um burocrático processo de concessão.

A nosso ver, o auxílio financeiro deveria ser limitado a familiares de vítima de violência fatal ou incapacitante que seja arrimo de família.

Por conta dessas indefinições do texto legal e questões específicas de natureza constitucional, embora aprovado por unanimidade no Senado e na Câmara, em abril de 2012, permaneceu sem ser promulgada e publicada até o fim de 2012 e início de 2013, sendo que entrara em vigor 30 dias após sua publicação.

Por ser uma iniciativa criativa e inovadora, obviamente a lei mexicana precisará, no futuro, ser alterada face às experiências reais que dela frutificarem. Mas de forma alguma este fato diminui a importância e a correção da conduta do Parlamento e do governo mexicanos.

Urge, a nosso ver, o início de debates públicos no Brasil sobre o tema, absolutamente compatível com o sistema de direitos fundamentais de nossa Constituição.

Ao contrário do que muitos pensam, não foi a Constituição de Weimar a primeira no mundo a consagrar direitos sociais em 1919, mas sim a mexicana, em 1917. Mais uma vez vem do México o bom exemplo legislativo.

O Estado brasileiro não pode continuar inerte quanto aos direitos e necessidades inegáveis das vítimas de crimes violentos, sejam eles praticados pelo marginal comum, pelo crime organizado ou mesmo por agentes estatais em abuso de poder.

***

Sobre tortura e amantes

Publicado na Carta Capital, em 05/03/2013

Num artigo recente, tratei do caso de tortura de bebês pela ditadura no Brasil como exemplo da perda de referência moral por parte do autoritarismo, uma evidente psicopatia que sempre caracteriza este tipo de regime político.

A questão é saber se pode haver psicopatias nos debates de uma sociedade democrática. A ausência insana de sentido moral pode também atingir debates livres no interior de uma sociedade democrática? A falta absoluta de correção moral é doença própria do autoritarismo ou pode se acostar à democracia?

A julgar por certos temas de debates ocorrentes na contemporaneidade, a resposta é sim: os debates democráticos podem ser tomados por psicopatias, pela ausência de senso moral, pela admissão do que é consensualmente tido como mal sem culpas ou vergonha.

Nos últimos dias, os órgãos de imprensa local e seus comentaristas, do psicanalista Contardo Calligaris, que admiro, à entrevista dada a uma revista semanal pelo jornalista americano Mark Bowden, passando pela opinião de outros articulistas de altíssimo valor como Vladimir Safatle e Marcelo Coelho – estes corretamente críticos ao tema e ao conteúdo do debate – têm tratado de questão importada da mídia norte-americana, qual seja, a tortura em sua dimensão utilitarista, sua aptidão funcional em obter informações verdadeiras.

O assunto veio à tona por conta dos métodos inumanos de interrogatório usados em suspeitos de terrorismo pelo governo dos EUA a partir do "Patriotic Act". Supostamente, tal tipo de interrogatório vil teria tido uma eficácia indireta na captura e assassinato de Bin Laden.[17]

Nos EUA é comum vermos "homens de bem", intelectuais bem pensantes tecendo loas à tortura como método de interrogatório ao invés de questionar a morte de Bin Laden sem julgamento, sem sequer o direito a ter seus restos sepultados pela família. O grau de cividade de

---

17 O USA Patriotic Act, ou "Lei Patriótica", foi o decreto assinado pelo presidente norte-americano George W. Bush logo após o atentado ao World Trade Center, em 11 de setembro de 2001. Ancorado na ideia de segurança acima de tudo, permite, entre outras medidas, que órgãos de segurança e de inteligência dos EUA interceptem ligações telefônicas e e-mails de supostos envolvidos com o terrorismo, sem necessidade de qualquer autorização da Justiça.

uma sociedade se mede pela forma como trata seus bandidos e malfeitores. Este necessário debate, nem nos EUA nem aqui, é travado.

Parece-me pouco saudável debatermos se a prática de tortura é ou não funcional na obtenção de informações. Em geral, as afirmações em torno do tema iniciam-se apartando os aspectos morais que lhe são inerentes. É humanamente digno tratar do tema sem levar em conta, constantemente, sua dimensão moral?

Dissociar a funcionalidade da tortura como método investigativo do juízo moral a seu respeito é uma conduta lúcida e saudável ou é manifestação de uma racionalidade psicopática? O tema da funcionalidade da tortura é apto a ingressar no ambiente público de uma sociedade democrática?

Não me digam que todos os temas são admissíveis no debate democrático.

Cada sociedade livre constrói valores éticos que limitam os temas em debate, mesmo que a maioria deles corretamente não sejam censurados ou criminalizados pelo Estado.

No Brasil, portar símbolos nazistas e a defesa política do nazismo são temas excluídos do debate público. São, inclusive, criminalizados: não se aceita que uma ideologia política que tem em seu eixo programático a extinção de uma etnia possa ser admitida no debate.

Também por aqui é crime debater-se a funcionalidade da escravidão dos afrodescendentes, se ela pode representar ganhos de competitividade econômica etc.

Mesmo um assunto menor, como a vida privada dos políticos e homens públicos no Brasil – ao contrário dos EUA –, é tema eticamente proibido em qualquer jornal. Não há censura estatal em relação a isso, nem deve haver. É um pacto ético de nossas redações. Amantes, filhos fora do casamento e práticas sexuais privadas de nossas autoridades são temas fora do debate.

Entretanto, não há culpa nem vergonha em se debater, com ares de racionalidade bem pensante, e até um certo ar de transgressão inteligente e criativa, se a tortura é ou não eficiente. Ou se o argumento de sua ineficiência funcional é válido racionalmente.

Torturar um bebê na frente da mãe e do pai é eficiente para obtenção de informações verdadeiras? Seria justificável isso ocorrer numa hipotética situação de ameaça de bomba nuclear ou invasão de ETs abdutores?

Temos de ter claro que admitir tal debate implica em criar âmbitos públicos de aceitação da prática. Qualquer forma de debate sobre tortura que não parta do consenso moral de sua inaceitabilidade absoluta e que vá além de tratar de formas de combatê-la implica em abrir espaço para que ela entre em nossa sala, que possa seduzir legitimamente defensores, hoje uma minoria que pode se tornar maioria amanhã.

Obviamente podem-se acusar os próprios críticos do método, por asseverarem que a tortura, além de imoral, não funciona bem. Teriam assim dado margem ao debate da eficiência. Ora, tais críticos nunca dissociaram os argumentos de forma temática, como hoje se faz para defender em alguma medida a prática nefasta.

Dissociar em qualquer ambiente a dimensão da eficácia funcional dos aspectos morais na questão da prática da tortura é um imenso erro.

Temos de ter claro que tabus temáticos podem ser emocional e racionalmente úteis para a convivência social livre e democrática. Não há sentido debatermos se determinado político tem amantes; a dignidade humana se coloca acima da curiosidade mórbida e rasteira do público. Com muito mais razão temos de ter pejo em debater a eficiência da tortura.

Por óbvio, não defendo censura estatal, defendo um pacto ético, como no caso das amantes e dos filhos escondidos dos homens públicos. Práticas humanamente abjetas como a tortura não devem ter outra perspectiva de debate que não seu combate.

Prostituição e direito à saúde

Publicado na Carta Capital, em 07/06/2013

O ministro da Saúde, Alexandre Padilha, há pouco adotou a decisão de retirar campanha em favor da melhoria da autoestima das profissionais do sexo com vistas à prevenção da Aids e doenças sexualmente transmissíveis. Um dos cartazes da campanha trazia a frase "Eu sou feliz sendo prostituta". Também foi exonerado pelo ministro o diretor do Departamento de DST, Aids e Hepatites Virais.

A retirada da campanha deu-se, aparentemente, por pressão da chamada "bancada evangélica", que usou da Comissão de Direitos Humanos, presidida pelo deputado Marcos Feliciano (PSC-SP), para criticar a iniciativa.

Esse é o terceiro recuo do ministro em situações semelhantes. Conforme matérias veiculadas pela mídia, diversos profissionais e especialistas em saúde pública discordaram veementemente do recuo do ministro. Tais especialistas apontam diversas pesquisas científicas que demonstram que não é possível combater de forma plenamente eficaz o contágio da Aids sem a valorização da autoestima das parcelas mais vulneráveis da população.

Não é preciso gastar muito esforço de argumento para afirmar que o Brasil é um país laico, aliás como qualquer outra verdadeira democracia representativa.

Por esta razão, questões de saúde pública devem ser tratadas por critérios exclusivamente técnico-científicos. Aspectos de moralidade religiosa não devem interferir em decisões administrativas neste tema.

Queiram ou não os evangélicos, no Brasil a atividade de prostituição é uma atividade lícita, não sendo capitulada como crime em nossa legislação penal. Embora não regulamentada como profissão, é lícita como qualquer outra das inúmeras atividades de trabalho lícitas não regulamentadas.

Em verdade, a regulamentação de uma profissão ou trabalho serve à limitação de seu exercício e não à ampliação da possibilidade de seu exercício, como pode imaginar o leigo. Tanto a prostituta que oferece e realiza serviços sexuais quanto o cliente que paga pelos mesmos estão, ambos, realizando uma atividade inerente à sua esfera pessoal de liberdade garantida pelo direito e por nossas leis.

Saúde é um direito do cidadão e dever do Estado realizá-lo. É um direito das prostitutas contarem com campanhas de prevenção da Aids dirigidas especialmente a elas, pois em razão do exercício de suas atividades lícitas estão mais sujeitas que a média da população à exposição ao vírus.

Mais do que um direito específico das prostitutas como grupo minoritário vulnerável, medidas de contenção da transmissão da Aids neste meio profissional beneficiam toda a população e, portanto, é um direito de toda a sociedade.

Aparte a hipocrisia moral e social que o assunto traz à tona, a realidade é que muitos homens, inclusive pais de família e até evangélicos, usam dos serviços de prostitutas e como tal funcionam como vetores de transmissão do vírus desse grupo mais vulnerável para o todo social, inclusive suas esposas, namoradas, parceiras e parceiros.

Campanhas de aumento da autoestima das profissionais do sexo com vistas à mitigação da transmissão do vírus da Aids e demais DSTs em seu meio são, além de direito desta minoria social, um direito difuso de toda a sociedade.

Ao ceder aos reclamos obscurantistas de setores religiosos, nosso ministro da Saúde errou. E errou de forma incompatível com nossa Constituição. Realizar as referidas campanhas de estímulo à autoestima é seu dever e não mera opção sua.

Por outro lado, é muito preocupante ver o Parlamento como voz do obscurantismo em termos dos direitos fundamentais e humanos. Embora não majoritária a, bancada evangélica consegue ser cada vez mais dominante nas pressões e ações parlamentares face à inação um tanto covarde da maioria mais esclarecida das casas legislativas.

Tal circunstância serve para mostrar que na tensão entre Parlamento e STF não há mocinho ou bandido. Nos temas que tangenciam os costumes afetivos, sexuais e familiares, se não fossem as medidas contundentes da Corte no exercício da interpretação constitucional, nossos direitos fundamentais nesses temas seriam letra morta.

Em temas importantes da vida cotidiana estaríamos sujeitos a interpretações medievais da Bíblia e não a valores humanos universais e laicos, traduzidos em direitos, como posto em nossa Constituição.

***

O papa, os humanos e os inimigos

Publicado na Carta Capital, em 23/07/2013

A visita do papa traz à pauta pública uma série de temas, desde relativos às condutas da Igreja como instituição na contemporaneidade até os referentes aos valores cristãos e sua influência na vida moderna.[18]

Verdadeira odisseia humana, o percurso histórico da cristandade e do catolicismo foi complexo, com momentos obscuros e outros iluminados, como tudo que é humano.

Não me sinto confortável em debater sua dimensão transcendente. Como tudo que é fé, a meu ver, repousa mais no âmbito dos afetos

---

18 Entre 22/07 e 28/07/2013 o Papa Francisco visitou o Brasil, onde participou, no Rio de Janeiro, da Jornada Mundial da Juventude.

que no da razão e – nada há de mal nisso – nem sempre a razão é a melhor conselheira. É comum hoje em dia falarmos das doenças da fé identificadas nos fundamentalismos. Mas nos esquecemos que o século XX também sofreu por doenças da razão – o genocídio nazista de inspiração eugenista esta aí para nos refrescar a memória.

A dimensão ética da fé cristã em sua melhor versão, creio, pode ser resumida num singelo conceito, o mais revolucionário da história humana, qual seja o de pessoa humana.

O conceito de pessoa humana, embora encontre reminiscências na Antiguidade, se constitui e desenvolve com a cristandade. Criação cristã, portanto.

Implica em postular que todos nós humanos somos filhos do mesmo Pai, apesar de todas nossas singularidades como indivíduos, dotados de uma igualdade básica simbolizada na ideia da humanidade como uma grande família e traduzindo a relação ética entre os humanos pelo viés do amor e da solidariedade. Somos todos irmãos, não coisas ou inimigos, mas irmãos.

Essa dimensão teológica do conceito foi secularizada a partir das revoluções americana e francesa e foi se construindo no correr do século XX até os nossos dias.

Como membros da humanidade, grande família humana, todos os seres humanos hão de receber um mínimo de proteção política com relação ao exercício da violência organizada e legalizada inerente ao poder estatal. Essa proteção política é traduzida num conjunto de direitos mínimos, chamados direitos humanos ou fundamentais.

Esse conjunto vem a ser enriquecido a partir das constituições mexicana (1917) e alemã (1919) com a consagração de uma necessária proteção econômica mínima que todo ser humano faz jus, um mínimo existencial garantido por mecanismos de distribuição de riqueza. De pouco adianta a liberdade na fome. Essa proteção econômica foi traduzida nos chamados direitos sociais mínimos e sua integração à pauta de direitos garantidos ao homem.

A história humana não é novela. Nossa complexidade como espécie nos fez construir obscurantismo a par da luz.

Nos discursos políticos e leis formais de Estado, enaltecemos a figura da pessoa humana, mas mantivemos vivo em nossa prática social um conceito mais antigo que o de pessoa e que encontra origem no mais arcaico momento histórico do direito romano, o de inimigo.

Ideia anterior e essencialmente contrária ao cristianismo, o conceito de inimigo traz a noção de excluir do conceito de humano uma parte da humanidade. Retirá-la da grande família, subtraindo sua condição de irmandade e, por consequência, retirando qualquer proteção política. Suspendendo ou extinguindo, em suma, seus direitos fundamentais.

Cada momento histórico, em cada nação e no mundo, trouxe a constituição da figura dos inimigos da ocasião. O inimigo étnico no caso da Alemanha nazista, o comunista da Guerra Fria nas ditaduras latino-americanas, o inimigo étnico-religioso, fundamentalista islâmico, no caso dos EUA da atualidade, ou o "bandido" no caso do Brasil de hoje.

Quando o inimigo do Estado encontrava-se disperso pela população em geral, a comunidade como um todo sofreu a exclusão de sua condição política de humano, perdendo o exercício real, no todo ou em parte, de seus direitos humanos fundamentais.

Neste caso, o inimigo era toda a sociedade, tratada como suspeita, infiltrada que era pelo inimigo interno do Estado. É o caso do comunista na época do regime militar brasileiro. O comunista podia ser qualquer um, de qualquer classe social ou etnia. Não era identificável a priori. Por isso, a sociedade como um todo sofria algum nível de restrição de seus direitos, a título de perseguir o inimigo.

A força do conceito político e teológico de pessoa humana é tanta que desde o século XX as ditaduras e os totalitarismos não se instalam negando os direitos humanos fundamentais, apenas os suspendendo.

A exemplo do golpe nazista de 1933, poucos meses após a eleição de Hitler e tendo como veículo um decreto de emergência que concedia poderes ilimitados e temporários ao Fuher, as ditaduras se instalam com caráter sempre provisório, para o combate ao inimigo, não revogando os direitos humanos mas suspendendo-os.

O discurso da provisoriedade e da suspensão provisória de direitos esteve presente no stanilismo, no fascismo, nas ditaduras do socialismo real e nas ditaduras latino-americanas. Estados de exceção à rotina democrática. Afasta-se o direito para defesa do Estado, para combater o inimigo e para afastar o medo de uma sociedade assustada por seu próprio imaginário, construído ou não a partir de fatos da realidade.

Uma subjetividade de medo e o combate ao inimigo exigem a presença de um Estado de exceção, em regra tanto autoritário como genocida.

No Brasil contemporâneo o inimigo é o bandido. Não apenas o criminoso. Em nossa subjetividade, bandido é mais que o criminoso, em verdade além dele.

Se o dono da grande rede de lojas de produtos finos sonega bilhões em tributos ou o banqueiro comete crimes de colarinho branco são, em geral, vistos e tratados como o ser humano que erra. Sem algemas e com direitos mínimos respeitados. Mesmo quando criminosos não são bandidos.

O bandido em geral é negro ou pardo, no sul pode ser branco e em São Paulo asiático também. Mas sempre é pobre.

Como o bandido se encontra disperso na população pobre, a título de combatê-lo e legitimado pelo medo da sociedade, o Estado de fato e a par da legalidade restringe e suspende direitos de toda população pobre.

Ao pobre suspeito, se não a morte, a prisão provisória processual – e não por culpa declarada depois da defesa –, a tortura, a algema, a exposição pública em programas de estilo de gosto duvidoso tanto quanto estimulador do medo.

Se não é morto pela polícia, pela prisão provisória e sem direito de defesa, o pobre "suspeito", e por isso bandido, chega à cadeia, ambiente onde sua vida é exposta a constante perigo real e sua integridade física objeto de inúmeras violações. De lá o bandido sai criminoso, realmente criminoso.

O combate a esse inimigo constrói dois Estados localizados na geografia de nosso sistema de exclusão. Para o centro expandido e seus moradores, um Estado Democrático de Direito, com direitos fundamentais garantidos mesmo no erro ou no delito. Para as periferias, um Estado de exceção permanente, suspensivo de direitos humanos mínimos, em especial o da preservação da vida.

Nossas periferias, terra de inimigos, respiram o ar pesado do território ocupado, imensos campos de concentração cercados pelos arames da pobreza.

As primeiras mensagens do novo papa são claras e bem-vindas. Parece que vieram para lembrar ao mundo o conceito de ser humano.

Rousseau nos ensinou que não podemos aceitar que um Estado tenha como inimigo um ser humano. O papa parece nos dizer que mesmo um ser humano não deve ter outro ser humano como inimigo, estando ou não em guerra com ele. Estando ou não na sua mesma classe social, no mesmo bairro ou continente.

Que todos nós, cristãos, umbandistas, espíritas e ateus temos um mundo a construir que seja habitado apenas por seres humanos e não apenas por brasileiros, africanos, norte-americanos, brancos, negros, pobres ou ricos. Um mundo onde os criminosos sejam punidos como humanos que são e onde o pobre não tenha a violência como resposta constante do Estado e da sociedade.

***

Intimidade na internet e a violência contra a mulher

Publicado na Carta Capital, em 02/12/2013

O noticiário tem divulgado com muita intensidade nos últimos dias a questão de divulgação de vídeos com intimidades sexuais na internet. Duas adolescentes se suicidaram recentemente por conta de divulgação de vídeos dessa natureza por seus ex-parceiros.

Um projeto de lei já foi apresentado no Congresso para tipificar como crime a conduta de divulgar vídeos com terceiros.

As notícias e os comentários a respeito sempre destacam a questão como um problema da juventude, inerente ao devassamento de intimidade que a nova geração experimenta de forma singular por conta da presença da internet em nosso cotidiano.

O que ninguém comenta, e que os fatos gritam, é que tal fenômeno, na maioria dos casos, caracteriza-se como uma nova forma de violência contra a mulher.

Por maiores que tenham sido os avanços no sentido de um trato igualitário entre os gêneros, não é segredo a ninguém que a sexualidade feminina ainda sofre formas específicas de repressão, para além da repressão sexual geral.

A mulher exposta em uma cena sexual ou de nudismo sofre rejeição social e afetiva maior do que o homem pego na mesma situação.

Não à toa, o que mais se vê no tema são casos de ex-namorados ou parceiros usando da divulgação da intimidade, em vulneração à confiança que lhe foi emprestada, para se "vingar" de alguma rejeição oposta pela parceira.

Há algumas décadas o "macho" se vingava da rejeição sofrida com violência física; hoje tem a alternativa de reagir com violência simbólica, que opõe intenso sofrimento emocional à vitima ao expor cenas e imagens de sua intimidade ao público.

O machismo e o preconceito ocorrem na situação em dupla mão. Na conduta psicopata daquele que divulga as cenas íntimas de sua ex-parceira e na sociedade que assiste e pune com maior rejeição a sexualidade feminina exposta do que a masculina quando colocada na mesma situação.

Mecanismos jurídicos de proteção à mulher ofendida são sempre bem-vindos. Punição a seus algozes também: além de punir o erro, inibe novas práticas semelhantes por outros.

Mas, além disso, o tema exige uma reflexão pública mais profunda. Após décadas de lutas feministas, após a mulher alcançar espaços significativos no mercado de trabalho, nos postos de poder e de influência sociocultural e econômica, ainda assim a sexualidade feminina ainda é vista como uma falta moral, a ponto de sua exposição pública ser tida como forma de agressão específica de gênero.

Não é comum casos de mulheres expondo imagens íntimas de seu ex-parceiros como forma de revanche afetiva. Certamente porque se sabe que a intensidade da angústia causada pela exposição do homem não é comparável à da mulher

Este fato revela a forma distinta de olhar e recriminar a sexualidade feminina ainda existente em nossa vida social. Temos de refletir como mudarmos essa situação.

Certamente a criação de mecanismos jurídicos de proteção à mulher vítima deste tipo de violência e a punição de seus algozes são um começo. Ainda assim, só um começo.

***

A epidemia dos linchamentos

Publicado na Carta Capital, em 21/04/2014

Alguns casos receberam atenção da mídia. A maioria, não.

De fato, Rio de Janeiro, Goiás, Nordeste, São Paulo e outras regiões registraram a ocorrência de casos diversos de linchamento de suspeitos do cometimento de crimes.[19]

Tais crimes coletivos, mais graves do que os supostos crimes imputados à vitima, inscrevem-se no rol dos crimes coletivos de violência contra homossexuais, de estupro coletivo etc.

Os linchamentos de suspeitos têm se transformado em epidemia, com a complacência muda de nossas elites e dos meios de comunicação.

O que mais perturba é que amplos setores de nossa sociedade apoiam de forma aberta este tipo de postura criminosa, de vingar o crime pelas próprias mãos, não com uma perspectiva real de combate à violência, mas sim de satisfação de seu desejo sádico de calar seus próprios fantasmas pela dor causada ao outro.

---

19 No início de 2014 vários casos de linchamento foram noticiados pelos veículos de imprensa. Dentre eles, atingiu grande repercussão o de um adolescente que, após ser espancado por um grupo de supostos "justiceiros", foi amarrado nu a um poste por uma trava de bicicleta, no Flamengo, Zona Sul da capital fluminense.

Não há muita surpresa que, entre esses setores sociais a apoiar a barbárie, figurem grupos escolarizados. Uma das grandes ilusões do homem ocidental é crer que a educação formal, por si só, nos libertará da violência e da barbárie.

O nazismo hitlerista foi apoiado pela quase totalidade dos alemães com nível universitário e mesmo por alguns dos maiores intelectuais do século XX. O nazismo, aliás, talvez seja o melhor exemplo em nossa história recente da insanidade que pode tomar conta do racionalismo. Ela não é privilégio dos fundamentalismos religiosos.

Temos de falar claramente: esta prática ora epidêmica de linchar suspeitos de práticas criminosas é algo inaceitável, bárbaro e de uma violência insana totalmente contrária a um pacto civilizatório mínimo, a essência da vida em sociedade. Significa a volta às cavernas. Mais que isso, uma volta ao estado animalesco.

Não há crime cometido pela vítima de um linchamento que possa ser pior que o dos agentes deste mesmo linchamento. Pois o linchamento não é apenas um crime cometido contra a vítima, mas contra a própria civilização enquanto tal, e contra o humano no que tem de peculiar em sua existência natural.

O devido processo legal, uma conquista humana irredutível e inegociável na sociedade civilizada contemporânea, pode não ser o método mais eficaz para nos oferecer segurança face à violência crescente da vida social, mas é o melhor método que a humanidade encontrou até hoje para aplicação de penas e sanções.

Apelar para a justiça pelas próprias mãos, além de nos igualar ao marginal como praticantes de crime, começa como uma prática contra o criminoso e termina como forma de solução de desafeições pessoais, como ocorreu com a jovem agredida coletivamente por ser bonita, há poucos dias.

A história demonstra que sair dos *scripts* legais para adotar formas pessoais de justiça sempre termina em injustiças graves e em uma vida mais violenta e bárbara.

Os poderes públicos e nossos meios de comunicação devem mais que estar atentos à epidemia de linchamentos. Devem adotar medidas de desestímulo às suas práticas. A lei como forma é uma conquista humana. Não é um modo de proteger malfeitores. Nem uma mera conquista de uma classe social em favor de seus interesses

Em uma sociedade em que há Estado, a inexistência da lei ou sua inutilização significa tirania e barbárie. Delas somos todos vítimas.

***

Menores infratores não precisam de penas mais duras

Publicado na Carta Capital, em 08/08/2014

Mesmo com as estatísticas demonstrando que crianças e adolescentes participam de menos de 1% dos crimes praticados no país e considerando o fato de que comparações estatísticas entre países mostram que sanção mais grave não significa índices menores de crimes cometidos por crianças e adolescentes, a ampla maioria da nossa população aprova a redução da maioridade penal.

Reduzir a maioridade penal, segundo meu ponto de vista, é inconstitucional. Hoje o objeto de meu comentário não é essa dimensão jurídica do problema.

O senador Aloysio Nunes Ferreira (PSDB-SP) apresentou há algum tempo iniciativa legislativa de diminuição da maioridade penal. Agora, a novidade é que parlamentares do PT, inclusive o senador Eduardo Suplicy (SP), estudam projeto de lei que medeia com a proposta de Aloysio Nunes. O texto não diminui a maioridade penal, mas torna mais duras as sanções socioeducativas previstas no Estatuto da Criança e do Adolescente para crianças e adolescentes infratores reincidentes. Em resumo, aumenta a pena por delitos cometidos em reincidência por crianças e adolescentes.

A postura implica sensível modificação na postura histórica do partido no tema.[20]

Segundo apurado por *Carta Capital*, a justificativa é que a proposta se contrapõe com eficácia ao projeto de Aloysio, inclusive reduzindo a velocidade na sua tramitação. Em suma, se adota uma proposta média para evitar o mal maior.

A meu ver é total o equívoco destes parlamentares. Nem sempre propostas mediadoras são as mais razoáveis, pois com o mal radical não se medeia. Imagine-se o que teria sido, no plano ético, mediar com a solução final aplicada pelos nazistas aos judeus: apoiar um genocídio "mais humano", com mortes mais indolores? Em vez de combater o preconceito genocida, propor a escravização dos judeus?

O problema maior da redução da maioridade penal é o fato de fazer parte de uma visão de sistema criminal do Estado chamado de punitivista. Essa visão acredita que o aumento de dureza nas sanções penais reduz a criminalidade por si só, o que não encontra qualquer estribo racional em seus pressupostos. Tal visão se arriba em mitos que fazem parte do senso comum, mas sem acolhimento em qualquer verificação empírica.

---

20 Em agosto de 2014, o senador Eduardo Suplicy (PT) apresentou ao partido projeto que prevê o aumento do tempo de internação em unidades educacionais para adolescentes violentos e reincidentes, hoje limitado a três anos. Segundo divulgações da imprensa, a proposta não foi bem recebida pela legenda.

Um deles é o da chamada "impunidade" nacional. Ao contrário do que se fala, no Brasil se pune muito e se pune mal. Estamos indo do quarto para terceiro lugar no mundo em número de aprisionados, o que indica que aqui se pune, sim, e muito. Parcela significativa desta população carcerária foi presa preventivamente, sem ter tido direito à defesa a ao processo prévio. A maioria é composta por pessoas que cometeram crimes de pouca gravidade. O tamanho desta população de infratores de menor gravidade torna inviável orçamentariamente a oferta de salubridade mínima em nossas prisões e do controle estatal sobre esta mesma comunidade.

O controle que o Estado mantém sobre a população carcerária é mera aparência. Termina nos muros das prisões. Dali para dentro quem manda é o preso mais forte, que se impõe aos demais.

Como é sabido, esta ausência de controle, aliás impossível de haver com tamanha população em pouco espaço físico, fez surgir o crime organizado. Poucos se lembram quando esses temas são debatidos, mas o crime organizado surgiu, se estruturou e arregimenta mais integrantes no interior de nossas prisões. Cadeia no Brasil não diminui a criminalidade, mas, sim, a aumenta e a torna mais violenta.

Tal fator demonstra a maior irracionalidade populista da visão punitivista. Criminalizar cada vez mais condutas e ampliar as possibilidades de encarceramento no papel é fácil e seduz nossa população conservadora, desinformada e com justificado medo da violência. Ganha-se votos com isso, mas na prática só se agrava o problema, pondo cada vez mais longe qualquer solução.

Diminuir a maioridade penal é uma proposta que aparenta ser razoável quando vista abstratamente. Se desacompanhada de uma reforma profunda em nosso sistema penal, que retire de nossas prisões criminosos de menor gravidade, descriminalize condutas que não impliquem danos relevantes a terceiros (como o consumo e comércio de pequenas quantidades de droga), só destinando os presídios para a pequena parcela da população carcerária que cometeu crimes graves como os contra a vida, ela deixa de fazer qualquer sentido. No mundo real, ela representaria apenas o agravamento da criminalidade e da violência, por mais fatores amenizadores que contenha.

E a proposta dos parlamentares petistas pouco se diferencia em espírito da proposta que busca mediar. Estabelece penas mais duras para crianças e adolescentes sem que isso seja acompanhado da profunda reforma que o sistema de execução de medidas socioeducativas de aprisionamento merece e exige.

A proposta fortalece o mito da punição como solução da violência, sem levar em conta aspectos sociais, pedagógicos, jurídicos e afetivos essenciais no debate de qualquer proposta séria de solução do problema.

Trata-se, aparentemente e salvo melhor juízo futuro, de tentativa de ganho de simpatia pública em época eleitoral, e não de conformação de séria, debatida e amadurecida proposta.

Acertos e contradições de um sistema em movimento

O circo nas CPIs[1]

Publicado no portal Carta Maior, em 22/11/2005

A simples observação dos acontecimentos que têm dominado a cena política nos leva à inescapável conclusão de que estamos vivendo, de fato, uma crise institucional que persistirá enquanto não forem adotadas medidas sistêmicas e não paliativas. Assistimos aos três Poderes não cumprirem adequadamente suas finalidades claramente expressas na Constituição: o Executivo persiste em se pôr a legislar e avança sobre atribuições do Parlamento, o Legislativo parece ter virado uma "delegacia de polícia" e o Judiciário se transformou em uma espécie de "fábrica de liminares".

Nesse ambiente conturbado, vicejam as mais diversas avaliações, muitas das quais concorrem para ampliar a nebulosidade do cenário.

---

1 Entre 2005 e 2006 as Comissões Parlamentares de Inquérito (CPIs) dos Bingos e dos Correios, instaladas no Congresso Nacional, dominaram o cenário político brasileiro. A segunda chegou a abrir sete frentes de investigação, apurando desde o assassinato do prefeito de Santo André Celso Daniel, em 2002, ao esquema do chamado mensalão e a máfia do apito no Campeonato Brasileiro de Futebol.

Faz-se, assim, imprescindível ter clareza sobre os objetivos, funções e limites das instituições. Chegou-se a discutir um processo de *impeachment* contra o presidente da República. Não é demais lembrar que o Poder Legislativo, como qualquer outro, está submetido às normas do Estado Democrático de Direito, sendo atípico e secundário, em relação à sua função principal (a de legislar), esse tipo de julgamento político.

A ideia básica do Estado de Direito é estarmos todos submetidos a uma mesma ordem jurídica. Enquanto o particular forma sua vontade livremente, podendo realizar tudo o que a lei não proíbe, o Estado só pode formar seu juízo através e após um itinerário de condutas estabelecido na Constituição e nas leis. Nesse sentido, o tema do *impeachment* também está submetido a tais regras. Para a abertura de um processo como esse, o presidente tem que ter cometido falta grave "prevista na legislação sobre crime de responsabilidade", essa falta tem que ser provada e ele deve ter amplo direito de defesa.

São condições básicas, e os responsáveis pela apuração que antecede o *impeachment* (CPI) não podem antecipar seu juízo, algo que, infelizmente, não vem ocorrendo nas Comissões Parlamentares de Inquérito. Um princípio fundamental consiste em compreender que a investigação é um procedimento que busca a verdade material. Segundo Michel Foucault ("A verdade e as formas jurídicas"), a investigação e o discurso descritivo da ciência são as duas formas elementares e imanentes de acesso à verdade. Por pressuposto jurídico e lógico, quem investiga não deve fixar verdades apriorísticas, mas buscar distanciar-se de suas crenças e valores subjetivos.

Qualquer investigação sobre crime de formação de quadrilha, corrupção, lavagem de dinheiro e crimes de colarinho branco feita publicamente e transmitida pela televisão é uma piada. São crimes que se caracterizam por ninguém "deixar recibo", mas também por sua torpeza, pelo falseamento da verdade, pelo mascaramento de situações ilegais. Por isso, a apuração tem que ser feita de forma sigilosa.

Não é séria uma investigação se os integrantes de eventual quadrilha podem assistir e ouvir os depoimentos uns dos outros, eliminando a chance de se explorar contradições e possibilitando o engodo da investigação pelos investigados pela subtração ou construção de provas. É falacioso, portanto, o argumento de que as sessões têm que ser públicas, transmitidas ao vivo, em nome da transparência e da prestação de contas, que deve ser feita quando se obtiver resultados na apuração. Para isso, o sigilo é absolutamente necessário, pressuposto que qualquer técnico no tema não ignora.

A vaidade ou a busca de votos, pela formação da imagem de paladino da justiça, não devem superar o interesse público da obtenção da verdade. Outro problema sério é a maneira como muitos parlamentares tratam testemunhas e investigados. Assistimos a cenas absurdas de pressão, ofensa e pré-julgamento, que violam procedimentos básicos do processo investigatório. Chegamos ao ponto de ver uma deputada perguntar a um depoente se ele conhecia as cadeias brasileiras, em atitude absolutamente inadequada. A Constituição, ao atribuir poderes de juiz às CPIs, também lhes impõe os deveres da magistratura. Entre os quais o da imparcialidade e urbanidade no trato.

Assistimos também a violações de direitos básicos dos depoentes, às vezes tratados como criminosos antes do fim do inquérito. Os parlamentares não podem desrespeitar direitos individuais protegidos pela Constituição. Infelizmente, há pouquíssimas posturas isentas. A pessoa que depõe como testemunha e é tratada como réu pode se recusar a depor, alegando estar sendo tratada de modo inadequado, se reservando o direito de falar em juízo, com garantia de ampla defesa.

Devemos ressaltar que esses não são problemas das CPIs de agora, são crônicos e se repetem há anos. No momento em que os interesses particulares e eleitorais se sobrepõem ao interesse público, as investigações parlamentares viram circo de mídia. É lamentável que, do modo como funcionam hoje, as CPIs estejam longe de atender a esses pressupostos, e é por isso, em geral, que não produzem grandes resultados. Parafraseando William Shakespeare, as CPIs transformam-se em espetáculos cheios de som e fúria, que nada significam.

***

A reforma política que o Brasil precisa

Publicado no portal Última Instância, em 05/04/2007

Apontada como necessária tanto pelo governo como pela oposição, com o respaldo da opinião pública, a reforma política é tema de destaque na agenda nacional. A questão que se coloca é em que moldes tal reforma deve ser realizada. O Planalto aparentemente já definiu quatro dos pontos que pretende debater: votação em sistema de listas, voto distrital, fidelidade partidária e financiamento público de campanha.

Embora a discussão desses pontos seja fundamental para a configuração de um novo "e melhor" sistema político, é preciso lembrar que a reforma política não pode ser feita por tópicos, mas sim por meio de uma visão sistêmica que vise aplicar, no ambiente da eleição, os valores republicanos e democráticos que alimentam a nossa Constituição Federal.

Quanto aos pontos destacados pelo governo, nem todos os institutos mencionados são condizentes com os princípios democráticos. O sistema de listas, por exemplo, não contribui para a melhoria do processo de representação política. Elas restringem a liberdade do eleitor de escolher a pessoa em quem deseja votar. Dentro de um mesmo partido, há diferenças de pensamento e postura, sem que isso implique ruptura ideológica. Fortaleceríamos as burocracias partidárias em detrimento da salutar interferência da sociedade na vida dos partidos políticos. Por esses motivos, a forma mais democrática de se eleger um representante político é pela escolha de um candidato específico, e não pela votação numa lista fechada.

A adoção do voto distrital misto surge como o sistema eleitoral com maior aptidão a realizar o ideal da democracia. Ele garante a representação efetiva de todos os eleitores ao dividir o país em regiões para que cada uma delas eleja o seu representante. Ao mesmo tempo, não "engessa" o sistema ao permitir que uma parcela dos cargos seja conquistada pelo sistema proporcional, espelhando melhor a opção da sociedade como um todo, possibilitando a eleição de "candidatos gerais", não ligados a uma comunidade específica, mas a causas que alcancem o todo social.

Para fortalecer os partidos políticos, condição *sine qua non* para o bom funcionamento do sistema eleitoral brasileiro, é necessário instituir a mais absoluta fidelidade partidária. Assim, evita-se o personalismo e o descomprometimento entre o candidato e o partido pelo qual foi eleito. O novo exercente do cargo eletivo deve ficar vinculado ao partido durante todo o mandato.

Já a cláusula de barreira traz mais problemas do que solução, pois impede a manifestação das minorias na tentativa de evitar os riscos das chamadas "legendas de aluguel". Considerando que o respeito às minorias – respeito esse que engloba a garantia de espaços públicos para sua manifestação e seu direito de expressão – é essencial para a democracia, é melhor correr o risco da legenda de aluguel do que suprimir a possibilidade de manifestação e expressão dessas minorias.

O financiamento público das campanhas políticas é outro ponto que suscita muita controvérsia. A princípio, acredito que esse seria o melhor modo de combater a corrupção e o malfadado "caixa dois". Porém, não se pode negar o direito dos entes privados de apoiar financeiramente o candidato ou o partido que melhor expresse seus valores pessoais. Essa limitação não seria razoável.

Argumenta-se que o direito à reeleição pode ser fundamental para viabilizar o desenvolvimento de um projeto ou programa de governo. Ora, deve-se aí ter em conta a permanência de partidos políticos no governo, fortalecendo-os, e não de pessoas. Os partidos são, ou deveriam ser, os verdadeiros autores dos programas de governo executados. Permitir-se a reeleição da mesma pessoa à chefia do Executivo implica possibilitar a perpetuação do poder ou ao menos a mitigação da possibilidade de alternância não personalista, em prejuízo à forma republicana de Estado.

O partido no governo, o PT, é talvez um dos maiores exemplos desta situação indesejável: construído como ente coletivo e enraizado em seus núcleos populares por mais de duas décadas, grande esperança nacional de construção partidária singular aqui e no mundo, corre o risco de restar como um mero peço no tabuleiro de Lula, reduzido a um único líder, se não encontrar alternativas "meta-lulistas" entre os quadros nacionais que restaram aceitáveis pela opinião pública. Inegável o risco histórico de reduzir toda uma experiência de vidas e crenças de milhares ao interesse e ao comando de apenas um!

Já na esfera do Legislativo, não vejo óbice algum a que a população reconduza o mandatário quantas vezes quiser, desde que seja dentro de um período curto de quatro anos, tanto para deputados quanto para senadores.

Outro tema que não pode ficar à margem da discussão é o da transparência das votações do Congresso Nacional. Não há porque estabelecer o sigilo. Todas as votações, debates e atos do Congresso Nacional devem ser públicos, salvo raríssimas exceções, como aqueles que envolvam casos de segurança nacional, por exemplo. É fundamental que o eleitor saiba se o seu representante está agindo de acordo com aquilo a que se propôs. O eleitor tem o direito de ter acesso à informação para avaliar se ele está ou não sendo bem representado.

O chamado *recall* também deveria ser adotado. Trata-se de mecanismo que amplia os horizontes democráticos da sociedade brasileira à medida que possibilita ao eleitor exercer controle sobre a atuação de seu mandatário, podendo, inclusive, destituí-lo quando ele não agir de modo satisfatório no cumprimento do mandato. Não se trata de punição nem de uma nova versão do instituto da cassação, por exemplo.

No caso do *recall*, há uma revogação que se dá não por aplicação da ordem jurídica ou de valores normativos, mas sim por um juízo de conveniência e oportunidade do eleitorado – trata-se de um juízo estritamente político.

Outro instituto que merece ter o seu papel ampliado é o plebiscito. Considero ser ele o melhor instrumento para se decidir questões de maior relevo público no âmbito legislativo e mesmo no âmbito executivo. Sempre respeitando, por óbvio, os valores e princípios estabelecidos na Constituição Federal. Não se deve, porém, admitir o plebiscito como substituto do Poder Legislativo, ou seja, como um mecanismo pelo qual o Executivo acabe suprimindo o Legislativo.

Há pouco se discutiu a possibilidade de instauração de uma constituinte originária para implementar essa reforma política. Não vejo o menor sentido nessa proposta. Nossa Constituição Federal já oferece todos os mecanismos necessários para promover as alterações legislativas que se apresentarem imprescindíveis à construção de um novo sistema político. Não precisamos de uma nova assembleia constituinte. Precisamos, sim, é executar a atual Constituição Federal, e os valores que ela estabelece, fortalecendo sua eficácia no cotidiano da vida das pessoas e do Estado.

Dizer que vivemos num Estado Democrático não basta para fazer com que essa democracia se realize. Não há democracia sem participação. Portanto, mais importante do que o modelo de sistema político que vier a ser adotado no Brasil é garantir que esse modelo seja o resultado de um amplo debate com a sociedade, e não apenas da discussão restrita aos meios políticos. O princípio que deve reger esse processo é o da preservação da política como espaço para debate público, e não para a defesa de interesses de grupos ou pessoas.

O processo eleitoral não se presta única e exclusivamente à escolha de um representante político, vai muito além disso. É a oportunidade de participação de cada eleitor na vida política do país, de contribuição para a solução dos problemas vivenciados por toda a sociedade. É, por excelência, uma importante arena do debate público e do exercício real da democracia e da vida republicana.

***

Abusos nas operações da Polícia Federal

Publicado no portal Última Instância, em 24/05/2007

As operações da Polícia Federal realizadas nos últimos anos, de investigação e persecução de crimes de colarinho branco organizado, em regra, só merecem encômios da cidadania.

Esta postura de investigação de crimes de corrupção, tributários e afins por um órgão policial de carreira e permanente é a medida mais eficaz para mitigação dessas condutas delituosas no ambiente social e para salvaguarda do princípio republicano de nossa Constituição.

O papel da cidadania, entretanto, não deve se limitar a aplaudir o *quantum* positivo e valioso de tais condutas, mas também deve ser o de apontar os eventuais erros e abusos no exercício dessas tarefas, como forma de contribuir com a instituição policial e com o aperfeiçoamento das práticas estatais em nosso país, com vista à garantia dos princípios constitucionais conformadores de nosso Estado Republicano de Direito e de seus consectários direitos fundamentais do cidadão.

Neste sentido, são inaceitáveis por nossa ordem jurídica e pelos valores fundantes de defesa da cidadania certas ocorrências noticiadas durante e por conta de tais operações.

Decisões recentes do STF tornaram nulas prisões realizadas na chamada operação Navalha por se fundarem em interceptações telefônicas obtidas sem lastro em ordem judicial, portanto de forma ilícita.

A OAB tornou pública corretíssima decisão de seu Conselho Federal de se opor à realização de escutas ambientais em escritórios de advocacia como instrumento de investigação policial, por conta da evidente agressão ao direito de defesa do cidadão e do consequente atentado contra o pleno exercício da advocacia.

Tais formas de procedimento investigatório só se revelam úteis à criação de shows midiáticos, mas findam por nenhum resultado útil produzir, face à sua evidente inconsistência jurídica que carreia a impugnação de seus resultados por decisões judiciais posteriores.

Mas, mais que isso, implicam em grave ofensa a princípios constitucionais consagradores dos direitos fundamentais e ao Estado de Direito. Em verdade, caracterizam resíduos do Estado de Polícia

Absolutista, ainda sobreviventes nas práticas estatais realizadas sob o manto fundamentador de uma Constituição republicana e democrática.

Neste sentido, o Judiciário, o Ministério Público e os órgãos de correição policial não podem fazer vista grossa ao real sentido jurídico de tais condutas: a de que caracterizam infrações disciplinares no exercício de função pública pelos agentes policiais envolvidos e consequente crime de abuso de poder.

Os agentes policiais responsáveis devem ser criminal e administrativamente punidos por tais condutas, como determina a legislação vigente.

Além disso, a inação dos poderes constituídos a respeito de tais punições, em especial das corregedorias policiais, conjugada à necessidade de ampliação das garantias e autonomia institucionais da polícia para fins de fortalecimento das investigações de atos governamentais, recomendam reforma constitucional e legal em dois sentidos:

(I) produção de normas que garantam à Polícia Federal maior autonomia, inclusive autonomia orçamentária e escolha do delegado geral por votação secreta entre os delegados de polícia, o que fortaleceria a ampliação da independência das investigações face ao Poder Executivo; e

(II) de outra banda a constituição de um órgão externo de controle disciplinar da conduta policial, constituído por entidades da sociedade civil e de defesa dos direitos humanos.

A polícia deve investigar com fins e meios heterônomos, ou seja, nos limites e objetivos instituídos na ordem jurídica e constitucional. Deve se pôr como Polícia da República e não polícia do governo. E, neste sentido, ser uma Polícia de Estado e não conformar um Estado policial.

Inegavelmente, a primeira gestão do presidente Lula em muito contribuiu para que relevantes avanços neste sentido fossem alcançados, aliás, como nenhum outro na história nacional. Mas ainda há muito o que ser feito, não só pelo Executivo, mas também pelo Legislativo e Judiciário no exercício de suas funções típicas.

E a sociedade não pode se calar face aos abusos ocorridos em operações policiais, por mais corretos que sejam os desígnios de tais operações e por maiores que sejam seus benefícios. O abuso cometido contra advogados e investigados hoje poderá ser cometido contra qualquer um de nós amanhã. Não há punição de malfeitor que compense a perda de nossa liberdade e de nossos direitos fundamentais de cidadão.

***

O crime de defender a Constituição

Publicado no portal Última Instância, em 26/06/2007

No dia 13 de junho, decisão do eminente desembargador Palma Bisson, do Tribunal de Justiça de São Paulo, negou pedido liminar em ação de declaração de inconstitucionalidade promovida pelo PT contra o decreto do governo estadual que criou a Secretaria de Estado do Ensino Superior.

Negou a liminar, por questão formal, ausência de *"periculum in mora"*, haja vista que, segundo argumenta o referido desembargador, "consumou-se o prejuízo" da criação inconstitucional da secretaria pela via do decreto.

Mas a decisão reconhece, em fundamentos irretocáveis e demonstradores de invulgar saber jurídico do ilustre julgador, a total inconstitucionalidade do decreto criador do órgão referido.

Ao ato regulamentar compete apenas dispor sobre o funcionamento e organização da administração estadual, consoante disposto no inciso XIX do artigo 47 da Carta estadual, mas desde que não implique em aumento de despesa nem criação de órgãos públicos nos termos do inciso VI do artigo 84 de nossa Constituição Federal.

Assim, face também ao disposto no artigo 88 de nossa Magna Carta, as Secretarias de Estado, a exemplo dos Ministérios Federais, devem ser criadas por lei, após regular processo legislativo de debates e decisão.

Ao criar Secretaria de Estado por decreto, o governo estadual vulnera valores fundamentais de nossa Constituição, como o funcionamento republicano do Estado, a independência dos poderes e o Estado Constitucional de Direito.

Aparentemente seguindo a triste e costumeira lição do Governo Federal de governar por medidas provisórias, a administração estadual adota a prática imperial de governar por decretos, como imperador absoluto e não gestor de um governo democrático de direito.

A sociedade brasileira parece que se acostumou a este tipo de abuso. Diariamente medidas provisórias são editadas vilipendiando os mais comezinhos valores republicanos e democráticos. Portarias de agentes subalternos ordenam mais na vida dos cidadãos que a Constituição Federal.

A sociedade civil e sua imprensa no mais das vezes fazem vista grossa ao tema, desestimulada ao questionamento em defesa dos valores do Estado Constitucional de Direito. A cidadania e seus valores fundamentais vão sendo dragados suave e cotidianamente para o ralo dos autoritarismos dos governantes de ocasião de todos os partidos políticos que até hoje exerceram o poder em todos os âmbitos da Federação.

Os estudantes de São Paulo, com a ousadia, o desapego e por horas descomedimento que caracteriza a juventude como verão da vida, protestou de forma incisiva e virulenta. Ocupou em protesto pela autonomia universitária o prédio da Reitoria da USP, litigando politicamente contra o malfadado decreto e seus consectários.

Atiraram os estudantes na pomba e acertaram no urubu. Ao lutar pela autonomia universitária, conceito vago e evidentemente discutível, pelejaram pela República, contra os abusos dos chefes de governo em querer gerir a coisa pública ao arrepio dos valores e princípios constitucionais.

Nada mais louvável na juventude que lutar pelos valores republicanos e constitucionais de direito, mas essa luta louvável não justifica o vandalismo de alguns desses jovens em depredar bens públicos, como o forro da reitoria e o portão de entrada da USP.

Ao lutarem pela República, alguns de nossos moços, no ardor da mocidade, vulneram valores inerentes à própria República. Os danos que ocasionaram ao erário pela depredação de bens da USP devem ser apurados, como já noticiaram nossas autoridades policiais nas manchetes de nossos órgãos de imprensa e televisão.

Assim, nada há que se estranhar na existência de apuração quanto a danos ocasionados ao patrimônio público por vândalos que se introduziram no justo movimento de protesto da mocidade estudantil. Esses vândalos precisam ser identificados e punidos.

Entretanto, duas grandes questões saltam aos olhos de qualquer observador independente:

1 – A mídia, que deveria estimular a manifestação da sociedade civil em defesa de nossa Constituição e dos valores maiores da República e da democracia, trata o tema do vandalismo de alguns como oportunidade para criminalizar todo um justo e correto movimento juvenil em defesa de nossa Constituição e seus valores fundamentais.

Não é novidade este comportamento. Quando no movimento pelas eleições diretas o saudoso e democrático governador Franco Montoro liberou o uso gratuito do metrô para que a sociedade se mobilizasse, também foi acusado de responsável pelas inevitáveis consequências patrimoniais de tal conduta historicamente correta.

Diversas foram também as ocasiões em que movimentos estudantis eram reprimidos pela ditadura militar por supostos atos de vandalismo, quando dos protestos pelo retorno ao regime democrático. Aliás, o governador de São Paulo iniciou sua atividade política na liderança desses movimentos, como dirigente da UNE.

Não se alegue que a ditadura acabou. O que se combate numa ditadura é também a prática de atos imperiais, ao arrepio da Constituição e dos valores republicanos e democráticos.

Governar por decretos ou medidas provisórias é um resíduo da ditadura que ainda vive em nossa sociedade democrática. A luta pela democracia é perpétua, implica na constante vigilância dos governos pela sociedade.

Totalmente equivocada a forma de abordagem da questão nos noticiários. Implicaram em inconsciente criminalização da única ruptura recente da apatia de participação política por parte da sociedade civil que deprime nossa democracia.

Nossos órgãos noticiosos confundiram com o crime de alguns vândalos a justa manifestação da juventude universitária paulistana em favor de nossa Constituição, quero crer que sem propósito de fazê-lo.

2 – É de se estranhar a inação dos órgãos de apuração com relação a eventuais prejuízos ao patrimônio, à legalidade e à moralidade administrativa por parte da iniciativa inconstitucional do Governo Estadual. Injusto que apenas o delito de alguns estudantes seja objeto de apuração. Também, e principalmente, a conduta de nossas autoridades estaduais devem ser apuradas.

O Ministério Público Estadual, nosso Tribunal de Contas e nossa polícia civil não podem se furtar a este dever. A corda não deve, mais uma vez em nossas plagas, estourar apenas do lado mais fraco.

Por atos menos impactantes, prefeitos municipais de todos os partidos são cotidianamente investigados, como se verifica em qualquer noticiário. Nada justifica a omissão dos órgãos de apuração.

A mesma diligência demonstrada pela polícia na apuração da conduta de alguns vândalos desafortunadamente presentes no movimento universitário deve ser utilizada na apuração dos atos governamentais inconstitucionais que originaram toda a baderna institucional e física.

Defender política e juridicamente os valores de nossa Constituição face a atos governamentais que a agridam é um dever de todo cidadão que quer curar de nossas liberdades.

Aprendamos com esses moços o valor do protesto e o desserviço da apatia. Afinal, para esta participação lutamos pela democracia.

***

Federação e cidadania

Publicado no portal Última Instância, em 02/08/2007

Notícia veiculada pelo jornal *O Estado de São Paulo* informou a existência no Congresso Nacional de projetos para a criação de seis novos estados membros na Federação brasileira, quais sejam: Carajás e Tapajós, no Pará; Mato Grosso do Norte, em Mato Grosso; Rio São Francisco, na Bahia; Maranhão do Sul, no Maranhão; e Gurgueia, no Piauí.

Havendo aprovação de tais medidas, seriam criadas 144 cadeiras de deputado estadual, 48 de deputado federal e 18 de senador.

Acrescente-se a isso os altos dispêndios públicos, dos cofres da União, com obras e infraestrutura necessária à implementação das respectivas capitais. Em geral, há a construção de novas cidades como ocorrido com Palmas, no Tocantins. Na conta da "viúva", obviamente.

Em verdade, a tradição de criação de estados e municípios no Brasil busca mais servir a interesses de agrupamentos políticos locais, muitas vezes a serviço do poder central, por conta de interesses fisiológicos, do que em atenção aos reais interesses de nossa Federação.

As regiões referidas não têm produção econômica e mesmo população que justifique as pretendidas criações. Significarão sim ampliação das despesas e, portanto, do déficit público, contribuindo para nosso atraso e subdesenvolvimento econômico.

Fossem os patrocinadores de tais medidas pensar realmente no aperfeiçoamento de nosso pacto federativo, formulariam proposta que alterasse a herança dos tempos ditatoriais, estabelecedora de desigualdade inaceitável entre os cidadãos do país, consistente no critério de fixação proporcional do número de deputados federais por estado, consoante sua população, com número mínimo de oito e máximo de 70 parlamentares por ente federado, nos termos do § 1º do art. 45 de nossa Carta Magna.

Nosso sistema de representação parlamentar é bicameral. Temos de um lado o Senado como casa legislativa de representação dos estados e de outro a Câmara Federal como casa de representação da população.

O sistema bicameral propicia um equilíbrio, pois, na casa de representação da população, os estados mais populosos contam com maior representação. Mas tal representação desigual dos estados é equilibrada pela casa de representação dos estados membros, onde referidos estados possuem número igual de representantes, independentemente da população que neles vive. Assim, tanto o povo difusamente considerado como as pessoas políticas integrantes do pacto federativo terão representação equilibrada nas decisões nacionais e na produção legislativa.

Ocorre que em nossa Câmara Federal, casa de representação da população, por conta de mecanismo criado na época do regime militar, houve a fixação de limites mínimo e máximo de cadeiras de deputado federal por estado-membro.

Assim, aniquila-se a regra democrática da proporcionalidade de cadeiras de acordo com a população de cada estado. Estados menos populosos terão proporcionalmente mais cadeiras que estados mais populosos, pois contarão com o número mínimo de representantes, estando os estados mais populosos limitados pelo limite máximo de cadeiras tolerado.

Cria-se assim a peculiar situação de o voto de um cidadão do Acre, por exemplo, ter mais valor que o de um cidadão de São Paulo ou do Rio de Janeiro. Um deputado acreano carece de um número muito menor de votos para ser eleito que um de São Paulo.

O absurdo se evidencia pela Câmara ser a casa de representação da população, da cidadania, independentemente do estado-membro de origem.

Mais que um privilégio indevido aos cidadãos do Norte-Nordeste do país, se observa uma desqualificação da participação cidadã das regiões Sul-Sudeste, o que, em verdade, subtrai qualidade democrática de nosso pacto federativo.

A regra da isonomia entre os cidadãos na participação democrática deve valer em nossa Federação.

Num momento em que se debate reforma política, esse importante aspecto de nosso modelo federativo não pode escapar ao debate.

Que cada cidadão contribuinte signifique um voto, igual, na eleição de nossos deputados federais, sem aumento do número absoluto de representantes, mas alterando-se a distribuição de cadeiras por estado segundo real proporcionalidade populacional. Inegavelmente, a nosso ver, mais útil tal modificação no pacto federativo que a criação desnecessária de mais estados membros que findarão por ampliar a despesa pública e a desigualdade entre cidadãos brasileiros.

***

O trem da alegria de uns e a tragédia de muitos

Publicado no portal Última Instância, em 16/08/2007

É de impressionar o surto de cara de pau que assaltou o país nos últimos tempos. Chega a ser surreal. Tudo bem que De Gaulle há tempos já apontava nossa insubmissão aos ditames da seriedade, mas temos abusado em termos de ausência de senso.

Como que feito para coroar tais tempos de folguedos insanos de nossas elites dirigentes, temos o que noticiam os jornais *O Globo* (em manchete principal) e *O Estado de São Paulo* do dia 15 do mês corrente: a possível aprovação de projeto pelo Legislativo Federal que cria novo trem da alegria, efetivando no serviço público a multidão de 250 mil servidores contratados sem concurso.

Embora seja de se convir que uma parcela menor desses servidores, pelo fato de serem admitidos em empresas públicas, o foram por procedimentos análogos ao de concurso, merecendo a estabilidade pretendida, a grande maioria ingressou no serviço público pelas velhas e conhecidas práticas fisiológicas do compadrio. Como sempre, utiliza-se uma situação de justiça como boi de piranha, como porteira para se consolidar admissões injustas, indevidas e inconstitucionais.

A inconstitucionalidade é manifesta. O direito que todos temos a ser tratados de forma igual pelo Estado é direito fundamental, cláusula pétrea, portanto. O procedimento do concurso público como requisito para investidura em cargo ou emprego público, previsto no inciso II do artigo 37 de nossa Constituição, nada mais é que manifestação no âmbito das admissões ao serviço público do princípio da isonomia consagrado no *caput* do artigo 5º de nossa Constituição.

Afinal, além de ter por fim escolher o profissional melhor qualificado para a função, o concurso busca oferecer, a todos os profissionais, iguais oportunidades de acesso aos cargos e empregos públicos. Portanto, dever do Estado e direito fundamental de toda cidadania. Como direito fundamental que é, as prerrogativas inerentes ao direito da igualdade não podem ser empecidas nem por emenda constitucional.

Há anos, cerca de duas décadas, ingressei na Procuradoria do Estado por concurso. Exonerei-me para me dedicar à advocacia alguns anos depois, mas prossegui ligado ao tema dos concursos não apenas pelo viés acadêmico de pesquisa, mas por ter lecionado por muito tempo em cursos preparatórios para concursos na área jurídica.

Pude nesses cursos me relacionar com jovens de todas as classes sociais, sérios, honestos e dedicados, que para ingressar no serviço público realizavam esforço quase inumano de estudo e pesquisa com vistas a superar as etapas dos procedimentos seletivos das carreiras que pretendiam. O que dizer a esses jovens diante desse tipo de despudor que passa incólume pelo Legislativo Federal?

Pude conviver no interior do serviço público numa fase de transição, quando saíamos da longa fase de admissões sem concurso por meio da CLT, inaugurada pelo "projeto DASP", do início da ditadura militar, e ingressávamos no regime da Constituição de 1988, com admissões apenas por concurso.

Não raro nesta época, jovens estudiosos recém-ingressados nas carreiras eram comandados por profissionais mais antigos, admitidos pelo compadrio. Estranho período em que a competência existente era irmã da inexperiência, mas achávamos que nunca mais teríamos de conviver com distorções tão intensas. Enganamo-nos. O país teima em sempre retornar ao erro.

O prejuízo ao patrimônio público ocasionado pelo trem da alegria já é anunciado como grande pelos técnicos do tesouro.

Mais uma vez, a "viúva" vai pagar a conta do desaforo!

***

A lição da Anac

Publicado no jornal Folha de S.Paulo, em 31/08/2007

As recentes crises no Brasil têm desnudado o processo de consolidação de um modelo de país em que o governo se distancia do Estado. Este, por sua vez, volta sua atenção para regular os conflitos entre interesses privados de dados grupos e o restante da sociedade, que sucessivamente perde esses "embates".

A crise aérea é mais um capítulo dessa separação, tão bem explicitada no caso das agências reguladoras. Criado pelo governo FHC e mantido pelo governo Lula, o modelo de agências reguladoras é pernicioso e acabou por submeter muitos serviços públicos ao jugo do interesse privado.

Não se trata aqui de discutir culpas deste ou daquele, mas de evitar que o novo modelo de agência que deve emergir da crise continue o mesmo.

As agências devem cumprir o papel de fiscalizar a prestação de serviços públicos e as atividades privadas de relevante interesse social. No entanto, limitam-se apenas a obter quimericamente maior estabilidade contratual e institucional a investidores.

Exemplo emblemático dessa conduta é a reação da Anac (Agência Nacional de Aviação Civil) à reivindicação do ministro da Defesa, Nelson Jobim, para ampliar o espaço entre as cadeiras nas aeronaves.

Sem base em nenhum estudo tarifário, a Anac imediatamente afirmou que tal medida teria repercussão no preço das tarifas. As concessionárias de transporte aéreo nem precisaram sustentar suas posições, pois a Anac já as havia defendido, sendo porta-voz do interesse financeiro das empresas que deveria controlar.

Coube ao Ministério da Justiça abrir investigação em favor dos usuários dos serviços de transportes aéreos. Louvável atitude. Mas não seria essa a função primeira da Anac?

O senso comum diz que é fundamental preservar a autonomia das agências reguladoras para que cumpram seu papel adequadamente. Mas não é a isso que temos assistido.

A autonomia mais ampla (equivocadamente chamada de independência) é obtida pela conferência de mandatos às respectivas diretorias e conselhos, bem como por amplos poderes regulatórios emprestados a esses órgãos.

As funções relevantes de gerenciamento contratual nas concessões públicas e de poder de polícia sobre atividades econômicas privadas de relevo social – antes exercidas por órgãos comandados por agentes nomeados e demissíveis pelo presidente da República – passaram a ser exercidas pelas agências. O mesmo ocorreu com a fixação de normas para prestação do serviço público, antes fixadas pelo Legislativo e pelo Executivo. Com isso, se substituiria a "politicagem partidária" e ideológica pela suposta "isenção técnica moderna".

Pretensamente, oferece-se distanciamento político, como se esse insulamento fosse algo possível e como se o atual processo de indicação não sofresse contaminação.

Em outras palavras, quando os interesses privados são contrariados, o problema é o excesso de politização das agências reguladoras; quando o interesse público é contrariado, comemora-se, pois é reflexo das decisões "técnicas" e da independência dos órgãos de regulação.

Criamos um verdadeiro Estado paralelo, com precípua tarefa de realizar funções administrativa, legislativa e jurisdicional no ambiente de interesses dos agentes econômicos privados incumbidos da prestação de serviços públicos, sem nenhuma preocupação com a estabilidade das instituições republicanas nacionais.

Para a sociedade, o Estado lento, o Legislativo inerte, a Justiça morosa; para os interesses privados específicos, as agências reguladoras, os legisladores próprios e os mecanismos de arbitragem.

A conclusão inescapável é a de que as agências submetidas a um modelo em que não são controladas por mecanismos políticos republicanos acabam se transfigurando em instrumento dos interesses privados que deveriam controlar.

Investir no país é comprometer-se com o desenvolvimento integral de nossas instituições e sociedade. Nenhum investidor sério desconhece essa realidade negada pela tecnocracia.

Estado e governo são fenômenos indissociáveis – um não existe ou funciona sem o outro e ambos não se desenvolvem sem evolução do todo social. Enquanto ficarmos resolvendo parte do problema, o todo seguirá em crise e a almejada estabilidade dos contratos será um mero sonho tecnocrático.

***

Inconstitucionalidade do sigilo parlamentar

Publicado no portal Última Instância, em 11/09/2007

A votação do pedido de cassação do mandato do presidente do Senado, Renan Calheiros, traz a lume relevante questão relativa ao bom funcionamento de nossas instituições, qual seja, a do sigilo em votações, sessões e atos parlamentares.[2]

O parágrafo 2º do artigo 55 de nossa Constituição estipula o voto secreto para a votação da perda do mandato de deputados e senadores. Tal dispositivo se põe evidentemente às textilhas com o princípio republicano, com o princpio democrático, da publicidade dos atos públicos e outros que fundam o processo legislativo.

O Regimento Interno do Senado Federal amplia a denotação da expressão constitucional, trazendo o sigilo para toda a sessão de votação da cassação do mandato de senadores, excluindo o público, a cidadania, do acompanhamento dos debates antecedentes à votação e da condução da mesma.

Sem querer aqui ingressar no polêmico debate técnico-jurídico se há ou não hierarquia entre princípios constitucionais e normas constitucionais específicas, ao menos não há como negar que a regra do voto secreto trata-se, no mínimo, de exceção à regra geral republicana de publicidade dos atos parlamentares.

Como dispositivo que estabelece exceção à regra geral, deve ser interpretado restritivamente, jamais poderia ter seu alcance ampliado

---

2 Em setembro de 2007, o senador Renan Calheiros (PMDB) sofreu processo de cassação, após ser acusado de ter suas contas pessoais – dentre as quais a pensão alimentícia da filha que teve com a jornalista Mônica Veloso – pagas com dinheiro de propina de lobistas. Em 12/09/12, na sessão de votação referida no parágrafo, o plenário do Senado decidiu pela absolvição do senador.

por norma regimental. Írrita, inconstitucional a norma do regimento do Senado.

Neste sentido, não deve ser aplicada pela mesa do Senado na votação da perda do mandato de seu presidente, sob pena de nulidade da sessão de votação por inconstitucionalidade da norma regimental que a fundamenta.

Mas, de qualquer forma, o que nos parece relevante é a urgente necessidade de reforma constitucional e infraconstitucional no sentido de fazer valer os valores republicanos e democráticos, extinguindo-se tais categorias de sigilo de votações e atos parlamentares, salvo obviamente excepcionais questões que digam respeito à segurança nacional, a garantia de denunciantes e testemunhas e ao interesse maior da sociedade (como algumas investigações parlamentares, que no interesse das próprias investigações deveriam ser sigilosas, mas por interesses menores e demagógicos de agentes políticos são públicas).

O direito de interferência da cidadania nos destinos da nação não se reduz ao voto, o cidadão representado tem direito ao acompanhamento da conduta de seus representantes no Legislativo, tem direito de se manifestar, pressionando-o a adotar uma conduta compatível com as expectativas do eleitor.

A publicidade dos atos parlamentares é instrumento fundamental e inalienável para realização plena da cidadania e dos valores do Estado Republicano e Democrático de Direito.

Excrescências de validade constitucional duvidosa e notoriamente antirrepublicanas, como votações, debates e sessões secretas, devem ser extirpadas de nossa ordem jurídica, salvo as exceções de real interesse público.

O sigilo de atos parlamentares tem sido usado como forma clara, nítida, de proteção a interesses particularistas e corporativos. Este tipo de expediente antirrepublicano faz a sociedade descontentar-se com os mecanismos clássicos de representação democrática.

Talvez tais circunstâncias nos levem a melhor refletir, criativamente, sobre a constituição de novos mecanismos de participação direta nas decisões públicas e de controle dos mandatos, como o *recall*, por exemplo, e ampliação dos já existentes, como o plebiscito e a consulta popular.

As novas tecnologias de comunicação e informação, como a internet, também fornecem horizonte para conformarmos propostas democráticas de substituição da representação como forma de controle social sobre as decisões políticas.

***

Financiamento de campanha eleitoral exige mudanças

Publicado no portal Última Instância, em 11/10/2007

A lição da fidelidade partidária já foi dada pelo Judiciário ao Legislativo. E os parlamentares terão de fazer o dever de casa. Com o fim da aula magna do STF (Supremo Tribunal Federal), fica agora a pendência de como tratar de um outro tema com alto grau de complexidade nesta matéria intrincada que demonstrou ser a reforma política: o financiamento de campanhas.[3]

---

3 Em 04/10/2007, o Supremo Tribunal Federal (STF) entendeu que a infidelidade partidária gera perda de mandato parlamentar. A discussão foi feita por meio de três mandados de segurança nos quais o PPS, o DEM e o PSDB pediam de volta os mandatos de deputados que haviam deixado as legendas.

Nós, eleitores, já presenciamos cenas grotescas de utilização de caixadois, hoje disseminado nos principais partidos políticos. Não foi de todo ruim.

Os episódios serviram de reflexão sobre o assunto e levaram à discussão de algumas ideias para enfrentar o problema. Uma das propostas admite a aceitação de financiamento desde que público e exclusivo para as campanhas, neutralizando qualquer iniciativa de financiamento por particulares.

Dessa forma, haveria uma democratização da distribuição de recursos públicos, garantindo aos candidatos igualdade de condições para divulgação das propostas.

A par da realidade política, creio ser melhor para o Brasil a adoção de um modelo de financiamento de campanha que aceite recursos provenientes tanto de uma fonte pública comum como de particulares, do contrário estaríamos nos enganando e estimulando a fraude, ao invés de coibi-la.

Empresas e capital são agentes na sociedade, logo nada mais natural que um empresário querer contribuir com a campanha de determinado candidato por compartilhar dos mesmos ideais e opiniões que as suas. Agindo assim, estará firmando sua participação política neste processo, a exemplo de entidades privadas e pessoas físicas, que também têm direito de contribuir financeiramente com candidatos afins.

Lamentavelmente, vivemos em um mundo atrelado a uma "ilusão normativa", própria da sociedade disciplinar a que se refere Michel Foucault, onde acreditamos, cheios de ilusão, que por meio de normas jurídicas podemos tudo, inclusive dominar a realidade.

Contudo, sabemos muito bem que, por vezes, normas radicalmente proibitivas e leis draconianas estimulam a fraude e condutas criminosas. E não nos passa despercebido o fato de que tributar demasiadamente o contribuinte gera, isso sim, evasão fiscal, sonegação.

A "regra" vale também para a proibição do financiamento privado de campanhas. Quando se tenta proibir, certamente os envolvidos no processo irão encontrar uma maneira mirabolante de burlar as normas, decretando-se, assim, a forma clandestina que tanto queremos abolir. Acredito que a isenção fiscal do financiamento privado possa estimular a contribuição legal.

É possível até pensar em estabelecer um limite de gastos, mas o que não se pode deixar de avaliar é qual será a forma de controle dos gastos eleitorais. Reconheço a dificuldade em fazer esse controle, mas, em contrapartida, controlar a natureza dos gastos é mais fácil, porque eles precisam ser realizados materialmente.

Cada vez mais a sociedade tem se convencido de que nenhum candidato, seja a que cargo estiver concorrendo, precisa se valer de shows de artistas ou de doação de camisetas e bonés para divulgar suas propostas de políticas públicas. Convencida está também que, reduzindo gastos supérfluos, que em nada atendem aos fins democráticos, a campanha dependerá tanto de contribuição privada quanto estatal. Como resultado, mais transparência e menos corrupção.

Hoje, campanhas eleitorais são planejadas como se fossem verdadeiros conglomerados empresariais. Têm gastos astronômicos, incompatíveis para os anseios da classe média, e marketing exagerado, capaz de seduzir o eleitor, só que não por razões políticas.

Valer-se de shows para atrair eleitores nada mais é do que fraudar a *"ratioessendi"* da cidadania, já que não há explícita intenção de reunir um grupo de pessoas para promover um debate político e discutir questões públicas, o ponto alto, espera-se, de uma campanha eleitoral.

Os shows, além de aumentar os gastos, estimulam os políticos a recorrer a práticas nem sempre recomendáveis para obter recursos. E de nada contribuem para o amadurecimento do eleitor ou mesmo para o fortalecimento da democracia, situação que vai de encontro ao objetivo premente do processo eleitoral, que não pode ser apenas uma vontade política do governante, mas tem que se impor como forma de participação da cidadania na solução dos problemas e dos debates públicos.

Tais reflexões apontam que o caminho mais eficaz para a ética eleitoral é a adoção de normas condicionadoras da natureza e dos limites dos gastos eleitorais, que por sua realização material são mais fáceis de serem controlados. Proibir por "canetada" a contribuição privada, sabemos, é tarefa quase impossível para obter o controle real dos gastos eleitorais.

***

Vencimentos e eficiência policial

Publicado no portal Última Instância, em 25/09/2008

Com todos os naturais e eventuais erros na observação das garantias fundamentais das pessoas em suas operações, a Polícia Federal inegavelmente tornou-se uma referência de trabalho policial no Brasil, promovendo, de forma inaudita em nossa história, a aplicação da lei de modo mais universal e republicano.

De um aparelho policial ineficiente, violento e corrompido, a Polícia Federal vai-se firmando como instituição sintonizada com os anseios sociais de segurança, justiça e probidade no trato dos interesses públicos.

As razões de tais avanços obtidos são várias, mas passam basicamente pelo trinômio de bons vencimentos, concursos exigentes e isonômicos e adoção de mecanismos de exigência de probidade na conduta de seus agentes e delegados. Uma maior autonomia funcional da instituição e o controle externo sobre suas atividades são conquistas da cidadania ainda a ocorrer.

A nosso ver, o pagamento de vencimentos dignos a seus servidores foi a mola mestra, o eixo das mudanças quase revolucionárias em seus procedimentos históricos. Não há polícia moderna, proba e eficaz sem vencimentos que propiciem conforto e independência ao policial.

Como exemplo em sentido contrário, temos nossas polícias civis dos estados. Improbidade, violência e descuramento de suas funções são as marcas mais patentes de sua conduta. Policiais mal selecionados, mal pagos, obrigados a ter empregos ou atividades privadas paralelas para prover seu sustento, descuidando de sua atualização intelectual e técnica em consequência dessa triste situação.

Não raro o policial mal remunerado se criminaliza, encontrando na extorsão a única via para a solução de seus problemas financeiros. É evidente que a má remuneração não é justificativa válida para a conduta corrupta, mas policiais são seres humanos, não santos ou anjos. A tentação da corrupção amplia-se severamente quando se torna modo de sobrevivência, e não apenas de locupletamento.

Obviamente, quem mais perde com a baixa remuneração não são os policiais, mas a sociedade, que depende de seus serviços para viver de forma segura. A sociedade, a cidadania, que tem de conviver com uma força policial ineficaz, mal preparada e ímproba.

A insustentável situação levou a Polícia Civil paulista, que já foi exemplar em termos nacionais e hoje padece das mazelas das demais, a realizar greve pela justa e urgente melhoria em seus vencimentos.

A reação insensível e descabida do governo estadual foi punir líderes do movimento, partindo para a intimidação e para a repressão, em vez de dialogar e procurar saídas de consenso.

Objetivamente, não há nenhum sentido lógico em juízes e promotores iniciarem carreira auferindo vencimentos de quase R$ 20 mil e delegados de polícia ganharem apenas R$ 3.000 no exórdio de sua vida funcional.

O policial arrisca cotidianamente a vida e sua integridade física como uma inerência de suas funções. Dele depende a coleta de provas que informará os processos judiciais e as respectivas denúncias. Não há a menor chance de haver Justiça eficaz sem polícia eficiente. E não há nenhuma possibilidade de eficiência e probidade no trabalho policial sem vencimentos compatíveis com a dignidade e os ônus da função.

Para a cidadania, o adequado é contar com uma polícia profissionalizada, bem equipada e bem treinada, o que implica boa remuneração. Contar com santos que arrisquem a vida por generosidade é quimera incompatível com uma gestão moderna de segurança pública.

A nosso ver, os vencimentos de delegado de polícia estadual deveriam ser equiparados aos da magistratura e do Ministério Público. Ou, ao menos, aos de procurador do Estado.

O impacto no orçamento público de tal equiparação dos delegados e do consequente aumento proporcional dos vencimentos de investigadores e escrivães é mínimo em comparação com o valor de aditamentos de grandes contratos e outras despesas que passam despercebidas da opinião pública.

Ao governo cabe reconhecer essa situação, ceder às reivindicações da categoria e procurar poupar recursos onde eles são despendidos abusivamente.

Não basta reajustar ou conceder aumentos de menor monta a nossos policiais. O governador carece de ter a coragem cívica de resolver de uma vez a questão, equiparando os vencimentos dos policiais aos de outras carreiras jurídicas do estado para, imediatamente depois disso, implementar mecanismos mais rigorosos de correição sobre a conduta dos agentes da instituição. Há que se pagar, mas há que se exigir resposta em eficiência e probidade.

Ainda me recordo de quando o atual governador apareceu na capa de uma revista semanal portando um fuzil, demonstrando apreço por uma política mais rigorosa e eficiente de segurança pública. A situação salarial de nossa Polícia Civil paulista é uma excelente oportunidade para que o governo comprove a veracidade de seu anunciado desejo de prover melhor a cidadania de sua necessária segurança.

***

Avanços e retrocessos da Constituição de 1988

Publicado no portal Congresso em Foco, em 04/10/2008

Neste domingo (5), quando são comemorados os 20 anos de criação da Constituição Federal, fazemos um exercício de análise da trajetória percorrida por esta Carta que, em minha opinião, se configura como uma das mais avançadas e melhor elaboradas de todo o mundo. O texto original, aprovado em 1988, em sessão comandada pelo então presidente da Assembleia Nacional Constituinte, Ulysses Guimarães, não chegou a ser aplicado em sua íntegra, o que se mostrou uma grande perda para todo o país, pois a série de reformas aprovadas ao longo dos anos contribuiu para recuar os avanços sociais e aferiu a certos particulares a responsabilidade de executar determinados serviços públicos em condições favoráveis somente a eles. Dessa forma, valores inerentes ao Estado Democrático e Republicano de Direito foram prejudicados.

Todavia, antes de elencarmos os problemas que nossa República tem enfrentado desde o início da Constituição Federal, considero por bem localizarmos os significativos avanços. Acima de tudo, a existência da Carta se mostra soberana em termos de garantia dos direitos fundamentais dos cidadãos brasileiros. O que chamo de verdadeiras conquistas civilizatórias tiveram lugar neste meio-tempo, protegidas de alterações motivadas por ambições desmedidas do capital. Valores humanos preciosos ainda são os pilares fundamentais de nossa Carta.

Partindo desta análise, afirmo que o maior obstáculo enfrentado pela Constituição está justamente em seus aplicadores, e não em sua natureza. Aqueles que a manuseiam insistem em se munir de pretextos para não aplicá-la corretamente, privando a população da integridade na interpretação do texto e, consequentemente, de suas benesses. Um exemplo recente desta conduta está em uma série de decisões do Supremo Tribunal Federal (STF), que traduziu em ações suas direitos fundamentais da Carta, em termos jurídicos de notória evidência, mas que até então restavam inaplicados de maneira adequada pelos demais órgãos de aplicação do direito.

Uma das questões mais difíceis com a qual lidamos hoje no Brasil, senão a mais complexa, a desigualdade social, contudo, permanece gritante. Inexiste a universalização dos direitos garantidos pela Constituição a todos os brasileiros, pois a garantia dessas normas jurídicas só é estendida àqueles que possuem renda pessoal elevada e, com isso, milhões de outros menos favorecidos sobrevivem num Estado violento e vilipendiador de sua condição jurídica como seres humanos. Os ricos são contemplados com avanços no que tange à incidência da lei penal, enquanto os desfavorecidos penam por não terem qualquer garantia do sistema vigente.

Quando nos focamos no setor público, acredito, é onde nos salta aos olhos os maiores retrocessos. Digo isso porque, desde a vigência da Carta Constitucional, concessões de rádio e televisão, conferidas a particulares, se constituíram em uma esdrúxula fórmula de serviço, caracterizadas por serem verdadeiras capitanias hereditárias, e não concessões em sua essência. O interesse público, neste caso, foi completamente esquecido no decorrer dos anos, o que provocou perdas não só relacionadas à nação, mas principalmente a todos aqueles que usufruem da comunicação como eficaz modo de relacionamento entre os cidadãos.

Em outro território da prestação de serviços públicos, ambientes voltados para decisões institucionais democráticas foram substituídos por agências de caráter essencialmente tecnocrático e dominados pelo capital e seus interesses. Ressalto que não me oponho à desejável participação privada na execução de serviços públicos, contudo, é preciso fazer oposição quando interesses individuais são postos acima dos interesses públicos. Seguindo neste mesmo raciocínio, aponto a urgência de necessários avanços em tópicos como os direitos de minorias, como os relativos ao reconhecimento e à proteção jurídica das relações homoafetivas e à indevida criminalização de condutas como o aborto e o uso de substâncias entorpecentes. Igualmente, percebo a necessidade de avanços civilizatórios em prol das liberdades e do convívio plural de diferentes.

No entanto, apesar de todas as suas imperfeições, nossa Constituição Federal permanece sendo a melhor carta que produzimos até hoje. Acima de tudo, devemos celebrar sua existência e de seus mais de 300 artigos e velar por sua integral e universal aplicação.

Reforma política e ruptura institucional

Publicado no portal Última Instância, em 16/10/2008

A reforma política promete ser o tema central de discussão no ambiente político e jurídico do país em 2009.

Efetivamente, nosso sistema político carece de reformas profundas pautadas em amplo debate da sociedade sobre os moldes em que desejamos ter nosso regime democrático.

A questão do financiamento público de campanhas, por exemplo, trará para o debate o grande dilema da democracia contemporânea: até que ponto o custo das campanhas se transformou no alçapão pelo qual a corrupção finda por aprisionar as lideranças políticas recém-alçadas ao poder, independentemente de seu credo ideológico? Eis uma questão complexa e de âmbito global. Parece ser impossível a qualquer um que se aventure na vida político-eleitoral com intenções reais de alçar--se ao poder manter-se à parte do mundo do caixa dois e das relações nebulosas com os grandes contribuintes das campanhas, que acabam transformando-se numa casta de privilegiados em relação ao restante da cidadania, exercendo, de fato, parcela significativa do poder decisório nos assuntos estatais.

A ideia nuclear da democracia, de que as decisões públicas devem ser tomadas pela maioria dos cidadãos, acaba fraquejando diante da força do *lobby* dos grandes contribuintes.

Em medida maior ou menor, quase todos concordam com essa avaliação. As divergências maiores surgem quando se trata de encontrar mecanismos para solucionar o problema: a manutenção do financiamento privado com controle jurisdicional sobre os gastos e restrições a determinados tipos de atividade de campanha ou o financiamento público integral das campanhas? Só o debate amplo no bojo de uma reforma política poderá apontar os caminhos de solução eficaz.

Também deverão ser debatidos outros temas relevantes, como o voto distrital, o voto em lista, a fidelidade partidária etc.

O primeiro aspecto polêmico, contudo, da reforma política diz respeito à forma de sua realização. Ela se dará por meio de reformas constitucionais na forma prevista em nossa Carta Magna, ou seja, com o uso de emendas constitucionais, ou será realizada por uma "Constituinte temática", uma Assembleia convocada com o fito exclusivo, portanto, de debater e votar as questões da reforma e com poderes de fundação originários de normas constitucionais sobre o sistema político só limitadas pelo tema material ao qual se destinam.

Os problemas da convocação de uma Assembleia Constituinte para a reforma política, no plano dos valores fundamentais de nossa Carta Magna, são menos a questão de haver ou não um corpo constituinte exclusivo do que a questão dos poderes de que esse corpo seria investido para alterar nossa Carta Magna. Em outras palavras, trata-se de definir se essa Assembleia deverá ou não observar os limites instituídos pelas ditas cláusulas pétreas da nossa Constituição.

A hipótese de a sociedade brasileira optar por ter uma Assembleia própria para a produção da reforma política, mesmo que questionável no plano jurídico, é compreensível no plano político em razão de aspectos como a legitimidade democrática de tal Assembleia e o debate que essa eleição ocasionaria na sociedade, despertando-a para os temas da reforma.

O que nos parece absurdo é pretender-se que tal corpo decisório não sofra as limitações inerentes às cláusulas pétreas da Constituição, que, em verdade, traduzem valores essenciais quanto à forma e aos limites de exercício do poder político e que se pretende serem normas estáveis.

Obviamente, se observados tais limites essenciais, estaríamos perante um poder constituinte derivado, não originário. Restaria a questão da constitucionalidade e da conveniência institucional de atribuir-se a outro órgão, que não o Legislativo, a competência de reformar a Constituição.

Num primeiro momento, a vulneração ao papel institucional do Legislativo pode não parecer tão relevante diante dos ganhos obtidos pela legitimidade democrática e pelo debate público sobre a reforma política que a eleição especial estimularia.

Mas uma reflexão mais cordata nos levaria a questionar se não estaríamos, nesse caso, abrindo uma porteira institucional que a manada passante tornará impossível fechar. Se usarmos uma Assembleia específica para a reforma política, por que não convocarmos outras para as reformas tributária, trabalhista, previdenciária etc.? Que Legislativo sobrará após o cipoal de Constituintes? Que democracia será construída com base no modelo de "Assembleias Constituintes"? Não serão tais Constituintes irmãs gêmeas dos plebiscitos pelos quais Chávez e Morales vão contornando os limites de suas próprias Constituições?

Num primeiro momento, ressalvada reflexão mais profunda e produto do debate, acredito que tal proposta de ruptura institucional no tema da reforma política deva ser examinada por todos com a maior cautela possível. Não consigo vislumbrar motivo consistente para que tal reforma não seja produzida pelo modelo institucional vigente das emendas constitucionais. A legitimidade democrática pode ser alcançada pelo aguardo da próxima eleição parlamentar federal, que trará novos parlamentares eleitos e certamente terá na reforma política um de seus debates relevantes.

Indiscutivelmente, nossa democracia carece amadurecer, mas não será com rupturas institucionais constantes, como parece ser do feitio de nossa classe política, que essa evolução ocorrerá.

Prefeitos novos, realidade antiga

Publicado no portal Última Instância, em 30/10/2008

Passado o segundo turno eleitoral, feitas as devidas análises políticas, contabilizados os saldos de perdedores e vitoriosos, traçados os cenários futuros, restará aos próximos prefeitos governar e lidar com o dia a dia da máquina pública.

Na esfera jurídica, as maiores dificuldades que se impõem aos atuais governantes municipais, como os efeitos colaterais da LRF (Lei de Responsabilidade Fiscal), serão igualmente enfrentadas por seus sucessores. Tal norma, elogiável do ponto de vista de seu objetivo, que é garantir e estimular o zelo pela coisa pública, tem, a bem da verdade, erigido óbices ao exercício ótimo da administração. Não à toa o tema é recorrente em encontros de prefeitos – nessas ocasiões, defendem flexibilização da LRF, com o argumento plausível de que ela é inaplicável.

Os mecanismos jurídicos de aplicação das PPPs (Parcerias Público-Privadas) também integram o rol de preocupações dos próximos prefeitos. Como harmonizar o interesse em executar obras de infraestrutura, em especial no setor de saneamento básico, com os ditames da legislação que regula as PPPs? Caberá aos prefeitos vencer com criatividade essa questão.

Mas o principal estorvo que se avizinha é a posição ingrata que os prefeitos têm enfrentado na condição de alvo preferencial de grande volume de ações movidas pelo Ministério Público. Os chefes dos Executivos federal e estadual têm a prerrogativa de nomear os titulares do mais alto posto do Ministério Público e da Polícia (seja federal, civil ou militar). Historicamente, o que se verifica é uma maior tolerância em relação aos Executivos federal e estadual por parte dos integrantes do *Parquet*.

A disposição em colocar prefeitos como réus extrapola o campo da defesa do interesse público e revela, em inúmeras oportunidades, um viés político, a ponto de ser quase inquebrantável a certeza de que um chefe do Executivo municipal não chega ao fim do mandato sem que haja contra si uma coleção de ações que não se sustentariam caso não estivesse no poder.

Vale destacar que os grandes desvios de verbas públicas de que se tem notícia estão atrelados ao exercício irregular por ocupantes de cargos executivos no âmbito federal e no estadual, que movimentam valores muito mais elevados do que os municípios.

Não se defende aqui, de forma alguma, que se fechem os olhos às irregularidades praticadas por prefeitos no exercício do cargo conferido pela população aos que saem das urnas vencedores, mas, sim, que haja um tratamento isonômico entre as esferas de Poder Executivo, com o Ministério Público agindo com maior comedimento ao propor ações contra prefeitos.

Cabe aos prefeitos unir-se para combater essa realidade e aos membros do *Parquet* atuar *cum granus salis* para que a sociedade tenha maior garantia de que ao agente público honesto não recairá o ônus que deve ser impingido ao agente público desonesto.

***

Ignorância e despudor

Publicado no portal Última Instância, em 16/04/2009

A mídia tem noticiado mais um caso de desmando que assume ares prosaicos, o uso indevido de passagens aéreas por parlamentares federais, inclusive um deles que utiliza do benefício para transporte de artistas, com vistas a comparecerem a camarote de Carnaval, bem como para transportes de terceiros para fins nitidamente pessoais.[4]

Sob o ponto de vista jurídico, a questão é de deslinde evidente. Não havendo previsão normativa para uso das aludidas passagens em favor de terceiros, e tratando-se a emissão de passagens pela Câmara de ato inerente ao exercício de função administrativa atípica pelo Parlamento, este se submete ao princípio da indisponibilidade dos interesses públicos, do qual emana a legalidade como imperativo aos atos da Administração. Ou seja, ao agente público só cabe fazer o que a lei autoriza, agindo por vontade legal heterônoma, ao contrário do particular, que pode fazer tudo que a lei não proíbe, agindo por sua vontade autônoma.

O argumento de que, ao não prever nada quanto à emissão de bilhetes a terceiros ou quanto ao aluguel de jatinhos com a respectiva verba, a norma regulamentadora autorizaria, por não proibir, a emissão dos mesmos ou o aluguel do jato é risível, beirando o escárnio com o pudor mínimo devido ao exercício da função pública.

Se fosse minimamente válido tal raciocínio, implicaria na inauguração de um império parlamentar em detrimento do Estado Democrático de Direito. Lembraria a figura do rei no Estado Imperial Absolutista, que tinha como pessoal o patrimônio do Estado. O argumento serve, ao menos, para nos lembrar que a ignorância e a má-fé nem sempre são divorciadas e excludentes.

Mas a questão vai além. Se houvesse previsão de emissão de bilhetes a terceiros, por óbvio, jamais tal previsão poderia acautelar a compra de passagens para fins pessoais desses mesmos terceiros, sob pena de evidente incompatibilidade com o princípio da impessoalidade

---

4 Em abril de 2009, reportagens veiculadas no jornal O Estado de S. Paulo e no site Congresso em Foco denunciaram o uso indevido de passagens aéreas por senadores e deputados. Os parlamentares utilizaram as verbas destinadas a despesas aéreas para custear viagens particulares, inclusive de amigos e familiares.

previsto no *caput,* do artigo 37 de nossa Constituição que rege os atos da Administração Pública como função exercida por qualquer dos Poderes e não apenas quando exercida pelo Executivo.

Ou seja, mesmo que trouxesse a previsão referida, o comando legal ainda assim deveria tornar írrita a emissão de bilhetes para viagens ao exterior de "mães de namoradas", ou para transporte de artistas para camarote de festa carnavalesca sob pena de inconstitucionalidade incontornável.

Obviamente, o ponto de vista que assumo evita aproximar-se da perspectiva do moralismo justiceiro, que desconsidera o fato de que a emissão irregular é algo ilegal e criticável, mas de valor menor face a outros desmandos ocorrentes sempre em nossa vida pública. O que mais surpreende na questão não é a irregularidade em si, sua dimensão material, mas a "cara de pau" em cometer a irregularidade, ser pego na traquinagem e, ainda, sem qualquer pudor, procurar justificar tal conduta.

Não há necessidade de qualquer conhecimento de direito, de qualquer conhecimento formal, sequer de diploma primário, para se aperceber do vício em tal conduta, de seu caráter indevido. Bastaria apenas um mínimo de pudor, daquele tipo de pudor mínimo que se adquire em casa, quando nessa casa habitam pais que trabalham e cumprem seus deveres mínimos de cidadania e civilidade, seja essa casa um palácio na fazenda ou um casebre no morro.

Nesse aspecto, a conduta ora comentada passa longe de ser menos detrimentosa, menos relevante, pois macula, mais uma vez, a imagem de nossas casas parlamentares e da própria democracia como regime político. A falta de senso de poucos acaba comprometendo a imagem de todos os parlamentares, dentre os quais gente séria, preocupada em atender as demandas do público e do país.

A esses parlamentares sérios, aos que tiveram pudor em sua educação, só nos cabe apelar para que atuem de forma clara, rápida e dura na questão, punindo os parlamentares envolvidos no descalabro com as sanções devidas pela conduta evidentemente incompatível com o decoro parlamentar.

E vai aqui também nossa esperança de que no futuro próximo descalabros tão rudimentares em seu conteúdo e forma sejam apenas motivo de recordação de tempos menores de nosso passado.

***

Lição da crise

Publicado no portal Última Instância, em 25/06/2009

Passou quase despercebida na mídia, salvo rápidas e sintéticas matérias de páginas secundárias da grande imprensa, a informação do relatório analítico realizado pela Campanha da ONU (Organização das Nações Unidas) pelas metas do milênio sobre o destino de dinheiro dos países ricos aos bancos do sistema financeiro internacional e à ajuda aos países em desenvolvimento.

As quantias e a desproporção entre elas são impressionantes. Foram realizados US$ 18 trilhões em ajuda pública dos países ricos ao sistema financeiro global no último ano, enquanto US$ 2 trilhões foram destinados aos países pobres nos últimos 49 anos.

Os números espelham a incrível dimensão do que foi a irresponsabilidade quase criminosa do capital financeiro global no período dos "anos dourados" do neoliberalismo iniciado pós-Queda do Muro de Berlim.

A farra financeira de uma modelagem sistêmica de anarquia global no fluxo de capitais gerou a crise que ora atravessamos e que, não nos iludamos, teremos de saldar a conta dos tais trilhões com sacrifício na vida pessoal e familiar de cada um de nós.

Obviamente, a cidadania, que não foi convidada para a festa, é agora convocada a pagar a conta da recolhida do lixo produzido pela farra do capital com desemprego, perda das economias pessoais amealhadas numa vida de trabalho, diminuição de padrão de vida e, em certos rincões sociais, fome e desespero.

Mas todo este sacrifício será em vão se não resultar numa apreciação crítica dos erros do período histórico gerador da crise e se não gerar o aprendizado que a crítica quanto aos próprios erros proporciona. Erro não sujeito à crítica e à mudança é erro a ser repetido.

E da reflexão crítica e pública a ser feita, dentre outras relevantes lições, surge, a nosso ver, a inquestionável verificação de que o espaço das decisões públicas que afetam a vida social deve ser o da política e não o do mercado.

A partir do momento em que se permitiu que decisões de um conselho de administração de uma grande companhia global interferissem e regulassem mais a vida das pessoas que as leis e decisões estatais, grandes distorções em favor do lucro e em detrimento dos interesses públicos e comunitários se apresentaram, gerando uma crise de trágicas proporções.

A economia não substitui a contento o direito e a política como veículos de decisões públicas. Por mais entranhado que esteja de corporações paquidérmicas e campeado pela corrupção, o Estado é sempre uma instituição mais à mão da sociedade, mais sujeito por sua natureza à possibilidade de influência real do ambiente social e mais sensível aos reclamos e interesses da cidadania. Também por sua natureza, a iniciativa privada, por mais eficiente que seja em termos de gestão e flexível em suas operações, sempre privilegiará o lucro em detrimento de interesses coletivos, mantendo intangíveis suas decisões pela cidadania.

Em um mundo de economia e vida global como o que vivemos, urge a criação de mecanismos cidadãos de governança mundial que sirvam de freio e limite à ação do capital, em especial o financeiro.

Aos Estados e às nações, cumpre o papel de criar, por acordos multilaterais e pela utilização efetiva das instâncias da ONU e outros organismos similares, normas dotadas de mecanismos eficazes de sanção que impliquem submeter o fluxo de capitais ao devido controle, de forma a preservar os interesses sociais, inclusive com vistas a maior justiça global no cenário de distribuição das riquezas humanas.

Em um momento histórico em que nações em desenvolvimento, como o Brasil, dispõem de parte de suas riquezas para auxiliar países de primeiro mundo, mais do que nos jactarmos arrogantemente do poder de emprestar capital aos ricos, devemos nos lembrar que só há solução definitiva dos graves problemas ambientais e sociais do globo através de alternativas que levem em conta o todo da humanidade.

Creio que temos a missão e a oportunidade de transformar, pela primeira vez na história do mundo, a expressão ser humano em sinônimo de cidadão. Um cidadão global, sem fronteiras no que tange à observância de seus direitos mínimos como integrante da espécie, inclusive o de ver suas necessidades mínimas plenamente satisfeitas por uma riqueza global que todos, em alguma medida, contribuímos para produzir.

Isso só se tornará possível se submetermos o capital e seus interesses aos valores mínimos de ética e solidariedade que devem animar a vida humana. Uma governança global cidadã, democrática e solidária é a força política que poderá submeter os mercados a fins mais civilizados. Talvez seja nossa salvação da barbárie, que certamente reinará num mundo do capital sem freios e sem pejo como o que vimos nos últimos tempos.

***

Artigo 142 da Constituição – Honduras será aqui?

Publicado no portal Última Instância, em 16/07/2009

Como aponta Giorgio Agamben, um dos maiores fatores a fustigar os regimes democráticos, desde o início do século 20 até nossos dias, é o costumeiro uso de medidas próprias de regimes de exceção como rotina em nossas democracias ocidentais.

Do uso abusivo de medidas provisórias ou decretos com força de lei ao uso da tortura como meio de investigação, as democracias padecem desses traços de regime imperial em seu interior. Por vezes, o uso de tais medidas transmuda de democrático em autocrático o regime, rompendo os limites mínimos de significação do conceito de democracia.

Essa ruptura do regime democrático por meio da exceção foi o que ocorreu na América Latina nas décadas de 1960 e 1970, onde a título de resolver uma situação de Guerra Fria contra o comunismo, com fulcro pretensamente jurídico num suposto estado de necessidade pública excepcional, as Forças Armadas da maioria dos países que a integram assumiram por golpe o poder estatal, instituindo ditaduras sanguinárias, que só foram brandas com os civis que as apoiaram.

Como sabemos, tais regimes findaram, sendo substituídos por regimes democráticos, que ora são a tônica da vida política no continente, embora ainda em fase inicial de consolidação.

Ocorre que nestes países, em geral, ainda vigem Constituições ou dispositivos constitucionais que refletem a correlação de forças sociais e políticas do período de transição entre as ditaduras e as democracias. É o que ocorreu com Honduras e ocorre com o Brasil.

Em Honduras, como é sabido, recentemente tivemos a ocorrência de golpe militar repudiado pelo mundo, que atentou contra a normalidade democrática daquele país. E um dos principais argumentos usados pelos militares perante a comunidade internacional para fundamentar sua ação golpista foi baseado em dispositivo constitucional daquele país que unge as Forças Armadas como garantidoras da Constituição. Argumentaram ainda que o fizeram por ordem da Suprema Corte hondurenha. Ou seja, pretendem argumentar que realizaram um verdadeiro golpe de Estado constitucional.

Dispositivo semelhante existe na Constituição brasileira, em seu artigo 142, que determina as Forças Armadas como "garantia dos poderes constitucionais e, por iniciativa de qualquer destes, da lei e da ordem". Tal dispositivo é semelhante a artigo da Constituição chilena de Pinochet, recentemente revogado pelo Senado daquele país.

Obviamente temos total divergência deesta leitura jurídica torpe e assistemática de tais dispositivos. Mas, em se tratando de América Latina, não é irrazoável que a moda canhestra do golpe militar constitucional ganhe força.

Dispositivos como o artigo 142 de nossa Carta são um desserviço ao regime democrático. Causam a falsa impressão, mas sedutora aos neofascistas sempre de plantão por aqui, de que cabe às Forças Armadas o papel de garantidoras da Constituição e seus poderes. Por óbvio, a eles não se submete, pois lhe cabe garanti-los.

Como bem lembra Jorge Zaveruchia, em artigo recente na revista *Cult* sobre o tema, "em uma democracia, o poder não é deferido a quem tem a força, mas, ao contrário, a força é colocada a serviço do poder".

Como é evidente, o entendimento do que é ordem, desordem ou o que é violação à lei ou à Constituição, como qualquer interpretação, aliás, não é desprovida de sentido ideológico e político, como até Hans Kelsen reconhecia.

O que é extremamente perigoso é deixar como possível o entendimento que atribui às Forças Armadas o papel de intérprete autêntica desses dispositivos e, principalmente, de que tenha o condão de promover a "restauração" da ordem constitucional supostamente ofendida pelo uso da força, de forma alheia aos procedimentos regulares (como o do *impeachment*, por exemplo) previstos em nossa Carta e na tradição das democracias ocidentais.

A verdade histórica é que a maioria das análises políticas produzidas poucos dias antes do golpe que derrubou Salvador Allende avaliavam a democracia chilena como consolidada. O mesmo ocorreu no Brasil pouco antes do golpe de 1964.

Não podemos nos acomodar numa suposta consolidação de nossa democracia e deixarmos intacto esse resíduo ditatorial em nossa Carta Magna. No plano interno, a revogação do artigo 142 de nossa Constituição urge. As Forças Armadas devem ser postas em seu papel de mero órgão do Executivo incumbidas das operações de defesa externa. Subordinadas, portanto, à estrutura republicana de Estado, sem qualquer papel de guarda da Constituição. Tal poder de cautela incumbe aos poderes da República, democraticamente instituídos.

E, no plano das relações internacionais, o atual governo não pode se abster do papel de liderar o processo latino-americano de combate ao golpe ocorrido em Honduras, pois hoje o que ocorre lá, se não combatido, ocorrerá aqui. As nações repudiaram o golpe ocorrido em Honduras, mas pouco têm feito em termos de ações mais concretas para inviabilizá-lo.

O golpe militar, supostamente constitucional de Honduras, deve ser combatido aberta e rigorosamente por todos nós. Sua consolidação é uma clara ameaça à democracia no continente.

Os resíduos autoritários nas Constituições dos países latino-americanos que conferem papel de garantia constitucional às Forças Armadas, como o artigo 142 de nossa Carta, devem ser imediatamente extirpados. Se tinham algum sentido político na época da transição democrática, hoje só servem para permanecer como punhal no pescoço da cidadania, como possibilidade de constrição física violenta em qualquer natural instabilidade ocasional em nossa história democrática.

Democracia verdadeira é aquela que resolve crises também de forma democrática. A espada é instrumento de defesa da sociedade e não deve ser seu algoz.

***

Aspectos jurídicos do golpe em Honduras

Publicado no portal Última Instância, em 08/10/2009

Na coluna da semana passada, apresentei as ideias contidas no artigo que o jornal *Folha de S.Paulo* veiculou na mesma semana, onde procurei defender meu ponto de vista de que a deposição do presidente Manuel Zelaya de Honduras tratou-se de golpe de Estado, contrário à Constituição de Honduras e aos tratados internacionais que visam proteger o regime democrático no continente. Nada mais fiz do que refletir um ponto de vista defendido por todos os países do continente americano e por quase todos da Europa.

Talvez pelo papel exercido pela diplomacia brasileira e pelo governo Lula no episódio, inclusive com o abrigo do presidente eleito na embaixada do Brasil naquele país, o que traz ressentimentos nossos à análise do conflito externo, observei que algumas reações contrárias ao que escrevi, e favoráveis ao golpe, foram destemperadas e em certos casos até deselegantes e desproporcionalmente agressivas.

Também ocorreu que até a publicação do referido artigo tinha a percepção de que a defesa do golpe se dava mais por articulistas e pareceristas aparentemente estimulados por suas crenças políticas de direita, diga-se, aliás, legítimas, do que por avaliação mais técnica e isenta dos fatos e de suas consequências jurídicas. Entretanto, foram publicados artigos e chegou ao meu conhecimento parecer de conselheira legal norte-americana que oferece argumentos favoráveis à conduta dos que sucederam Zelaya, estes fundados em posições, aparentemente e em *prima facie*, defensáveis juridicamente e vertidos em linguagem técnica e polida, própria dos debates consistentes no ambiente do Direito, e desprovidos, portanto, do excessivo tempero ideológico que turva a visão objetiva.

Além desses fatos, dois leitores, Luiz Felipe Lehman e Miguel, formularam questões e críticas que me pareceram razoáveis em alguma medida, quais sejam, a da necessidade de apresentar um relato mais extenso dos fatos que fundaram a interpretação que adotei, inclusive a lei que proibiu consultas em Honduras no período pré-eleitoral, e também a necessidade de avaliar se o procedimento sucessório de Zelaya, após sua destituição, foi compatível com o disposto na Constituição do país.

A situação toda me obrigou a repensar o tema, abrir-me à possibilidade de estar eventualmente equivocado, procurar rever e pesquisar mais a fundo os fatos ocorridos, os atos de destituição e os dispositivos constitucionais por eles invocados como fundamento e até rever minha posição, mudando-a se necessário, o que não seria a primeira vez que o faço. A envergadura técnica e ética de alguns que defenderam a legitimidade da deposição seria motivo mais que suficiente para tanto.

Acrescente-se ainda que não teria nenhum desconforto político ou pessoal em ser contrário às pretensões de um governante autoritário, populista e personalista como Zelaya, mas, por outro lado, avalio que o desejo de ver este tipo de políticos fora do poder na América Latina não pode chegar ao ponto de comprometer nossas conquistas democráticas.

Num primeiro momento, para o primeiro artigo, recorri apenas a uma leitura rápida do ato destituidor de Zelaya, uma síntese dos fatos e uma leitura pessoal e integral da Constituição hondurenha, além da leitura do parecer do jurista norte-americano Doug Cassel, ex-presidente do *board* de estudos jurídicos da OEA (Organização dos Estados Americanos) e professor da Escola de Direito de Notre Dame.

Isso tudo fundado no ponto de vista de que tal inserção num ordenamento de outro país se justifica por conta dos tratados internacionais, subscritos por Honduras, que visam proteger o continente de golpes de Estado. Por óbvio, se constitucional fosse a deposição de Zelaya, de golpe não se trataria. Essa segunda tarefa, contudo, exigiu a consulta crítica ao ponto de vista de juristas locais, hondurenhos, obviamente mais conhecedores do sistema jurídico de seu país e mais próximos dos fatos, haja vista que a distância distorce e esconde muito do ocorrido.

Nesse percurso autocrítico e investigativo, tive um feliz encontro com os textos do professor Ángel Edmundo Orellana Mercado, que me foram indicados por uma amiga. O professor Orellana é catedrático da Faculdade de Direito da Universidade Nacional Autônoma de Honduras, tendo concluído seu doutorado na Itália e realizado sua carreira em diversas funções públicas, chegando a exercer a função de juiz da Corte de Recursos do Contencioso Administrativo de Honduras e a de procurador-geral da República, por eleição do Parlamento hondurenho. Em 1999, foi nomeado embaixador de Honduras na ONU. Já em idade madura, resolve ingressar na política, em 2005, elegendo-se deputado pelo Partido Liberal de Honduras. Passa a integrar cargos no governo Zelaya, chegando a ser seu ministro da Defesa. Com a postura assumida por Zelaya de não obediência a ordens judiciais, o professor Orellana renuncia ao cargo de ministro, conflitando com Zelaya e, inadvertidamente, dando origem aos fatos que levaram à crise que ensejou o golpe. Volta a exercer seu mandato de deputado, mas com o desatino da decisão golpista adotada pelo Parlamento – sim, a decisão foi do Parlamento e não do Judiciário, como pressupõem alguns – renuncia ao mandato por não aceitar a prática golpista como a forma adequada de crítica aos arroubos autoritários de Zelaya.

Um raro caso, a meu ver, de um homem expulso da política por conta de sua integridade ética e pelo momento de insensatez que aquele país atravessa, onde duas partes litigam, uma delas personalista, populista e autoritária, e a outra praticante de um feroz atentado golpista aos valores democráticos que norteiam a vida contemporânea civilizada.

A impressão que me dá, assistindo de longe, é a de que o professor Orellana retorna à sua cátedra para, a partir dela, emitir seus pontos de vista jurídicos denunciadores do golpe de Estado que assola seu país. Volta ao lugar do jurista para dele oferecer sua contribuição, prestando relevante serviço a seu país.

É com base em seus textos, agora divulgados intensamente pelos setores políticos que o repudiaram em sua renúncia, que formulo minha atual posição em texto extenso, mas creio que necessário ao momento.

A partir do último pleito eleitoral em Honduras, diversos setores sociais e políticos passaram a debater a possibilidade de convocação de uma Assembleia Nacional Constituinte, cujo processo se iniciaria por uma quarta urna eleitoral acostada ao próximo pleito de novembro, que perguntaria ao povo sua opinião sobre a referida convocação no mandato presidencial seguinte.

Como tal poder constituinte originário, obviamente, poderia mudar a Constituição, inclusive em suas cláusulas pétreas, os partidos apoiadores da medida julgaram de bom grado o apoio da opinião expressa do eleitorado para oferecer legitimidade à proposta. A legislação eleitoral de Honduras, contudo, impossibilitava a existência de uma quarta urna no pleito, além das três relativas aos pleitos referentes aos mandatos em disputa.

Por isso, os partidos apoiadores da medida, quais sejam o Partido Nacional de Honduras – que posteriormente compôs importante apoio a Roberto Micheletti e ao golpe – e o Unificação Democrática, apresentaram projetos de lei ao Parlamento hondurenho buscando mudar a legislação e removendo os entraves à consulta pública. O presidente Zelaya, contudo, ao invés de optar por enviar projeto de lei ao Congresso, opta por realizar consulta pública prévia a este envio, com o fito de fortalecer a possibilidade de sua aprovação.

Assim, Zelaya e o Conselho de Ministros promulgam o Decreto PCM-005-2009, perguntando ao povo, em essência, se concordava com a colocação de uma quarta urna nas eleições gerais de novembro que contivesse uma questão sobre eventual desejo popular para que no próximo mandato presidencial fosse convocada uma Assembleia Nacional Constituinte.

Tal decreto foi objeto de impugnação do Ministério Público hondurenho perante o Juizado de Contencioso-Administrativo, que concedeu sentença incidental – em nosso sistema equivale à medida liminar – suspendendo os efeitos do decreto, sem ainda apreciar o mérito de sua legalidade. Face à decisão judicial, o Conselho de Ministros e o presidente optam por revogar o decreto, não aguardando pela decisão final.

Na sequência, promulgam outro decreto, o de número PCM-019-2009, que determinava a realização de uma enquete, com a mesma questão formulada na proposta de consulta prevista no decreto revogado, e não uma consulta, com base em outra lei, qual seja a de "iniciativa cidadã" aprovada pelo Legislativo no início do mandato de Zelaya.

Ante tal conduta do Executivo, o Ministério Público propõe medida correlata aos nossos "embargos de declaração" em relação à sentença incidental, obtendo decisão que invalidava qualquer ato Executivo futuro que tivesse por finalidade a oitiva da população em qualquer caráter. Nesse meio-tempo, é aprovada lei no Parlamento que proíbe a realização de consultas, mas essa já se demonstrava inaplicável à espécie.

A decisão do Juízo, segundo o professor Orellana, foi equivocada face ao sistema processual hondurenho. Não nos cabe realizar este debate, próprio do direito interno daquele país e desnecessário à avaliação dos fatos no plano constitucional. Adequada ou não, ordem judicial é para ser cumprida e a isso se recusou o presidente Zelaya, levando ao pedido de exoneração do cargo de ministro da Defesa do professor Orellana, conduta que, além de sua vontade, precipitou os fatos que ensejaram o golpe.

Nesse sentido, não temos dúvida de que o presidente cometeu evidente ilícito ao tentar desobedecer, às abertas, ordem judicial. Ocorre que apenas este fato, o cometimento aparente de uma ilicitude, não é suficiente para dispensar sua apuração pelo devido processo legal para fins de sua destituição ou a observação das normas constitucionais para sua válida detenção, o que não ocorreu.

1 – O ato de destituição do presidente

O presidente da República foi destituído em 28 de junho do ano corrente, por decreto do Legislativo, sob número 141/2009, por *quorum* não sabido de parlamentares, cujo conteúdo dispositivo, em tradução livre, é o seguinte:

> ARTIGO 1. O Congresso Nacional aplicando os artigos 1, 2, 3, 4, 5, 40, número 4, 205, número 20, e 218, número 3, 242, 321, 322 e 323 da Constituição da República acorda:
> 1) Desaprovar a conduta do Presidente da República, cidadão JOSÉ MANUEL ZELAYA ROSALES, por repetidas violações à Constituição da República e às leis e pelo desrespeito às resoluções e sentenças dos tribunais.

2) Afastar o cidadão JOSE MANUEL ZELAYA ROSALES do cargo de Presidente Constitucional da República de Honduras.
ARTIGO 2. Promover constitucionalmente o cidadão ROBERTO MICHELETTI BAIN, atual Presidente do Congresso Nacional, ao cargo de Presidente Constitucional da República, pelo tempo que falte para que se conclua o período constitucional e que culmina em 27 de janeiro do ano de 2010.
ARTIGO 3. O presente decreto entrará em vigência a partir de sua aprovação por dois terços dos votos dos membros que compõem o Congresso Nacional e, consequentemente, é de execução imediata.[5]

Segundo a ordem constitucional de Honduras, tal decreto é um amontoado de inconstitucionalidades, existentes em todos seus dispositivos, como bem observa o professor Orellana em seus pareceres.

O artigo 205, usado como fundamento da competência para destituir o presidente, estipula a prerrogativa do Poder Legislativo em reprovar a conduta administrativa dos demais Poderes de Estado. Tal reprovação refere-se à conduta do órgão, e não à de seu titular. Logo, não há competência para reprovar condutas do chefe do Executivo. Com efeito, a competência estabelecida pelo dispositivo é a de desaprovar

---

5   Artículo 1. El Congreso Nacional en aplicación de los artículos 1, 2, 3, 4, 5, 40, numeral 4, 205, numeral 20, y 218, numeral 3, 242, 321, 322 y 323 de la Constitución de la República acuerda:
   1) Improbar la conducta del Presidente de la República, ciudadano JOSE MANUEL ZELAYA ROSALES, por las reiteradas violaciones a la Constitución de la República y las leyes y la inobservancia de las resoluciones y sentencias de los órganos jurisdiccionales; y,
   2) Separar al ciudadano JOSE MANUEL ZELAYA ROSALES, del cargo de Presidente Constitucional de la República de Honduras.
   Artículo 2. Promover constitucionalmente al ciudadano ROBERTO MICHELETTI BAIN, actual Presidente del Congreso Nacional, al cargo de Presidente Constitucional de la República, por el tiempo que falte para terminar el período constitucional y que culmina el 27 de enero del año 2010.
   Artículo 3. El presente decreto entrará en vigencia a partir de su aprobación de los dos tercios de votos de los miembros que conforman el Congreso Nacional y en consecuencia es de ejecución inmediata.

condutas administrativas e não de qualificar penalmente violações ao ordenamento jurídico.

O artigo 1 do decreto legislativo de destituição claramente extravasa o objeto de avaliar a simples gestão administrativa do Poder Executivo, atribuindo a prática de delitos a seu chefe eleito, de forma genérica, sem identificação de atos e fatos que sustentam tais imputações, sem individualização de conduta e sem qualquer direito de defesa quanto aos fatos genericamente imputados.

De forma evidente, o Legislativo se arrogou em função própria do Judiciário, usurpando sua função, quando avaliou como ilícitos atos que imputou ao presidente, condenando-o a ser substituído na chefia do Poder, pondo-se em confronto com a competência atribuída à jurisdição pelos artigos 303, primeiro parágrafo, e 304 da Constituição Hondurenha.

Como bem destaca o professor Orellana: "El Congreso Nacional se arrogó, en consecuencia, facultades privativas del Poder Judicial, al calificar de ilícitos los supuestos actos del Presidente y al declararlo culpable de haberlos cometido. Es decir, usurpó funciones que la Constitución atribuye a otro Poder del Estado".

A Constituição hondurenha não faz qualquer previsão de competência ao Legislativo para aplicar sanções que impliquem destituição do mandato do presidente. Não faz previsão do *impeachment*. Articulistas e pareceristas favoráveis ao golpe argumentam que o dispositivo constitucional hondurenho autorizaria o Legislativo a "interpretar" a Constituição hondurenha, e que tal dispositivo autorizaria o Legislativo a entender que sua prerrogativa de censurar a gestão administrativa poderia ser estendida em sua interpretação à situação de julgar e depor o presidente da República.

Por óbvio, tal dispositivo se refere ao condão do Legislativo de interpretar a Constituição quando produz leis, não o autoriza a realizar julgamentos e aplicar sanções não previstas expressamente.

O que observamos neste ponto dos pareceres favoráveis ao golpe, com todo o respeito que merecem seus argumentos, é a ocorrência de um erro primário em termos de interpretação de sistemas jurídicos de Constituição rígida como o hondurenho, qual seja, o da interpretação literal e isolada de dispositivos.

Como é mais que sabido pela totalidade de nossa doutrina, quase um truísmo jurídico, a interpretação literal de artigos do Direito Positivo quase sempre leva a erros; há que se entender o texto à luz de seu contexto, que no caso do direito constitucional é o sistema constitucional como um todo, em especial seus princípios fundamentais.

Que tal equívoco seja cometido por blogueiros leigos é compreensível, mas quando se trata de consultora jurídica de membro do Congresso norte-americano é de causar certo espanto pela evidência do equívoco técnico na interpretação.

A aplicação das sanções pelo Legislativo face a delitos de natureza política, como ocorre no caso da Constituição brasileira, por exemplo, é atividade chamada pelos doutrinadores como "atípica", estranha à função primária daquele Poder na divisão de funções estatais na República. Como exceção à divisão primária de funções entre os Poderes – pela qual cabe ao Legislativo legislar e não julgar –, deve contar com previsão de competência expressa na Constituição para poder ocorrer.

Obviamente, a competência do Legislativo de interpretar a Constituição, norma implícita inclusive na Constituição brasileira, não lhe permite interpretar dispositivos de forma extensiva de molde a invadir competência destinada pela Constituição a outro Poder. Tal entender atenta contra a ideia de divisão de funções que é inerente ao Estado Democrático de Direito. Só os impérios absolutistas ou regimes autoritários como o comunismo ou o fascismo admitem centralização de funções diversas num mesmo Poder, por conta de sua vontade autônoma e não pela heteronomia expressa da Constituição.

A incompetência do Legislativo para destituir o presidente da República de seu mandato é atestada pelo professor Orellana: "A Constituição não contém nenhuma norma pela qual se autorize a remoção ou destituição do Presidente, dos Deputados ou Magistrados. Portanto, nenhum titular de um Poder do Estado pode ser afastado de seu cargo antes que seja finalizado o período para o qual ele foi eleito".[6]

Ademais, consoante já expusemos em nosso artigo anterior, a aplicação de sanções no regime constitucional hondurenho – e, diga-se, em qualquer regime constitucional democrático do mundo – prevê requisitos para sua incidência válida. Em síntese, a presunção de inocência, o direito à ampla defesa e o devido processo legal, consoante dispõem os artigos 82, 89 e outros da Constituição.

É absolutamente incompatível com a Constituição hondurenha, com os Tratados Internacionais de Defesa dos Direitos Humanos e do regime democrático a ausência de direito de defesa e do devido processo legal na decisão de destituição de Zelaya. Mais do que qualquer outra questão, este é o elemento que caracteriza profundamente o golpe de Estado hondurenho como tal.

2 – O procedimento inválido de substituição do presidente

Consoante nos ensina Orellana, a Constituição hondurenha estabelece em seu artigo 242 duas hipóteses de substituição do presidente da República: sua ausência temporária e a definitiva. A substituição temporária do presidente da República hondurenha se dá em função de viagens ao exterior, licenças autorizadas pelo Parlamento e por conta de suspensão do exercício em consequência de ordem judicial.

---

6 No texto original, "La Constitución no contiene norma alguna por la cual se autorice la remoción o destitución del Presidente, los Diputados o los Magistrados. Por tanto, ningún titular de un Poder del Estado puede ser separado de su cargo antes de que finalice el período para el que fue electo".

A suspensão por ordem judicial se dá em consequência da incidência do artigo 41, qual seja, perda temporária de seus direitos políticos de cidadão, nas hipóteses de ordens provisórias de detenção, como já havíamos apontado e como nos ensina Orellana: "A suspensão ocorre quando o juiz competente decreta prisão ao Presidente por um delito que mereça uma punição maior, pois neste caso está previsto na Constituição que se suspenda a qualidade de um cidadão (Art. 41), *status* que carrega consigo o reconhecimento de direitos políticos, dentre os quais eleger, ser eleito e poder ocupar cargos públicos (art. 37). A suspensão é temporária, porque a definição de sua situação só poderá ocorrer quando ditada a sentença final, que poderia declarar a sua inocência, o que implicaria o retorno ao exercício do cargo".[7]

As ausências absolutas correspondem a todas as hipóteses que impossibilitem o exercício legítimo da Presidência da República pelo eleito, em síntese, nos casos de morte do titular, da renúncia ao mandato e da inabilitação permanente por ordem judicial definitiva, ou seja, com trânsito em julgado.

O que se verifica é que a substituição do presidente eleito pelo designado pelo Congresso Nacional foi absolutamente conflitante com o sistema de substituição presidencial previsto na Carta daquele país. Nenhuma das hipóteses de substituição temporária ocorreu de fato, nem mesmo no tocante à que deriva da ordem judicial de prisão preventiva do presidente, pois ele nem sequer foi levado à presença judicial, requisito essencial para sua consumação válida.

---

7 No original, "La suspensión se produce cuando el juez competente decrete auto de prisión al Presidente por delito que merezca pena mayor, porque en este caso está previsto en la Constitución que se suspende la calidad de ciudadano (Art. 41), status que lleva consigo el reconocimiento de los derechos políticos, entre los cuales se encuentran los de elegir y ser electo, y ejercer cargos públicos (Art. 37). La suspensión es temporal, porque la definición de su situación solamente se obtendrá hasta que se dicte la sentencia respectiva, en la que podría declararse su inocencia, lo que importa el retorno al ejercicio del cargo".

Nesse sentido, a lição de Orellana: "Não poderia alegar ausência temporária porque nenhuma das hipóteses constitucionais ocorreu. Mesmo a que se deriva do mandado de prisão, porque o presidente não foi sequer levado à presença da Justiça. Também não pode alegar ausência absoluta, porque o Presidente não havia renunciado, não estava morto nem estava judicialmente incapacitado".[8]

O que se observa é que o Congresso Nacional hondurenho, sem ter competência para tanto, substituiu à força o presidente da República, sem observação, inclusive, dos direitos do acusado à ampla defesa, à presunção de sua inocência e ao devido processo legal.

Em direito, este tipo de situação, de um Poder político que consegue se sobrepor à ordem constitucional vigente, é descrita por vários nomes, quais sejam "revolução", fundação de um novo sistema jurídico, poder constituinte originário etc. Todos usados numa tentativa de descrever o que, a nosso ver e segundo as lições de Genaro Carrió, não é possível descrever nos limites de significação da linguagem jurídica, essencialmente uma linguagem que descreve relações de imputação, competências, e não relações de fato. Em política, a tarefa descritiva é mais fácil, basta usarmos um conceito: golpe de Estado!

3 – A ordem de detenção e expatriação do presidente Zelaya

Os defensores do golpe em Honduras têm alegado que a detenção e expatriação do presidente Zelaya por integrantes das Forças Armadas de Honduras se deu por ordem judicial de detenção ou captura, tipo de ordem judicial com natureza jurídica análoga às nossas ordens de prisão

---

8   No original, "No podría alegarse ausencia temporal porque ninguna de las hipótesis constitucionales se produjo. Incluso, la que se deriva del auto de prisión, porque el Presidente ni siquiera fue llevado a la presencia judicial. Tampoco se puede alegar ausencia absoluta, porque el Presidente no había renunciado, no había muerto ni fue inhabilitado judicialmente".

temporária ou preventiva. Tal ordem daria sustentação de legitimidade à detenção do presidente e à sua retirada forçada do território nacional.

Referida ordem não encontra o mínimo respaldo face ao disposto na Constituição hondurenha. O primeiro dispositivo ferido é o do artigo 293 da Carta, que prevê que a execução de tais ordens cabe à Polícia Nacional e não às Forças Armadas. Além deste dispositivo, o artigo 99, parágrafo segundo da Constituição, determina que as ordens de detenção ou prisão devem ser cumpridas no horário entre as 6 da manhã e as 6 da tarde, sendo vedadas prisões fora deste horário. A Constituição brasileira, inclusive, tem dispositivo semelhante.

Conforme nos relata Orellana, este tipo de ilicitude na execução tem gerado a nulidade, reconhecível de ofício, de diversas ordens de prisão conta traficantes, homicidas etc. O presidente da República eleito de Honduras não mereceu o mesmo trato que a jurisdição local oferece a tais meliantes. Conforme é público, a expatriação de Zelaya se deu à noite, antes das 6 da manhã, pegando-o ainda de pijamas. No Brasil, também é corrente o reconhecimento de invalidade das ordens judiciais por abusos em sua execução. Veja-se a súmula do STF sobre o uso indevido de algemas, por exemplo.

Por fim, como pá de cal sobre qualquer argumentação que tente oferecer legitimidade a essa malfadada ordem judicial, o artigo 102 da Constituição hondurenha veda a expatriação de qualquer cidadão hondurenho. Note-se que se trata de um direito inerente à nacionalidade, não à condição de presidente da República e, por si só, resultante de evidente nulidade – em verdade, a rigor técnico, inexistência, no sentido jurídico da expressão, da ordem judicial concedida.

A alegação de que a ordem foi concedida por um juiz competente não é suficiente para lhe emprestar legitimidade, pois o juiz só é competente para ordenar conduta prevista entre suas atribuições legais. Nenhum juiz é competente para emitir ordem imediata e evidentemente tão contrária à Constituição. As ordens de detenção devem ser emitidas para apresentação do detido ao juiz e não para sua expatriação.

Aliás, já defendemos o ponto de vista de que a contrariedade ao artigo 102 na ordem judicial de detenção e expatriação de Zelaya não implica apenas na inobservância deste dispositivo. Abuso maior ocorre pela evidente desnaturação jurídica da ordem face a seu sentido no devido processo legal hondurenho.

À semelhança do Brasil, as ordens temporárias de detenção no sistema hondurenho são modos não de punição do réu, pois ainda não está formado o juízo final de sua condenação, mas sim forma de proteção ao processo ou de garantia da eficácia da decisão final. O direito à defesa, elemento fundante do devido processo legal, é realizado posteriormente à concessão da ordem.

Ora, no caso em análise, a expatriação de Zelaya como consequência da ordem inviabiliza fisicamente o exercício pleno de seu direito de defesa, desnaturando também o caráter provisório de que a medida deveria se revestir.

A ordem judicial provisória, ao admitir a expatriação, transmutou-se em ordem definitiva de expulsão do território nacional sem qualquer observância do direito de defesa e da presunção de inocência do acusado. Nosso ver neste aspecto é mais incisivo que no entender de Orellana. Uma ordem de prisão formalmente posta como provisória, mas que determina ou aceita execução material de caráter definitivo contra o réu, como é o caso da expatriação sem qualquer direito de defesa, não apenas é nula. Seu patamar de incompatibilidade com a ordem constitucional é tamanha que, a nosso ver, inexiste como norma jurídica. Não cumpre os requisitos mínimos de pertinência ao sistema jurídico, pois implica realização de providência não apenas não prevista, mas expressamente vedada pela Constituição, e traz consequência definitiva ao que deveria ser provisório. Extingue definitivamente o devido processo legal, presume culpabilidade do réu, impossibilita fisicamente seu pleno exercício da defesa.

Os defensores do golpe reconhecem a ilegitimidade da expatriação, mas pretendem tratá-la como um tema menor. Micheletti, o líder do governo golpista, diz que foi "um erro" a expatriação em suas declarações. Tanto que alcunham a conduta como mera "ilegalidade". Ora, trata-se de inobservância de dispositivos constitucionais. Quando isso ocorre em Direito, o nome adequado é "inconstitucionalidade".

É de estarrecer, com o perdão da expressão, que haja profissionais do Direito que admitam a validade ou mesmo a existência jurídica de tal procedimento. Se vingar esse entendimento nas Américas, bastará um juiz e meia dúzia de gorilas fardados para acabarmos com a democracia e os direitos fundamentais da pessoa humana.

O caso de Honduras é intrincado, mas interessantíssimo do ponto de vista jurídico e da teoria geral do Estado. Pela primeira vez, ao menos na história recente que conhecemos, um golpe de Estado tenta se travestir da linguagem do Direito para se legitimar de forma tão incisiva. E faz isso pela figura do decreto legislativo e pela aparência de legitimidade que o exercício da jurisdição empresta aos homens. E com essa roupagem, os mais tacanhos atos de violência são praticados.

Mas nós, profissionais do Direito, operários da lei e do Estado Democrático, temos de tomar cuidado para não servimos de lastro à violência e ao autoritarismo. Nenhum modo autoritário de tomada do poder é eficaz se assume claramente sua condição de vilipêndio. Cabe a nós desvendar o abuso quando se apresente na conduta, e não legitimar o discurso justificador dos golpes e medidas antidemocráticas. Assim o fez a comunidade internacional no caso de Honduras.

Não foram apenas "bolivarianos", petistas, esquerdistas ou o que quer que seja que condenaram o golpe. A maioria dos países do mundo democrático e civilizado condena expressamente o golpe, qualificando-o como tal.

4 – O artigo 239 da Constituição de Honduras

Os defensores do golpe têm alardeado na imprensa que a destituição de Zelaya fundou-se em aplicação do artigo 239 da Constituição hondurenha, que contém o seguinte dispositivo:

> Artigo 239. O cidadão que tenha exercido a titularidade do Poder Executivo não pode ser Presidente ou pessoa designada.
> Quem violar este dispositivo ou propuser sua reforma, bem como aqueles que o apoiem direta ou indiretamente, terão cessados imediatamente as funções em seus respectivos cargos e serão impedidos por dez anos de exercer qualquer função pública.[9]

De início, pelo que se observa do decreto legislativo de destituição do presidente Zelaya e ao contrário do que afirmam articulistas favoráveis ao golpe, tal dispositivo não foi invocado como fundamento da decisão do Congresso hondurenho que determinou a deposição do presidente. Os que apoiam o golpe, posteriormente ao decreto e pela mídia, passaram a usar do argumento.

Obviamente não foi usado como fundamento pelos congressistas na deposição do presidente porque estes avaliaram à época que Zelaya não infringiu tal dispositivo. Mas como tal tema tem sido ventilado na mídia, desde o artigo que publicamos aqui na coluna, na semana passada, resolvemos demonstrar sua não incidência válida no caso em apreço.

---

9 Artículo 239. El ciudadano que haya desempeñado la titularidad del Poder Ejecutivo no podrá ser presidente o designado.
El que quebrante esta disposición o proponga su reforma, así como aquellos que lo apoyen directa o indirectamente, cesarán de inmediato en el desempeño de sus respectivos cargos, y quedarán inhabilitados por diez años para el ejercicio de toda función pública.

Primeiro, porque Zelaya não pretendeu sua continuidade ou reeleição, como afirmam os defensores do golpe, ao tentar enquadrá-lo no dispositivo. Isso pode ser verificado pelo fato de que a enquete que foi tida como fundamento para sua deposição seria realizada em termos futuros, se o povo desejava ser consultado quanto à convocação vindoura de uma Assembleia Constituinte. Que se argumente que a Constituinte tem poderes de alteração das cláusulas pétreas da Carta, dentre as quais a que proíbe reeleição, o procedimento previsto na enquete jamais possibilitaria a Zelaya se reeleger, pois tal Constituinte seria convocada já no transcurso do próximo mandato presidencial. Logo, impossível materialmente de implicar sua reeleição.

De qualquer forma, o que nos parece mais relevante é que, se Zelaya cometeu tal delito, não é relevante para análise do caráter golpista do ocorrido em Honduras, porque tal dispositivo sequer foi invocado como razão da deposição pelo Parlamento no artigo 1 do decreto legislativo que consuma o golpe.

Com efeito, a incidência ou não do tipo penal referido à conduta de Zelaya só poderia se dar pelo devido processo legal, com garantia de seu amplo direito de defesa e sua presunção de inocência, o que não ocorreu em momento algum de sua deposição, detenção e expatriação.

O argumento usado por alguns defensores do golpe – a defesa do golpe em parecer jurídico que li favorável à deposição sequer toca no dispositivo, mais invocado por articulistas – de que a expressão "cessarão de imediato" contida no dispositivo autorizaria a dispensa do devido processo legal e do direito de defesa não se sustenta. Em verdade, com todo o respeito necessário ao debate jurídico civilizado, cremos que há um erro evidente na interpretação formulada, que trata dispositivo em sua acepção literal e isolada do contexto conformado pelo sistema constitucional hondurenho.

Como bem observa Orellana e como já afirmamos na coluna anterior, os artigos 82, 89, 90 a 94, e outros da Constituição hondurenha, bem como o sistema processual penal daquele país, determinam que a aplicação de sanções, como a prevista no artigo 239, só deve ser feita com a observância do direito à ampla defesa do acusado, de sua presunção de inocência e do devido processo legal. Os articulistas que defendem a aplicação imediata do dispositivo ao caso de Zelaya, a nosso ver, cometem o equívoco da interpretação isolada e literal do dispositivo e acabam por admitir um procedimento penal próprio dos tempos medievais ou de Estados profundamente autoritários como os comunistas, os nazistas e os fascistas falangistas ou islâmicos, como bem afirma Orellana.

Obviamente, tais articulistas o fazem de forma inadvertida. De modo algum postulo que todos os articulistas defensores do golpe se avizinhem em suas crenças de tais formas autoritárias de Estado, embora uns poucos revelem na virulência dos ataques pessoais tal predileção autoritária.

A questão de se a Constituinte é o melhor remédio para as evidentes mazelas da Constituição hondurenha ou se é forma de manutenção personalista de dirigentes populistas no poder é um tema que cabe ao povo hondurenho responder, não a nós. O que nos toca, como cidadãos do globo e do continente americano, é velar para que golpes de Estado não ocorram e que os tratados internacionais preservadores do regime democrático e dos direitos fundamentais da pessoa humana sejam observados por todos seus signatários.

Esperamos ter respondido a contento as dúvidas de nossos leitores e manifestamos nosso total respeito pelas posições divergentes e vertidas em termos objetivos e polidos. As críticas feitas à nossa interpretação do sistema constitucional hondurenho, que expusemos em textos anteriores, estimularam-nos a voltar ao tema em investigação mais aprofundada, alterando nossa concepção de alguns fatos ocorridos, mas reforçando nossa crença de que o corrido em Honduras tem nome: golpe de Estado!

O mensalão do DEM e a política como esperança[10]

Publicado no portal Última Instância, em 03/12/2009

Creio que a desfaçatez da corrupção organizada, registrada em cenas diversas e irrefutáveis, legitimamente gravadas pela investigação da PF, tornam desnecessários maiores argumentos quanto ao caráter delituoso e profundamente antiético da conduta.

A punição severa e exemplar dos envolvidos é necessária ao ponto de desmerecer integralmente nossas instituições jurisdicionais e políticas de controle caso não ocorra.

O que creio que ainda resta a comentar é o quadro de desalento e desesperança na prática política como forma de solução dos problemas humanos que tal tipo de comportamento ocasiona na cidadania, em especial na juventude.

Tivemos o mensalão do governo, agora o da oposição, ambos trágicos em termos de correção na conduta de nossos homens públicos. Mas o que me parece relevante observar, no plano racional, é que a corrupção é algo inerente ao humano; o que nos cabe fazer é combatê-la, mas não nos deixar abater por ela como cidadãos.

Em verdade, o que há de novo nos casos dos "mensalões" referidos não é tanto a ocorrência da corrupção organizada. Como sabemos, esse tipo de prática sempre ocorreu nos meandros governamentais de todas as esferas – embora, ao contrário do que o noticiário faz construir em nossa subjetividade, não atinja o universo integral dos profissionais da política. O que há de verdadeiramente novo nessas ocorrências é

---

10 Revelado pela Operação Caixa de Pandora, da Polícia Federal, em novembro de 2009, o chamado "mensalão do DEM" foi um esquema de arrecadação e repasse de propina a políticos, instituído na gestão do então governador do Distrito Federal José Roberto Arruda (DEM).

que tais esquemas criminosos foram postos a público, por investigações isentas da polícia ou pela ação da imprensa livre.

O regime democrático certamente não aumentou os índices reais de corrupção no país, mas ampliou a percepção de sua ocorrência, por conta da ação competente da imprensa livre e pela ampliação da esfera de independência nas investigações e da melhora ética no comportamento de nossa polícia. Esse é um fato positivo e não negativo.

Minha experiência de mais de duas décadas de exercício da advocacia e da atividade acadêmica no âmbito do Direito Público me ensinou que o combate à corrupção só é eficaz na transparência pública que o regime democrático propicia. Na escuridão das ditaduras e dos regimes autoritários, de direita ou de esquerda, a corrupção sempre finda por dominar, consectário que é do exercício não controlado do poder.

Nos momentos de minha vida em que exerci cargos públicos e na juventude quando militei na atividade partidária, pude vislumbrar a prática política como um ambiente de desvendamento do pior e do melhor no ser humano. Se pude constatar os desmandos, as disputas egoicas de poder, os rumores de corrupção, também pude ver um universo significativo de pessoas se entregando à causa pública com tal generosidade e discrição que beira o heroísmo.

Vi trabalhadores e líderes sindicais passando fome, mas defendendo a continuidade da greve. Conheci um jornalista que, pelo exercício de sua profissão e por sua crença política, durante o Regime Militar, além de ser pessoalmente torturado, teve filhos e esposa também torturados por pura crueldade. Vi liderança do movimento de favelados indo para a prisão por defender suas comunidades. Vi políticos profissionais que nunca abandonaram sua luta política, sua crença na democracia e sua conduta ética, mesmo quando injustamente acusados de corrupção.

Outro dia um desses políticos me disse que respondeu a um promotor, que se punha arrogantemente como vestal lutador pelo justo e pela melhoria na humanidade, que na época da ditadura ele havia tido a mesma luta, só que sem emprego vitalício e salário garantido.

De todas as funções humanas, a mais difícil e mais nobre quando bem realizada é a do político. Nós da academia construímos formulações abstratas, fáceis por sua distância do real de manterem sua coerência e correção. Somos simpáticos ao público pelo ar de falsa imparcialidade que a ciência confere aos homens.

Os políticos lidam com o real, com o humano em sua diversidade e contradições. Arriscam ingressar no mundo da vida nua, mesmo se sujeitando a um papel mais facilmente criticável, mais frágil em termos de coerência, pois vivenciado na realização, no meio da chama da fogueira do humano. O político autoritário ou desonesto é um cancro social, mas o bom político representa o mais nobre e digno que há na experiência humana.

A juventude não pode se esconder no escudo excessivamente protetivo, infantilizador e alienador que minha geração, no exercício da paternidade, criou para os filhos. A política, nesse momento crucial de nossa democracia, carece mais do que nunca do espírito generoso inerente à juventude, sua paixão, radicalidade e criatividade.

Nossa democracia amadurecerá na medida em que nós, cidadãos, amadurecermos. Não temos que nos pôr como vítimas eternas, como coitados usurpados em nossos direitos. Temos de largar o lamento e partir para a luta, para o enfrentamento por nossas ideias, sejam quais forem, em nosso cotidiano. As questões públicas têm de ingressar nas conversas familiares, no almoço de domingo, com a mesma afetividade dos temas pessoais. O Estado Democrático é nosso, temos de moldá-lo como desejamos, pois somos integralmente responsáveis por tudo que nele ocorre.

Os políticos corruptos e indesejáveis estão onde estão por nossa eleição e vontade. No plano político e histórico, somos corresponsáveis pelo que ocorre. Ou responsáveis por conta de nossos atos ou por nossa apatia e omissão. Na democracia, há mais liberdade, mas também há mais responsabilidade. Não há desculpa que nos inocente como sociedade e cidadania, nossa omissão não subtrai nossa responsabilidade.

E, a nossos filhos, temos que ensinar que cidadania não é só direito, mas dever de participar. Que o melhor da vida não está no carro zero, mas em participar da grande experiência humana na Terra, com razão, esperança e paixão.

***

A chamada lipoaspiração de nossa Constituição

Publicado no portal Última Instância, em 21/12/2009

Muito se discute no Brasil sobre o tamanho de nossa Constituição. Sabemos que nossa Carta Magna é, reconhecidamente, analítica e extensa, mas isso não quer dizer, necessariamente, que o melhor é adotar uma atitude de dilapidar o texto constitucional brasileiro.

Alguns estudiosos defendem um enxugamento da Constituição, preservando apenas seus princípios fundamentais, numa linha de raciocínio que tem como referência a Carta dos Estados Unidos da América. Nossa cultura jurídica vem da tradição romano-germânica, e tal postura radical é contraditória com nossas origens e com a cultura jurídica brasileira. Note-se ainda que, no caso de algumas propostas formuladas, por trás de uma suposta preocupação técnica com a extensão dispositiva de nossa Carta, há o desejo inconfessável de fazer retroagir conquistas da sociedade brasileira obtidas no texto de 1988, em especial, dos trabalhadores no território dos direitos sociais.

Sou alinhado a uma visão mais objetiva e positiva do sistema normativo no âmbito jurídico e a uma visão política de garantia radical dos direitos sociais, e de utilização da intervenção estatal como modo de promoção da justiça social. Considero que o sistema jurídico é um todo unitário do qual a Constituição é a parte mais relevante hierarquicamente. Do ponto de vista científico, o sistema jurídico funciona como um todo indecomponível. Nesse sentido, as divisões do Direito em Constitucional, Cível, Penal, Tributário, Trabalhista, Administrativo etc. são, na realidade, meios que encontramos para tornar o estudo do Direito mais didático, de mais fácil apreensão.

Uma vez retirada da Constituição e posta como Lei Ordinária, a norma jurídica continua integrando o sistema jurídico e sendo de cumprimento obrigatório. Só o que muda é o processo legislativo necessário à sua modificação parcial ou revogação. A alteração ou extinção de Lei Ordinária se dá por processo menos dificultoso que o exigido para mudar ou revogar norma constitucional. Ou seja, se o que se pretende é a simples descontitucionalização de parte das normas constitucionais, a única alteração no sistema é torná-las menos estáveis, mais facilmente sujeitas à alteração. O sistema jurídico não se altera em termos de conteúdo normativo, neste aspecto, não sofre redução alguma, mas apenas se torna menos estável em relação à parte de suas normas.

Evidentemente haverá redução efetiva das normas vigentes no sistema caso se pretenda não descontitucionalizar, mas, sim, revogar parte da Constituição. O que, não se tratando de cláusulas pétreas, é possível, mas não necessariamente desejável.

É este o nó górdio do problema. Se respondermos apressadamente, poderemos concluir que houve erros profundos do legislador constituinte originário ao estabelecer Constituição tão extensa. A verdade, no entanto, é que não houve. O texto constitucional, salvo algumas normas que exprimem relações menores de compadrio e resíduos de um coronelismo arcaico que ainda nos atormenta como nação, reflete os anseios dos vários setores e agentes sociais que lutaram pela reconstrução da democracia no país, contra o regime militar, e que encontraram na Constituição o termo final do processo de superação da ditadura.

Obviamente este momento de transição já passou. A democracia se consolidou e aprendemos muito como sociedade com suas práticas. Algumas mudanças na Constituição e sua possível diminuição são desejáveis e possíveis. O tamanho de nossa Constituição passa por resolvermos quais normas interessam ser mais ou menos estáveis. Esse debate deve envolver todos os setores sociais, para que encontremos de maneira razoável o que deve permanecer mais estável e o que deve ser submetido a um processo mais ágil de mudança e adequação à dinâmica histórica.

Já mencionei neste espaço que um dos trechos que alteraria é o artigo 142 de nossa Carta, que trata do papel das Forças Armadas. É evidente resquício de um momento histórico de transição da ditadura militar e ingresso no regime democrático. Nessa passagem, foi conferido às Forças Armadas o papel de interpretar a Constituição, mas esse papel só cabe aos órgãos superiores do Estado: a cúpula do Judiciário, a cúpula do Executivo e a cúpula do Legislativo.

Também as normas que regulam a concessão de serviços de rádio e TV aberta, verdadeiros entulhos de apropriação privada de serviços públicos. A Constituição chega a ter norma que regula a titularidade do colégio Dom Pedro 2º, norma de um particularismo evidentemente incompatível com a presença no patamar hierárquico superior do sistema. A reforma política é também uma mudança necessária. E assim vamos...

De toda forma, esse crucial debate requer, primordialmente, que façamos uma reflexão profunda sobre nossa Constituição. Arrisco-me a dizer que, embora analítica, extensa e constantemente criticada, nossa

Carta Magna tem mais coisas boas do que ruins. Temos atualmente, sem a menor sombra de dúvida, a melhor Constituição de nossa história, que traz importantes lições ao mundo em alguns de seus trechos. Se conquistamos progresso econômico e estabilidade democrática nas últimas duas décadas, essas conquistas devem ser atribuídas, antes de tudo, à nossa Carta Magna.

Em verdade, as mudanças necessárias em nosso Texto e seu eventual enxugamento não carecem, para sua concretização, de nenhuma medida impactante em termos institucionais. Num momento em que formas de governo autoritárias de direita, como o golpe em Honduras, e de esquerda, como o chavismo, rondam nossa vizinhança, trazendo mau agouro à nossa democracia, devemos mais que nunca nos aferrarmos à nossa estabilidade institucional.

As mudanças necessárias e a eventual redução dispositiva em nossa Carta devem ser realizadas por emendas constitucionais específicas, da forma institucional corrente. Aventuras solapadoras de direitos historicamente conquistados devem ser, de plano, excluídas.

Não se mexe em time que está ganhando, e mesmo com todos nossos desatinos ocasionais como nação e Estado nos últimos 20 anos, o país e o regime democrático vêm ganhando a luta contra o atraso econômico, a injustiça social e a incivilidade atávica de nossas elites coronelistas. Nossa Constituição é o goleador do time.

Lula, o brasileiro

Publicado no portal Última Instância, em 20/05/2010

O acordo tripartite Brasil-Irã-Turquia tem, para nós brasileiros, um sentido histórico inegável e apenas timidamente reconhecido por uma mídia nacional, que de tamanha má vontade com nosso presidente já abalou sua credibilidade informativa com parte significativa da mídia global.[11]

Talvez o Irã não cumpra o acordado, como afirmam as grandes potências, talvez a guerra seja inevitável. Mas há uma dimensão da situação que é certamente inescapável, como afirmam analistas e experts entrevistados pelo portal de notícias UOL. O Brasil passará a ter outro papel na geopolítica global, independentemente até de seu presidente. Estranhamente a mídia não anunciou que passávamos a ocupar um papel relevante no globo por conta também da habilidade de nosso presidente, mas agora anuncia que não dependemos mais dele para ter tal projeção.

Fazer piada com as frases inusitadas de nosso presidente tem se tornado um estranho e muito positivo vaticínio para nós brasileiros. Brincávamos com os erros de português e com a incultura monoglota de nosso presidente – como ele poderia se relacionar com líderes mundiais tendo tamanha ignorância idiomática? Pois o Lula monoglota tratou de ser o presidente brasileiro mais ouvido pelo mundo e seus líderes em toda nossa história. "O cara", como disse Barack Obama, presidente dos EUA.

---

11 Em 17/05/2010, os presidentes Lula e Mahmoud Ahmadinejad, do Irã, além do primeiro-ministro turco Recep Tayyip Erdogan, fecharam acordo nuclear para que o Irã enviasse seu urânio para ser enriquecido na Turquia, em níveis que possibilitariam sua utilização para uso civil, e não militar. A negociação, mediada por Lula, seguiu proposta anterior da ONU e teve por objetivo esfriar os ânimos dentro do Conselho de Segurança da organização, evitando nova rodada de sanções contra o Irã, como defendiam os Estados Unidos.

Todos nós brincamos com a forma infantil, pouco técnica e até arrogante como Lula tratou a gravíssima crise econômica global que chegava ao país. "Marolinha", disse ele, não teria o condão de descontinuar nosso crescimento. Todos fizemos da expressão uma piada, nossa mídia inclusive. Pois é, hoje o governo está adotando medidas para conter o "supercrescimento" que ocorre este ano. Era marola mesmo.

Muitas foram as piadas sobre a forma antidemocrática como Lula se comportaria forçando com sua popularidade um terceiro mandato, embora ele negasse veementemente que adotaria tal conduta. Pois é, estamos em eleições presidenciais. Lula não concorre e se submete tranquilamente às regras do processo democrático, sem plebiscito bolivariano aclamativo e autoritário, ou qualquer outra forma de "déficit" democrático. Aliás, na normalidade democrática conquistou mais melhorias sociais e integração de excluídos ao mínimo existencial que muitas ditaduras de esquerda.

Quando Lula partiu rumo ao Irã, as críticas já se apresentaram contundentes e, com elas, as piadas dos ilustrados sobre a forma singela e supostamente ignorante como Lula se referia à postura do governo iraniano na questão nuclear. Lula dizia que era importante alguém ir lá conversar com o líder iraniano.

Nenhum douto analista de nossa mídia lembrou do óbvio em diplomacia, do seu instrumento funcional mais primário: a conversa, a negociação. O velho sindicalista, habituado às mesas e rodadas infinitas de negociação em conflitos trabalhistas, foi lá e marcou o nome de nosso país na principal agenda política global. E fez isso de um jeito simples, sem rococós acadêmicos ou expressões em inglês ou alemão, mas pelo único meio que ainda nos resta como humanidade para construirmos a paz e evitarmos a guerra: a conversa.

No dia seguinte ao acordo histórico, o primeiro dessa envergadura que teve o Brasil como protagonista, o *Estadão* noticiava em manchete que o líder turco roubou a cena de Lula ao anunciar o acordo. Estranha forma de selecionar o relevante na informação para formar a manchete. Forma isenta de se expressar, não?

O Brasil não é uma potência militar, não somos uma sociedade belicosa, nunca precisamos contar com grandes poderios militares para nossa defesa. O Brasil tem crescido muito economicamente, mas ainda é um país pobre, sem presença pujante na economia global. Não é por conta de nosso potencial bélico ou nossa riqueza econômica que passamos a figurar como protagonistas de questões políticas mundiais.

Temos assumido, por obra de nossa economia em crescimento e de nossa diplomacia "lulista", um inegável papel de liderança na América Latina que coloca o país no centro do debate global. Por diversas e diferentes razões, projetamo-nos como país protagonista no plano global. Mas uma dessas razões nossa mídia resiste imensamente em reconhecer: a indiscutível habilidade diplomática de nosso presidente monoglota. O carisma insofismável de Lula é o principal ingrediente de nosso sucesso como país nas relações globais. Passamos a existir no mundo pelo jeito simples, alegre e até meio debochado de nosso presidente.

A mídia global nada mais faz que cumprir seu papel jornalístico-profissional, reconhecendo e noticiando o fato. Os principais e mais relevantes veículos de todo o mundo, com destaque nunca antes dado a um presidente brasileiro, reconhecem o papel invulgar de Lula no momento político internacional. Nossa mídia, por vezes de forma sutil, outras vezes nem tanto, parece querer a cada passo desmerecer suas conquistas e, com isso, perde a oportunidade de ganhar em qualidade ética de jornalismo e, ao mesmo tempo, de noticiar um momento histórico singular que passamos como nação em toda sua riqueza.

Setores de classe média paulistana, que integro e com quem convivo em meu cotidiano, adquiriam uma visão de tal forma parcial e ideologicamente antipática a nosso presidente que, como é comum dizer, "se Lula andasse sobre as águas diriam que ele não sabe nadar".

Sempre culpabilizamos nossos políticos por nossa pequenez como nação, mas é provável que desta vez o mesquinho nos habite. Pela primeira vez em meu quase meio século de existência, vejo nosso país sendo admirado e querido pelo mundo. Falta ser querido um pouco mais por nós, brasileiros de classe média. Afinal, fomos nós, mais que Lula ou qualquer outro, que construímos esta nação. Nós somos os vitoriosos.

Mais que ninguém, a classe média é a base de nosso sucesso como país; fomos nós, consumidores brasileiros, que fizemos o grande maremoto da crise global virar marola local. Nenhum banco, governo ou organismo internacional nos ajudou. Nós confiamos em nossa economia, em nossa criatividade, em nossa capacidade de gestar futuro e esperança. Sem enfrentamentos violentos. Nós preferimos driblar o "alemão" da crise, parafraseando Garrincha.

Lula e seu governo tiveram erros imensos. A demora em apresentar um plano de direitos humanos, fazendo-o em momento inoportuno, a ausência de ousadia em radicalizar conquistas sociais universalizando direitos fundamentais, a falta de uma crítica mais contundente ao autoritarismo cubano, uma administração medíocre de nossos problemas de infraestrutura e muitos outros.

Mas nenhum desses erros tem o condão de empecer o que resulta da mais antiga piada quanto a Lula na Presidência. Eu mesmo, por diversas vezes, fiz piada com a famosa frase de nosso presidente, "nunca antes em nossa história".

Pois é, hoje, sem piada, afirmo, no mesmo sentido do proprietário da empresa de pesquisa Ibope que, independentemente do resultado de nossa eleição presidencial, nunca antes em nossa história tivemos um presidente tão relevante como Lula. E digo mais: relevante para nossa dignidade como nação.

Acho até que Lula não é apenas o mais importante presidente de nossa história, mas talvez seja um dos mais relevantes brasileiros de nossa história. Parafraseando Obama, Lula é "o" brasileiro.

***

Direitos humanos e diplomacia

Publicado no portal Última Instância, em 02/09/2010

Sob todos os aspectos, é emblemático o caso da iraniana Sakineh Mohammadi Ashtiani, viúva condenada à morte por apedrejamento por ter praticado adultério nas leis religiosas de seu país. Inegável que estamos diante de atrocidade e anacronismo extremados, pois há direitos fundamentais do ser humano que são universais, inflexíveis.

O respeito à vida e à inexistência de penas cruéis e degradantes são, pois, basilares no atual estágio civilizatório. Atentar contra esses direitos fundamentais – seja no Irã, nos EUA ou no Brasil – é atentar contra os mais comezinhos valores da vida civilizada, é acolher a barbárie.

Nesse sentido, devemos repudiar todas as declarações do presidente do Irã, Mahmoud Ahmadinejad, sobre o tratamento a Sakineh. Mas tal constatação não resolve o problema real. Sabemos que dentro de um Estado os conflitos são regulados pela legislação, mediados pela interpretação desse mesmo corpo de leis, a partir do tensionamento entre os princípios expressos na Constituição, e aplicados pelo aparato estatal via uso legítimo da violência.[12]

---

12 Em julho de 2009, o então presidente Lula ofereceu, informalmente, asilo a Sakineh Mohammadi Ashtiani, condenada à morte por apedrejamento. O presidente iraniano

No entanto, entre dois Estados não há instância de mediação capaz de cumprir tal papel. Este é o grande desafio da diplomacia, que ora se impõe na questão do respeito aos direitos humanos no mundo atual – e, claro, no caso do Irã.

No campo das relações diplomáticas, há somente duas vertentes possíveis e excludentes entre si: o diálogo e a guerra. As demais sanções previstas na ordem internacional ou pressupõe a relação pacífica ou são meros passos antecedentes da beligerância. Um funciona a partir da lógica do convencimento, o outro opera pela imposição de verdades via uso da força bélica.

Hoje, é consensual que a guerra tem repercussão prejudicial às nações em atrito – ainda que alguns setores econômicos se alimentem do conflito. Parte dessa mudança de compreensão sobre os efeitos da guerra se dá justamente com a identificação de valores fundamentais universais, que dão à vida e à paz um sentido mais relevante.

Li na imprensa críticas ao principal comandante militar americano, que reconheceu que "a opção militar tem estado sobre a mesa" quando o assunto é Irã e seu programa nuclear. É clara demonstração de uma tradição diplomática que escolhe a guerra como solução para os conflitos, relegando a um plano menor o respeito aos direitos humanos universais. Vide, no plano interno, a existência da pena de morte em vários estados americanos e, no plano externo, a prisão de Guantánamo. É perceptível, inclusive, um movimento de associação por parte dos EUA das duas questões: a defesa de um direito fundamental, no caso de Sakineh, se confunde com o interesse em pôr fim ao programa nuclear iraniano.

Em contraste, a opção pelo diálogo favorece o caminho pró-direitos fundamentais e integra a tradição da diplomacia brasileira. Nosso

---

recusou a oferta, dizendo que Lula não estava a par de todos os fatos e que não "exportaria" para o Brasil "esse tipo de gente". Após pressão internacional, a pena de Ashtiani foi comutada para dez anos de prisão e, em março de 2014, ela foi libertada por "bom comportamento".

Itamaraty sempre se pautou pela busca do convencimento como condição primeira na relação com outros países. Por essa razão, a escolha brasileira de oferecer exílio a Sakineh sem fazer enfrentamentos ao regime do Irã não representa um ato contrário à defesa dos direitos humanos, como se chegou a defender.

A oferta de exílio se insere na compreensão de que é investindo no convencimento que podemos ampliar as possibilidades de transformação de sociedades cujos valores atuais criam barreiras ao respeito aos direitos humanos fundamentais. Afinal, quanto mais isolada se encontra uma nação, mais próxima está da guerra. Um ato de barbárie não se combate com a barbárie maior da guerra.

***

O uso empresarial ilícito dos serviços públicos de Saúde

Publicado em Carta Capital, em 18/07/2011

Há uma semana, o governo do estado de São Paulo regulamentou, por meio de decreto, a Lei 1.131/2010, autorizando os pacientes de planos de saúde a não passarem pela rede pública para ter acesso aos hospitais estaduais de alta complexidade gerenciados por OSs (Organizações Sociais). Há exigência de que já tenham um diagnóstico e de cobrança de reembolso. Prevê-se que até 25% dos atendimentos das unidades públicas se destinem aos doentes particulares dos planos de saúde.[13]

---

13 A Lei 1.131/2010, conhecida como Lei da Dupla Porta, permitia aos hospitais públicos geridos por Organizações Sociais de Saúde (OSs) disponibilizar até 25% dos seus

Há um primeiro aspecto prático a ensejar problemas no tocante a essa nova sistemática que se pretende estabelecer. Refiro-me à desproporção na oferta de leito, na comparação entre doentes segurados por planos de saúde privados e doentes que só têm a rede pública a recorrer. Essa desproporção se agrava a partir do momento em que a rede pública passa a dar atendimento obedecendo aos mesmos critérios de quem paga para ter assegurado direito à saúde, e não ao critério da universalidade isonômica que como serviço público deveria guardar.

O resultado será inequívoca redução da oferta de leitos públicos na rede estadual, a despeito da proibição aos hospitais de fazerem reserva de leitos ou concessão a privilégios aos usuários de planos.

Vale destacar também que, hoje, já se desenrola nos tribunais uma batalha jurídica porque as operadoras de planos de saúde se recusam a ressarcir o SUS (Sistema Único de Saúde) pela utilização da rede pública.

Isso posto, convém ressaltar os impeditivos jurídicos à nova sistemática, afinal, acomete ao decreto do governador Geraldo Alckmin a ocorrência de dupla inconstitucionalidade, com ofensa aos princípios fundamentais de nossa Constituição de isonomia e universalidade.

É cediço na análise sobre o funcionamento da saúde pública brasileira que o constituinte originário, ao estabelecer o SUS, adotou como orientação maior o caráter universal e gratuito na oferta de serviços públicos de saúde, cabendo ao Estado – em suas esferas federal, estadual e municipal – garantir a todo e qualquer cidadão o acesso à saúde pública. Portanto, trata-se de uma exigência que a Constituição faz ao funcionamento do Estado, estatuindo um direito fundamental de natureza social exigível imediatamente por seu titular.

Paralelamente, ao abrir a possibilidade para o segurado do plano dispensar a passagem pela rede pública para ter acesso a hospitais e

---

leitos e outros serviços a usuários de planos privados de saúde e particulares. Sua aplicação foi suspensa em maio de 2012 pelo Tribunal de Justiça de São Paulo.

procedimentos de alta complexidade, alternativa de impossível realização pelos demais cidadãos, o decreto estadual paulista acarreta inaceitável diferenciação de tratamento em relação a doentes em mesma condição. É, desta feita, flagrante ofensa ao princípio da isonomia, que preconiza o tratamento igual para os cidadãos no âmbito dos serviços públicos, no caso do de saúde, de forma gratuita consoante determinado em nossa Constituição.

Ao criar a "dupla porta" de acesso ao atendimento público de saúde, o decreto atenta, a um só tempo, contra o princípio da universalidade da saúde pública e contra o princípio da isonomia, da igualdade entre os cidadãos. Configura, nesse sentido, tratamento claramente desigual, inaugurando no estado de São Paulo um SUS diferente daquele existente no restante do país. Um SUS "censitário", onde quem paga é tratado com inaceitável privilégio em detrimento do todo da cidadania, em especial dos setores mais carentes da comunidade.

Centros de excelência no serviço público de Saúde, construídos por meio de variadas formas de investimentos públicos, cujos recursos provêm dos tributos pagos por todos, passarão a ser de fato apropriados pelo setor empresarial de serviços, seguros e convênios de saúde.

O Ministério Público já sinalizou a pretensão de questionar e atacar as inconstitucionalidades do decreto, no que adota postura elogiável. Contudo, resta aos cidadãos, no exercício ótimo de seus direitos e deveres, cobrarem do Poder Público soluções eficazes para o grave problema da Saúde. Soluções que atendam e valorizem os princípios constitucionais.

Que a Saúde vai mal todos sabemos. Mas o que não queremos é agravar o problema e, com o devido respeito às autoridades estaduais, o novo decreto, duplamente inconstitucional, tem como consequência justamente esse efeito nocivo. Esperamos, finalmente, que as autoridades do Executivo estadual não aguardem decisão judicial para reconhecer as fragilidades jurídicas do decreto e a injustiça social que promove e o revoguem.

Concessão é forma de privataria?

Publicado em Carta Capital, em 06/03/2012

A oposição acusa o governo Dilma Rousseff de uma grande contradição: os discursos do PT e da presidenta sempre se pautaram por críticas às chamadas privatizações ocorridas no governo FHC, mas agora, em especial no caso dos aeroportos, o Governo Federal também se utilizaria do modelo privatizante, como que reconhecendo a privatização como uma medida econômica necessária e imprescindível ao desenvolvimento de nossa infraestrutura.

Por outro lado, o governo defendeu-se afirmando que concessões de serviço ou bem público não são a mesma coisa que privatização, tratando-se de instituto jurídico e político de natureza diversa – ou seja, que se transfere ao particular meramente a execução de um serviço público ou o mero uso do bem público, permanecendo sua titularidade nas mãos do Estado. Isso significa que o Estado continua "dono" do serviço ou bem, diferentemente das privatizações, em que ocorre a transferência da titularidade do serviço ou bem aos particulares, quando o particular passa a ser o "dono" do serviço.

A questão diz diretamente ao modelo ora adotado no país quanto a gestão das atividades e bens de interesse da coletividade, logo tema absolutamente essencial no tocante ao modelo de Estado que se pretende realizar, se um Estado neoliberal de mínima intervenção na vida social ou se um Estado Social que se responsabilize pela prestação de serviços de interesse coletivo e pela gestão de bens comunitários. Logo, deve merecer da cidadania uma atenção mais detida do que meramente acompanhar o bate-boca entre situação e oposição, pois tal debate afeta diretamente a vida de todos.

No fim do ano passado foi lançado no mercado editorial, de forma demasiadamente discreta, obra fundamental para compreensão rigorosa nos planos jurídico, político e institucional do que se tratou a chamada "onda neoliberal" de privatizações ocorridas no Brasil, suas bases históricas no plano global, sua profunda inconstitucionalidade no caso brasileiro e suas consequências deletérias nos dias correntes.

Não se trata de obra jornalística, com título arrebatador que chame a atenção. Ao contrário, constitui-se de sério, erudito e rigoroso trabalho acadêmico. Brilhante tese de doutorado em Direito do Estado apresentada na PUC de São Paulo, sob o vetusto título *Regulação Administrativa à luz da Constituição Federal* de autoria, a nosso ver, do mais genial *expert* jurídico de direito administrativo da nova geração de juristas brasileiros: Ricardo Marcondes Martins.

Com o ônus de simplificar indevidamente aspectos complexos do tema, trato da dimensão política da questão em termos jornalísticos, por não dever tal debate ficar hermeticamente cerrado nos muros da academia.

Desde as revoluções burguesas americana e francesa, foram se constituindo no globo dois grandes modelos jurídicos e políticos de trato estatal com as atividades de interesse comunitário no interior dos países capitalistas.

Um, o modelo inglês – seguido também pelos norte-americanos inobstante seu constitucionalismo rígido e escrito –, que tendo por argumento as características próprias de sua tradição jurídica de *comom law*, sistema que se funda não em leis escritas mas em normas conformadas pelas tradições e pelas práticas costumeiras da comunidade, procurava submeter a Administração Pública às regras de direito privado – as mesmas regras aplicadas aos particulares nas atividades de mercado.

Obviamente tal modelo inicial não prosperou. Não apenas pela influência das ideias do Estado Social, às quais os britânicos e norte-americanos não ficaram imunes, mas também por conta da própria dificuldade de querer se tratar pelas mesmas normas atividades privadas e públicas.

Em um Tratado de autoria de Lord Hale, publicado em 1787 e num julgado de 1800, lançam-se as bases conceituais do que se chama no direito inglês e norte-americano como *public utilities* e *public callings* – atividades que, por sua natureza são impregnadas de interesse público, o que justificaria submetê-las a normas próprias de um direito público, normas fundadas na noção de superioridade do interesse coletivo sobre o interesse privado.

Entretanto, tal modelo realiza esta superioridade do coletivo sobre o privado pela intervenção do Estado sobre atividades privadas – a titularidade de tais atividades é considerada privada, embora sofra a intervenção de normas e comandos estatais para alinhá-las ao interesse público. O particular é, portanto, "dono" da atividade ou serviço, mas sofre condicionamentos do Estado em sua gestão e realização para que alinhe seu desiderato de ganho ao interesse público.

O segundo modelo referido deu-se nos países de tradição de *civil law*, grosso modo os da Europa continental, tendo surgido em suas bases conceituais nos julgados do Conselho de Estado Francês e se conformado com forte colaboração da doutrina jurídica italiana.

Nestes países constituiu-se a noção de serviço público para designar as atividades de interesse declaradas por lei como de titularidade estatal. Ou seja, o Estado é o "dono" de tais atividades, podendo transferir aos particulares sua mera execução ou o mero uso de seus bens, mas mantendo para si a titularidade de tais atividades e bens, o que, de fato, implica no exercício pelo Estado de um conjunto de poderes excepcionais de controle e autoridade sobre o conteúdo da prestação, mesmo quando realizada por particulares.

Tal relação jurídica-contratual entre Estado titular do serviço ou bem e o particular executante ou usuário é, grosso modo, chamada "concessão pública" (concessão de serviço público ou uso de bem público conforme o caso).

Nota-se na singela exposição a maior diferença entre o modelo inglês/norte-americano e o da Europa continental, qual seja o aspecto orgânico, a questão de quem é o "dono" do serviço ou do bem público, se o Estado ou o particular. Se tais atividades de interesse público se entendem como atividades estatais, mesmo quando executadas por particulares, ou se são entendidas como atividades privadas, mesmo sofrendo condicionamentos do Estado (ou até mesmo sendo diretamente prestadas pelo Estado em alguns casos).

Por evidente, a diferença de titularidade implica em diferença na extensão e natureza da autoridade do Estado e seus poderes em tais modelos de atividade.

Com o fim da Guerra Fria, a queda do muro de Berlim simbolizando o fim da polarização entre os blocos socialista e capitalista, surge a chamada "onda neoliberal", capitaneada por ideias de menos intervenção do Estado na economia, que no plano das atividades públicas significou buscar modelos de menor ação e poder estatal em tais atividades.

Nos países do *comom law*, de matriz inglesa/norte-americana, buscou-se a desregulação das atividades de interesse público, as referidas *public utilities*. Isso significa retirar de tais atividades a intervenção nas normas estatais reguladoras de sua realização.

Como destaca Ricardo Marcondes Martins, a desregulação nos EUA e Inglaterra atingiu até atividades que mesmo no Estado Liberal eram tidas como estatais.

Milton Friedman, um conhecido defensor da diminuição do papel do Estado na vida socioeconômica e um dos próceres da Escola de Chicago, citou em obra sobre a economia monetarista a existência de cidades e estados nos EUA que tinham organizações privadas prestadoras do serviço de bombeiro com fins de lucro e que realizavam o trabalho de combate a incêndios com custos menores do que quando realizado diretamente pelo Estado, mesmo auferindo lucro.

Obviamente o autor não mostra a outra face da moeda. O site The Huffington Post noticiou em 5/10/2010 a inacreditável informação de que os bombeiros do condado de Obion, no estado do Tennessee, não apagaram o incêndio de uma residência porque seu dono, Gene Cranick, não pagou a tarifa devida à organização privada de bombeiros.

Se nos EUA e Inglaterra a tarefa do neoliberalismo foi tentar acabar com a regulação estatal das atividades de interesse público, nos países da Europa continental foi tentar acabar com o serviço público, transformando-o em atividade privada regulada pelo Estado – no caso, o modelo adotado pela Inglaterra/EUA no período anterior à onda neoliberal.

De uma atividade cujo dono é o Estado, o serviço público, transformou-se a atividade de interesse público numa atividade de titularidade privada, cujo dono é o particular, meramente regulada pelo Estado. Fim do serviço público, tornando-o atividade privada regulada.

O que se observa, tanto no modelo inglês de atividade privada regulada quanto no modelo europeu continental do serviço público, é que a tarefa neoliberal foi diminuir sensivelmente os poderes estatais nas atividades de interesse público em favor da iniciativa privada. No primeiro desregulando as atividades de interesse público, no segundo extinguindo a figura do serviço público, acabando com a titularidade estatal sobre as atividades públicas.

Na Europa continental, a tarefa política neoliberal de extinção do serviço público foi facilitada juridicamente pelas mudanças constitucionais que a maioria daqueles países tiveram de realizar para aderir à Comunidade Europeia. Com tais mudanças, empecilhos jurídicos às metas neoliberais foram subtraídos.

O Brasil, em sua Constituição de 1988, adota o modelo europeu continental do serviço público para realização de suas atividades públicas.

A tarefa neoliberal de extinção do serviço público como modelo no Brasil encontrou um auxílio e um grande empecilho.

Como auxílio, contou com a ampla crítica pública ao gigantismo paquidérmico das empresas estatais criadas durante o regime militar. O regime militar criou estatais centralizadas, gigantes e ineficientes, em total inobservância a nosso sistema federativo de distribuição geográfica do poder político, que possibilitaria a prestação de serviços estatais por organizações estatais locais, menores e certamente mais eficientes por estarem mais próximas do controle direto da comunidade.

Além de prestar serviços públicos de forma centralizada, inchada e ineficiente, o modelo econômico do regime militar transformou em públicas atividades que abertamente não deveriam estar sob prestação estatal, tais como fotografia aérea, fabricação de ônibus etc. Absurdos destinados a gerar empregos e corrupção para apadrinhados do regime.

A colaboração da atividade privada, salvo raras exceções, não se dava pelo modelo de concessão, mas por contratos de mera prestação de serviços e realização de obras.

Embalado pela crítica adequada ao gigantismo paraestatal dos militares, os neoliberais cunharam discurso prenhe de adjetivos como "modernidade", "modelo gerencial" etc. para fazer realizar seu desiderato de domínio privado sobre os serviços e bens públicos. Para combater o gigantismo das estatais, propunham jogar fora o bebê junto com a água da bacia, acabar com a figura do serviço público, entregar suas atividades à titularidade privada.

A exemplo do que foi feito na Europa continental, substituir a figura do serviço público pela da atividade privada regulada. Essa a verdadeira "privataria" promovida pelo modelo de gestão pública de FHC, retirar do Estado a propriedade do que é público.

Ocorre que ao contrário da Europa, onde a adesão à comunidade europeia provocou mudanças nas Constituições dos países que facilitaram o ataque ao serviço público, aqui no Brasil a Constituição de 1988 claramente adotou um conjunto de princípios e regras conformadores de um Estado fortemente social, ao menos no plano jurídico-normativo, e portanto absolutamente indisposto com qualquer ataque à figura do serviço público em nosso sistema de gestão.

Assim, o modelo neoliberal, no Brasil, foi constituído por reformas constitucionais e leis ordinárias em essência atentatórias ao disposto na Constituição originária e seu plano valorativo e, como toda ilegalidade, praticada a sorrelfa e contando com ampla produção de "pareceres" e doutrinas favoráveis, lendo o que se queria na Constituição e não o que nela estava escrito.

O modelo de privataria praticado teve dois grandes vértices:

1 – Transformar inconstitucionalmente alguns serviços públicos em atividades privadas reguladas por agências reguladoras. Agências reguladoras, conforme posto pela própria crítica neoliberal ao regime de regulação dos EUA, facilmente cooptáveis pelos interesses privados, compostas por técnicos "independentes da política", mas cuja vida profissional é evidentemente ligada às empresas privadas cuja atividade lhes cabe regular.

O falseamento em termos de marketing ideológico é evidente. Política é vista como sinônimo de corrupção enquanto a "técnica" é vista como atividade imparcial e pura.

Óbvio descuramento com a verdade. Técnicos são corrompíveis por sua relação de dependência profissional com a atividade empresarial que tem por tarefa regular, a atividade política é mais complexa e fundamentalmente mais democrática e, portanto, mas passível de controle pela sociedade. Nas agências reguladoras o déficit democrático em geral acaba por redundar em déficit ético.

2 – Onde não foi possível transformar o serviço público em atividade privada regulada, tratou-se de mudar a lei de concessões de tais

serviços, "lipoaspirando" os poderes estatais que haviam em tal modelo de contratação.

Nos serviços públicos é possível, e muitas vezes desejável, que a iniciativa privada colabore exercendo o papel de executora de tais serviços, como concessionária deles. Mas o Estado em tais contratos permanece com o papel de dono do serviço, chamado de poder concedente, gozando de prerrogativas contratuais exuberantes, ou seja, podendo usar de autoridade na execução contratual de forma a obrigar o particular executante a atender o interesse público a par de seu desiderato de lucro.

Ocorre que na legislação produzida no governo FHC e mantida nos governos Lula e Dilma, os tais poderes de concedente detidos pelo Estado nas concessões de serviço público foram sensivelmente reduzidos em favor do concessionário privado. Houve algo, portanto, como uma "privatização" da relação contratual de concessão. Este o segundo grande eixo neoliberal de privatização das atividades públicas no Brasil.

Por tudo isto, quando a oposição afirma que a concessão de aeroportos é uma forma de privatização está errada, mas apenas parcialmente. O governo, quando se defende dizendo que concessão não é privatização e assim não se compara ao realizado no governo FHC, está certo também apenas parcialmente.

Realmente, concessão de serviço público é forma não privatizante de contratação da iniciativa privada pela Administração Pública, pois não transferem a titularidade do serviço público concedido ao particular, mas sim sua mera execução.

Ocorre que a manutenção pelo Estado de tal titularidade transforma-se em mera ficção formal se não implicar na real possibilidade de manter reais poderes de autoridade na relação contratual – com poderes para impor unilateralmente ao particular condutas necessárias ao atendimento do interesse público, podendo puni-lo unilateralmente e até extinguir a contratação em caso de descumprimento grave das condições contratadas.

E a Lei de Concessões de Serviços Públicos produzida por FHC e mantida nos governos posteriores "lipoaspirou" tais poderes estatais nas concessões brasileiras.

Lula e Dilma nada fizeram para combater o modelo neoliberal das agências reguladoras e das concessões "lipoaspiradas" implantado por FHC, mesmo depois da crise de 2008.

Assim, quando o governo procura se distanciar do neoliberalismo do governo privatizante de FHC, sob argumento de realizar concessões e não privatizações, não fala a verdade em sua inteireza, pois ainda se utiliza de um modelo de concessão pública em que resta ao Estado poderes anêmicos, onde é o dono formal dos serviços e bens, mas lhe carece a posse de instrumentos plenos de controle e autoridade dos serviços e bens concedidos.

A cidadania deve estar mais que atenta. Se o governo Lula foi socialmente o melhor da nossa história, se acertou imensamente em sua política exterior, manteve-se tímido, acovardado no enfrentamento do modelo privatizante ainda existente, não criou a privataria mas se utilizou dela.

O governo Dilma, infelizmente, trilha o mesmo caminho, nada fazendo para alterar a legislação vigente e inclusive encaminhando ao Congresso projetos de lei que consolidam o modelo neoliberal de gestão pública, tema este para um futuro artigo.

Os hackers e os advogados

Publicado em Carta Capital, em 29/03/2012

Veículos da imprensa internacional e a revista *Samuel* noticiaram recentemente uma questão interessante: empresas e escritórios de advocacia começam a se preocupar com ataques hacktivistas de grupos como o Anonymous.

Ao assumirem a defesa de criminosos lesa-humanidade – companhias que lesam o meio ambiente e outros criminosos –, as firmas de advocacia estariam sujeitas a ataques de hackers que devassariam a relação sigilosa de cliente-advogado, além de tentar impedir o exercício normal das atividades destas mesmas firmas.

A questão possui diversas dimensões reveladoras de características da nossa forma de vida contemporânea. Umas delas seria que a maneira tradicional de atuação estatal hierárquico-legal já não consegue eficácia nas novas formas de ação humana em rede, o que se verifica pela impossibilidade de redes de hacktivismo como o Anonymous serem processadas judicialmente.

A inexistência de personalidade no plano institucional e político por parte destas redes as tornam insuscetíveis de captura, ou sequer identificação, pelo sistema legal e pelo aparato repressivo do Estado.

Sempre vi com simpatia a ação transgressora de tais grupos, que me parecem ter mais caráter libertário que qualquer marca de violência injustificada.

Mas, ao ler a notícia referida, vislumbro uma tênue fronteira na qual a ação libertária pode transmutar em ação fascista.

Atacar o advogado de um criminoso não implica atacar o crime por ele cometido, mas sua condição de ser humano.

A noção de pessoa ou ser humano trazida da cristandade ao núcleo da formação do chamado Estado de Direito traduz a ideia de que todos os seres humanos devem ter o mínimo de direitos reconhecidos pela simples condição de serem integrantes da mesma espécie. Dotados, portanto, de uma irmandade que minimamente nos iguala, inclusive os piores e mais odiáveis entre nós. Como já afirmei em artigos anteriores, o grau de civilidade de uma sociedade se mede pela forma como trata seus bandidos.

O advogado não defende o criminoso nem sua conduta, mas seus direitos, sua condição humana em última análise. Mesmo aquele que deve ser condenado à pena mais grave não pode ter seus direitos esquecidos em momento algum. Situações como a morte de Bin Laden, capturado e executado sumariamente, são exemplos vis de que a brutalidade fascista ainda reside no interior de nossas democracias civilizadas.

Ações de grupos que procuram atacar advogados achando que atacam a conduta criminosa adotada por seus assistidos é, antes de tudo, um equívoco profundamente autoritário. Às vezes, a transmutação do libertário em um "camisa negra" contemporâneo é algo que vai ocorrendo de forma sutil e se evidencia em atos como esses ataques.

Tais grupos hacktivistas precisam estar atentos a isto. Como são incontroláveis por instituições sociais, mas pretendem manter em suas ações o acolhimento a valores políticos em favor da liberdade humana, devem ter o máximo de cautela no uso deste seu poder de ataque virtual.

Qualquer forma de poder é perigosa para a consciência humana, traz em si o germe da arrogância e da corrupção de valores. Há sempre que se ter cautela para dele não abusar, não se perder e não adotar a feição do que antes se combatia.

Abandono afetivo e convívio familiar: questão de Estado

Publicado em Carta Capital, em 04/05/2012

A decisão do STJ (Superior Tribunal de Justiça) de condenar um pai ao pagamento de indenização por danos morais à filha por "abandono afetivo" abre questionamentos sobre outras responsabilidades do Estado em relação ao direto de crianças e adolescentes.

Os ministros da 3ª Turma do STJ determinaram que uma moradora de Votorantim (SP), de 38 anos, receba do pai R$ 200 mil por ele não ter lhe dado assistência moral ou afetiva durante a infância dela. A decisão do tribunal configura-se adequada. Sempre que não pairar dúvidas sobre a situação de abandono, que precisa ser comprovada, são devidos não só os danos materiais, mas também os danos morais.

Não é da natureza do dano moral monetizar a emoção, nem se presta a esse papel, mas, sim, estabelecer uma compensação que dê à vítima algum tipo de alívio à situação vivida. Ameniza-se a agrura, sem substituir o prejuízo causado – afinal, não há como sanar o dano emocionalmente.

A Constituição brasileira determina, em seu artigo 227, que é dever "da família, da sociedade e do Estado assegurar à criança, ao adolescente e ao jovem" o direito "à convivência familiar". É em respeito a essa determinação que surge a recente decisão do STJ.

Mas, e quanto a outras situações em que o Estado não apenas deixa de garantir aos jovens o direito à convivência familiar, como até mesmo impede o contato frequente entre pais e filhos?

O princípio de garantir a convivência familiar está na Constituição atuando sobre as famílias, sobre a sociedade e, especialmente, sobre o Estado – no âmbito do serviço público, com destaque para a situação prisional e de execução penal.

De fato, as mulheres que cumprem pena nas prisões brasileiras não têm garantido, atualmente, o direito de convivência com os filhos. E esse é um problema que não recebe a devida atenção do Estado, responsável, como expresso na Carta Magna, por garantir a existência da convivência familiar. Ocorre, senão, o contrário: o Estado acaba promovendo o abandono de crianças, pois, no cumprimento do dever de punir e condenar, esquece da obrigação de proteger a convivência entre mães e filhos.

A vida está repleta de situações em que se chocam direitos fundamentais constitucionalmente estabelecidos, cabendo à Justiça a interpretação no caso concreto de qual princípio deve preponderar – mas jamais suprimir os outros princípios em conflito. Nesse sentido, o Estado brasileiro, no aludido caso das detentas, busca cumprir seu papel de punir e garantir a sanção ao crime cometido, mas as péssimas condições das penitenciárias colocam em xeque o melhor cumprimento dessa obrigação estatal quando se colide esse princípio com os demais direitos fundamentais da pessoa humana.

É, portanto, dever do Estado promover nos âmbitos prisionais a convivência familiar em condições salubres. E esse princípio constitucional não se colide com a necessária obrigação de punir, tampouco com a exigência de ambientes adequados para o cumprimento da pena.

As crianças são hipossuficientes e, portanto, há responsabilidade ainda maior do Estado em promover sua proteção. Como disse a ministra do STJ Nancy Andrighi, relatora do recurso que determinou a indenização de R$ 200 mil por abandono efetivo, "o cuidado é fundamental para a formação do menor e do adolescente". É o caso, então, de se garantir esse cuidado para os filhos e as filhas das detentas brasileiras, até porque privá-los do convívio familiar é estender a punição aplicada às mães aos seus descendentes de primeiro grau, o que é vedado pela Constituição. Incompatível com o Estado de Direito estender a punição da pessoa a seus descendentes, subtraindo destes hipossuficientes o direito à convivência saudável com sua mãe.

O Judiciário tem se mantido em silêncio em relação a essa questão, o que é grave porque o Estado deixa de cumprir seu papel de protetor das famílias e, em vez disso, colabora para o abandono dos filhos. Na esteira da decisão do STJ, abre-se a oportunidade de debater a fundo essa questão e solucioná-la.

O aperfeiçoamento da sociedade e de nossas instituições passa, necessariamente, por essas discussões. Nossa responsabilidade é não sermos omissos.

***

Impeachment de Fernando Lugo foi, sim, um golpe

Publicado em Carta Capital, em 22/06/2012

O caso de Honduras em 2009, quando o presidente eleito Manuel Zelaya foi deposto, acendeu um claro sinal de alerta em todo o continente latino-americano. A democracia como método de escolha majoritária e forma popular de decisão política pode ser assolada por mandatários parlamentares e juízes togados que usam de seus poderes como afronta à Constituição, com o fim de destituir líderes eleitos democraticamente.

Em regimes presidencialistas, presidentes podem sofrer impedimento de seu mandato pelo Parlamento, mas isso apenas após a comprovação de condutas caracterizadoras de ilícitos e anteriormente previstas nas respectivas Constituições ou em leis aprovadas pelos congressistas, após sua comprovação consistente por métodos processuais que garantam ampla defesa com o consequente contraditório e ampla defesa.

O Parlamento, quando realiza impedimento do mandato do presidente sem observância do devido processo legal e dos direitos do acusado, age com inegável abuso de poder, promovendo o que, no âmbito da ciência política, se alcunha como "golpe de Estado" – ou seja, interrupção autoritária e, ao menos institucionalmente, violenta do ciclo democrático regular.

Quando se usa a expressão "julgamento político" para tal forma de juízo, não se quer dizer julgamento segundo a vontade integralmente autônoma e livre do julgador, inclusive com eventual dispensa do devido processo legal.

Em um Estado Democrático de Direito não existem juízos imperiais, que se caracterizam pela formação autônoma da vontade do julgador. Para ser tido como tal, qualquer julgamento, por mais discricionário que seja, é pautado no que Kant e a moderna teoria constitucional chamam de juízo "heterônomo", qual seja, no sentido jurídico, vontade constituída a partir dos fins e processos estipulados na ordem jurídica e não no juízo absolutamente subjetivo do julgador.

Um presidente de um regime presidencialista, portanto, não se confunde com o primeiro-ministro de um regime parlamentarista. Não pode ser afastado da função por mero juízo de conveniência e oportunidade do Parlamento, mas apenas pelo cometimento de delitos previstos anteriormente na ordem jurídica e demonstrados pelo devido processo legal.

Por óbvio, o devido processo legal não é uma mera pantomima formal. Há que se oferecer prazo razoável de defesa e a devida dilação probatória, os direitos do acusado hão de ser respeitados, a conduta tida como delitiva não deve ser circunscrita a mera decisão subjetiva quanto ao cumprimento de certos valores ideológicos. Ao eleitor cabe o juízo ideológico do governo, não ao Parlamento.

No caso de Zelaya, sequer direito de defesa anterior ao afastamento foi oferecido pelo Parlamento e pela jurisdição. No caso de Fernando Lugo, no Paraguai, o que houve foi um "julgamento" a jato e de exceção. O prazo de defesa foi exíguo, sem a oferta da devida dilação probatória, as acusações têm caráter preponderantemente ideológico e não de juízo de ilicitude na conduta. A sentença já se encontrava decidida e escrita antes da apresentação da defesa. Ou seja: trata-se de mais um caso de ofensa grave à Constituição nacional, perpetrada pelo respectivo Parlamento, que tira do poder um governante democraticamente eleito.[14]

O jovem jurista Luis Regules me observou que a quase totalidade de golpes de Estado na América Latina se deram com apoio parlamentar. É uma história de tristes resultados que insiste em se repetir cada vez mais como farsa.

A decisão aprovada nesta sexta-feira 22 pelo Senado do Paraguai, a nosso ver, tem evidente caráter de golpe de Estado e não pode ser aceita pelos organismos internacionais que, segundo tratados multilaterais, velam pela democracia no continente.

O Brasil precisa renovar a coragem democrática demonstrada no episódio do golpe contra o governo de Zelaya e apoiar abertamente o presidente do Paraguai democraticamente eleito e inconstitucionalmente declarado impedido.

Se nos aquietarmos face a tal ofensa praticada no país vizinho, a vítima amanhã pode ser a nossa democracia.

---

14 O processo que resultou na deposição do presidente paraguaio Fernando Lugo foi concluído em 30 horas. Em 21/06/2012, a Câmara dos Deputados formulou a acusação e já no dia seguinte a Câmara de Senadores concluiu o julgamento, condenando Lugo à perda do cargo, declarando a sua culpabilidade por mau desempenho de suas funções.

Juízo de exceção na democracia

Publicado em Carta Capital, em 19/09/2012

Em Honduras, o presidente Manoel Zelaya foi deposto por uma decisão do Parlamento, onde não lhe foi oferecido qualquer direito de defesa, e por uma ordem liminar da Corte Suprema daquele país, que determinou sua prisão sem prévia oitiva.

Tal ordem judicial poderia até ser aceita como compatível com a Constituição não fosse o presidente preso pelas Forças Armadas e não pela força de segurança pública, como ordenado pela Carta Magna hondurenha, e não tivesse sido expulso do país, em flagrante desrespeito a dispositivo específico da referida Constituição que impede a expulsão de cidadão hondurenho. A nulidade da ordem judicial só foi reconhecida pela Corte Suprema após o término do que deveria ter sido seu mandato.

No Paraguai, o desrespeito cometido pela sala constitucional da Corte Suprema de Justiça à Carta Magna foi ainda mais grosseiro. A Corte negou vigência ao artigo 17 da Constituição, que garante defesa "no processo penal, ou em qualquer outro que possa derivar pena ou sanção". Obviamente, a cassação de mandato eletivo é uma sanção grave, mesmo se realizada em processo político. É bizarro juridicamente imaginar como adequado ao Estado de Direito a realização de um processo político de impedimento sem direito à ampla defesa, como ocorreu no caso de Fernando Lugo.

Tais casos evidenciam um fenômeno político e jurídico, ou, como disse Fontana, na "franja ambígua e incerta, na intersecção entre o jurídico e o político", bastante incomum. A jurisdição torna-se fonte da exceção e não do Direito.

Como bem observou Giorgio Agamben, a exceção não se localiza na contemporaneidade apenas no âmbito da crise política ou na situação excepcional e temporária imaginada por Carl Schmitt, em que surge o estado de necessidade estatal como razão para a submissão do direito ao poder soberano do governo. Ela ocorre também no interior da rotina de nossas sociedades democráticas, como espaço de soberania absolutista, suspensivo do direito e dos direitos.

Os exemplos são vários e em quase todas as sociedades democráticas ocidentais: a prisão de Guantánamo e o "Patriot Act" nos EUA, o trato não humano destinado a estrangeiros em países europeus, as façanhas do Bope e o excesso de medidas provisórias no Brasil.

Agamben aponta a falta de uma teoria da exceção no Direito público, talvez porque grande parte dos juristas a considerem mais uma questão própria do território da política do que um verdadeiro problema jurídico.

De qualquer forma, quando se passa a vislumbrar o Judiciário de países de Constituições democráticas como fonte da exceção, não há como não pensar o tema no âmbito do Direito, pois tais decisões repousam em fundamentações pretensamente jurídicas que servem de roupagem fraudulenta à decisão soberana absolutista. Essa crítica e denúncia da fraude é dever ético do operador do Direito, pois ele é quem tem o instrumental técnico apropriado para evidenciar o embuste. É seu ônus social, deontologia de sua profissão.

Sem pretensão de esgotar ou sequer ensaiar de forma científica o tema num texto jornalístico, creio que de plano, entendida a exceção como decisão ocorrente na rotina democrática ou mesmo como técnica ocasional de exercício do poder político no interior da democracia, podemos verificar duas categorias de exceção nos Estados contemporâneos, inclusive no Brasil.

Há um tipo de exceção meramente aparente, estabelecida de forma autorizada e regulada pelo Direito. Neste caso, a suspensão de direitos se concretiza em uma forma de "direito especial", próprio a ser aplicado em situações de guerra ou grave conflito interno, como é o Estado de necessidade alemão, os decretos de urgência e Estado de sítio italianos e franceses, as leis marciais e poderes de emergência da doutrina anglo-saxônica e o Estado de defesa e Estado de sítio dos artigos 136 a 141 de nossa Constituição.

E há o segundo tipo, a exceção verdadeira ou real, em que por vontade política soberana, decisionista, há a suspensão do Direito, implicando a submissão do jurídico ao político, sem qualquer racionalidade transversal entre essas dimensões da vida social.

A lógica do lícito-ilícito, própria do Direito, é superada pela lógica do poder própria da política, mesmo dentro de um tribunal. Neste caso, na jurisdição, o poder político da toga supera faticamente a força da lei.

Tal nefasto tipo de exceção se caracteriza pela simplificação da decisão a si mesma, sem qualquer mediação real pelo Direito, por uma provisoriedade inerente, pois não trata de extinguir o Direito, mas de suspendê-lo em situações específicas, por seu fim eminentemente político-soberano, em que o poder se apresenta de forma bruta e, por consequência, por sua não autolimitação, nem mesmo por qualquer regra de coerência ou racionalidade. Nesse último aspecto, a decisão judicial de real exceção não produz "jurisprudência" para situações semelhantes juridicamente, mas diferentes politicamente. Mudando-se os atores envolvidos ou o fim político, muda-se a decisão, retornando-se ao Direito ou produzindo nova exceção.

Em nossa conjuntura, a questão é clara: o caso do mensalão trata-se de exceção real ou de mera mudança ocasional em postulados jurisprudenciais da Corte?

Efetivamente é cedo para uma avaliação terminativa.

Sinais existem de que a exceção pode estar acontecendo, mas não há ainda condições de certeza. Mesmo em um eventual erro judiciário, este não significa necessariamente exceção, pois nem sempre se dá por fins políticos, embora sempre ocorra em agressão ao Direito.

A influência poderosa da mídia sobre nossa Corte Suprema no caso, por evidente, não se prende à mera lógica noticiosa. Parece claro que a mídia brasileira, cujos veículos de formas diferentes compartilham do apoio explícito ou quase explícito ao bloco de oposição ao governo e da repulsa irracional de nossas elites ao petismo e ao lulismo, busca um fim político e não noticioso ou moral, qual seja, produzir uma mácula na imagem histórica do governo Lula e do PT, matar politicamente o inimigo.

O processo transcorre já se sabendo, aparentemente, do seu resultado, característica típica de juízos autoritários ou de exceção. A Corte tem adotado posições de constitucionalidade duvidosa e de mudança evidente em sua recente, mas incisiva jurisprudência garantista no âmbito penal. Além da forma pouco "ortodoxa" como o julgamento se desenrola, conforme reconheceu o próprio ministro Ricardo Lewandowski.

A conclusão definitiva do caráter ou não de juízo de exceção no caso só será verificado após não apenas a decisão final, mas também pela coerência ou não de futuras decisões em casos semelhantes, mas que tenham atores diversos, como o do chamado mensalão mineiro, do "mensalão do DEM do Distrito Federal", dos crimes do bicheiro Cachoeira, que envolvem o governador de Goiás, e aqueles do banqueiro Daniel Dantas. Para ficar em poucos exemplos.

Lula e o combate à corrupção

Publicado em Carta Capital, em 17/12/2012

Os casos do mensalão, Operação Porto Seguro e tantas outras notícias de investigações e ações judiciais contra integrantes e agentes do Governo Federal criam em parte da população a impressão de que o governo do PT é dos mais corruptos da história, para usar a desmedida expressão de alguns veículos quanto ao julgamento da ação 470. Por outro lado, a uma parcela da população fica a impressão da persecução indevida a Lula, Dilma, seus governos e partido. Isso pode ser verdade em relação à mídia na maior parte desses casos, mas o mesmo não pode ser dito dos órgãos de apuração que, na maioria das vezes, nada mais fazem que cumprir seu dever legal.[15]

Em verdade os fatos são complexos. Envolvem sim uma postura disseminadora de ódio por parte de boa parte dos grandes veículos de mídia na forma como estes traduzem em versões os fatos. Trazem como manchete qualquer fofoca de bar, numa postura de evidente mau e antiético jornalismo, muitas vezes sem qualquer apuração real e excluindo a priori qualquer fato que contrarie a lógica moralista e espetacular do escândalo, por mais verdadeiro que se apresente. Por outro lado, muitas vezes tratam-se sim de fatos criminosos praticados por agentes públicos, que podem ocorrer em qualquer governo e país e que devem ser adequadamente apurados e punidos.

Se por um lado ninguém desconhece que temos uma mídia parcial, pouco plural e servil a interesses de nossas elites, propagadora do ódio de classe, do qual Lula tem sido há tempos a vítima predileta, de

---

15 A operação Porto Seguro foi uma investigação deflagrada pela Polícia Federal, em novembro de 2012, para apurar denúncias de prática de improbidade administrativa por servidores públicos do Governo Federal.

outro também ninguém desconhece que em nossos meios políticos e em nossa burocracia estatal vige uma cultura histórica de práticas corruptas das mais variadas estirpes e de cujo combate nosso desenvolvimento como Estado Democrático de Direito carece.

O combate à corrupção pode, em certas circunstâncias históricas, ser estimulado por manchetes, mas a manchete não combate por si a corrupção. Muitas vezes, a manchete serve mais ao moralismo servil e ao ódio irracional em lugar de concretamente mitigar o combate racional, cotidiano, institucional e eficaz à corrupção.

O verdadeiro combate à corrupção se realiza, como demonstra a experiência histórica global, com a formação de órgãos e instituições estatais independentes, fortes, bem remuneradas e profissionalizadas. Ao mesmo tempo, é preciso haver uma cultura social que acolha este combate, cortando na própria carne, aceitando, por exemplo, que o filho vá para a cadeia quando é pego bêbado dirigindo ou em qualquer outra prática delituosa. Não há Estado honesto a partir de uma sociedade desonesta.

Não se combate a corrupção com discursos moralistas, no mais das vezes hipócritas, mas sim com um duplo trabalho. Mudança da estrutura estatal de combate e mudança da cultura social.

Uma primeira consequência do início do combate à corrupção é o aumento de sua percepção pela população. Temos o perverso efeito de que o governo que promove a criação e implementação de órgãos realmente independentes de apuração é o que mais sofre as consequências políticas desta criação, pois corrupção é um mal humano, ocorre em qualquer governo. Quando não existem órgãos que apurem os crimes, a percepção de sua existência é bem menor que quando esses órgãos existem.

No Brasil, o combate à corrupção vem se ampliando desde a restauração da democracia, mas teve dois momentos marcantes: a promulgação da Constituição de 1988, que criou as normas básicas de independência do Judiciário e do Ministério Público, e o governo Lula, que criou as condições materiais para a real existência de uma Polícia Federal independente e bem remunerada, um Ministério Público que fosse mais que um engavetador de investigações, ampliando de fato sua autonomia face ao Executivo, e pela implementação de nomeações ao STF de ministros não ligados politicamente ao Executivo, com isso fomentando sua independência.

O trabalho de combate à corrupção, no entanto, estagnou, exatamente por conta da ação exacerbadamente partidária de nossa mídia e pela inação do PT como partido de oposição nos estados.

Ao contrário do Executivo e do Legislativo, que têm competências muito concentradas na União, nosso Judiciário e, por consequência, Ministério Público e Polícia Judiciária, têm competências descentralizadas pela Federação. Em verdade, a maior parte dos crimes de nosso Código Penal são de competência de julgamento e apuração do Judiciário, Ministério Público e polícias estaduais.

Para que o aparelho estatal esteja pleno em termos de combate à corrupção, as medidas do governo Lula teriam de se estender aos estados membros da Federação, quais sejam, de criação de fato de uma polícia independente e bem remunerada, um Ministério Público efetivamente autônomo face ao Executivo e um Judiciário não servil aos governadores.

Infelizmente estamos longe disso nos principais estados da Federação. Polícias Judiciárias submissas ao Executivo por conta de legislações que não lhes conferem real autonomia, policiais pessimamente remunerados (o que faz a corrupção corroer essas instituições, como antes ocorria com a Polícia Federal), Ministérios Públicos que atuam em investigações contra prefeitos, em especial os da oposição, mas que engavetam quase tudo que diz respeito aos governadores, ainda são comuns.

Muitas vezes, membros das cúpulas dessas instituições vêm a ocupar cargos relevantes nos primeiros escalões. Enquanto Lula nomeou um PGR eleito pelos demais membros do MP Federal, o governador de São Paulo, Geraldo Alckmin (PSDB), por exemplo, nomeou o segundo colocado na respectiva eleição do MP Estadual, prática que evidentemente não estimula a independência da instituição.

Os Judiciários estaduais têm extrema dependência das verbas orçamentárias do Executivo para arcar com seus custos. O que é um excelente salário em termos nacionais não o é num Estado como São Paulo, por exemplo, com alto custo de vida. O sistema de teto salarial puniu os juízes em fim de carreira, exatamente aqueles competentes para o julgamento de governadores e demais autoridades superiores. Tudo isso dificulta a realização da independência dos Judiciários estaduais.

O que se observa é que nada foi feito no âmbito dos principais estados da Federação para implementar medidas de real e permanente combate à corrupção. E a mídia se mostra silente e complacente quanto a isso por óbvias simpatias partidárias com o núcleo PSDB/PFL que governa estados como São Paulo, Minas Gerais etc., embora estados governados pelo PT também não sejam necessariamente exceção a essa regra.

A mídia nada fala quanto à inação de medidas legislativas que confiram independência às polícias estaduais, que aumentem sensivelmente suas remunerações trazendo-as ao nível da Polícia Federal, que estipulem real independência aos MPs Estaduais e ampliem o orçamento do Judiciário cobrando também do Governo Federal alteração na política de remuneração dos juízes.

Também a mídia nada apura nos governos estaduais, como se fossem ilhas de honestidade. Não é o que ocorre. O que há é ausência de percepção pela ausência de órgãos realmente independentes de apuração e por uma mídia "chapa branca" regional. Nos estados, ela não investiga, ou por não mais saber investigar sem apoio de investigações estatais ou por não querer investigar por simpatias partidárias dos donos dos veículos de comunicação.

Num momento em que a mídia e parte da população comemoram os ultraduvidosos resultados do julgamento do mensalão, é importante lembrar que ele não teria ocorrido:

1. sem a investigação independente da Polícia Federal no modelo criado pelo governo Lula. A antiga PF jamais realizaria uma investigação assim contra figuras importantes do partido governista, isto era impensável antes de Lula;
2. sem a atuação do atual PGR nomeado a partir de eleição entre os membros de sua carreira. Tendo sido o mais votado, ele não foi escolhido por qualquer critério pessoal ou ideológico de Lula, mas sim pelo fato de ter sido o mais votado por seus pares;
3. sem a atuação de Joaquim Barbosa e outros ministros nomeados por Lula e Dilma a partir de critérios republicanos, como demonstra até o resultado do julgamento. Mesmo que injusto, ninguém o acusa de influenciado ou influenciável por qualquer injunção do Executivo.

Este modo de agir de Lula, como estadista, aquele que pensa no futuro do Estado e não em seus interesses ocasionais como governante, é que precisa ser reproduzido pelos governadores, trazendo os estados ao esforço empreendido pela União no sentido de implementar e manter estruturas estatais permanentes, independentes e bem remuneradas de combate à corrupção, sem medo de que o aumento natural de percepção gere prejuízos. O país agradece e a história saberá reconhecer.

O discurso de Marcus Vinicius

Publicado em Carta Capital, em 04/02/2013

Setores sociais mais esclarecidos e mais privilegiados economicamente da população de diversos países do mundo têm se deixado levar por uma certa onda conservadora e niilista de opinião tendente a enxergar na política uma atividade essencialmente criminosa ou ao menos desprovida, em sua essência, de valores éticos mínimos.

No Brasil, esta visão distorcida da vida democrática tem se acentuado em especial pelo uso algumas vezes indevido do discurso anticorrupção em escamoteada intenção de ataque à soberania popular inerente ao regime democrático, numa tentativa autoritária de mudar o centro real do exercício do poder político decisório dos poderes compostos por eleitos pelo povo, Legislativo-Executivo, para um Judiciário de togados acuados pela mídia comercial que cada vez mais se comporta como parte da disputa do poder – e não como fonte minimamente distante de seu relato.

Neste quadro, é alvissareiro o discurso de posse de Marcus Vinicius Furtado Coêlho como presidente da OAB federal.

O novo presidente da entidade apontou claramente o perigo da criminalização da política, prática que só traz por consequência o autoritarismo e a ditadura, consoante nossa própria experiência histórica.

Em seu discurso, o novo presidente não descurou de atacar as mazelas e malfeitos de nossa prática política e apontou o caminho de propostas sistêmicas tendentes a mitigá-las, qual seja o do financiamento público de campanhas e outras medidas inerentes à necessária reforma política.

Assim, preferiu o difícil caminho da racionalidade e da sensatez que criam remédios sistêmicos eficazes contra o mal e não o percurso fácil da fala justiceira, demagógica e fulanizada, que emociona, mas nada gera de solução real.

Sua fala tratou de lucidamente distinguir as práticas delituosas e antiéticas de alguns integrantes do Parlamento como poder e instituição.

Numa ditadura, a corrupção não deixa de existir. O que arrefece é a sua percepção, pela ausência de denúncias públicas e punição, ocasionadas pela ausência de uma imprensa livre e de órgãos de apuração independentes.

A corrupção não diminui pelo voluntarismo justiceiro de alguns supostos "heróis" da causa pública, mas sim pela existência de um sistema público de controle e punição, impessoal, profissionalizado e eficaz, além de uma cultura social voltada ao combate desta séria patologia.

Finalmente a Ordem dos Advogados do Brasil parece começar a compreender, pelo discurso lúcido de seu novo presidente, que a manutenção do tradicional papel da Ordem em favor do Estado Democrático de Direito passa hoje em dia pela defesa das instituições democráticas, em especial do Parlamento, como poder de representação da soberania popular sobre os desígnios do Estado.

Como já nos ensinava Norberto Bobbio, a finalidade maior da democracia e de suas práticas políticas é a paz social. Sem democracia, a violência autoritária é a marca maior do agir estatal, e sem política a guerra e o conflito são a única forma restante de solução dos conflitos de interesse no interior da sociedade.

A política cessa onde começam as escaramuças. Que a insensatez autoritária cesse ante a força justa da lucidez democrática.

Cuba e a democracia

Publicado em Carta Capital, em 24/02/2013

A visita de Yoani Sánchez foi acompanhada de tumultos, apupos e teve ao menos um de seus eventos interrompido, aparentemente em razão desta mesma ação de grupos de jovens insatisfeitos com sua presença no país.[16]

A conduta dos grupos descontentes foi deselegante, grosseira e mesmo de legalidade duvidosa.

O direito democrático de nos manifestarmos publicamente em grupo não pode impedir a realização de algum evento público de outro grupo, anteriormente marcado para o mesmo local. É o que determina o inciso XVI do artigo 5º de nossa Carta ao estabelecer o direito à livre reunião e manifestação pública.

Um erro de quem acha que o direito à livre expressão é ilimitado nesses casos.

Os grandes órgãos de mídia têm também usado o mesmo fundamento para atacar os projetos da chamada "Lei de Meios".

O *bullying* ocorreu e só serviu para jogar água no moinho dos que servem de caixa de ressonância da posição dos EUA no tema.

Pouco importa nesse aspecto se Yoani é agente da CIA; se o for, o governo cubano é que deve puni-la (o que não o fez), não cabendo a nós, brasileiros, nos imiscuirmos no tema ao ponto de afrontar seu direito à expressão e manifestação por isso.

---

16 Em fevereiro de 2013, a jornalista cubana Yoani Sánchez, que ganhou notoriedade com as denúncias feitas em seu blog *Generación Y* contra o governo cubano, esteve em visita ao Brasil e foi alvo de protestos de manifestantes contrários ao seu ativismo contraFidel Castro.

Como lembra o sempre cordato Paulo Moreira Leite, o Brasil é um país soberano e tem legitimado seu apoio a Cuba em temas delicados exatamente no respeito aos direitos dos dissidentes.

De qualquer forma, acho que a visita da ilustre blogueira traz ao debate público algo mais relevante que nossa polêmica visitante, qual seja, o caminho futuro de Cuba, em especial de seu sistema político.

O debate é relevante por conta do debate universal sobre o socialismo e seu futuro e não implica, por óbvio, qualquer tentativa de intervenção na soberania do povo e do Estado cubano.

Se de um lado me parece inegável que abusos existiram na ilha em relação a direitos humanos, em especial os de natureza política, de outro há que se considerar o embargo econômico dos EUA como um dos fatores principais que ensejaram essa prática.

Não pode haver análise séria em relação aos direitos humanos e ao sistema político da ilha se não se levar em conta o embargo econômico.

É preciso que se deixe claro: embargo econômico é ato de guerra, inclusive à luz dos princípios mais comezinhos do direito internacional público.

Implica em procurar obstar o acesso de um povo a bens necessários a sua subsistência, um cerco à sobrevivência do povo que se assemelha, como tática de guerra, ao cerco realizado pelas tropas nazistas a Leningrado.

É necessário levar em conta que Cuba é uma ilha do Caribe, dependente integralmente do petróleo como fonte de energia.

Uma ilha pobre, portanto – como referência basta ver o nível de desenvolvimento e dependência de qualquer outra ilha ou arquipélago do Caribe. Muitas lutam para se manter colônias de grandes potências para, com isso, conseguir se viabilizar minimamente sob o ponto de vista econômico.

Nessa situação, o embargo, mesmo com as pequenas flexibilizações que recebeu no correr de seus 50 anos, continua sendo um ato desumano, inaceitável por qualquer pessoa que tenha senso moral, independentemente de sua posição política.

Além do embargo, não é secundário o fato de a ilha ter sofrido ataques terroristas de grupos sediados em Miami e protegidos pelo governo dos EUA, embora nada prove que recebam estímulo aos seus atos insanos.

Um Estado que sofre ataques e é vitima de embargo, numa clara postura de beligerância externa da maior potência econômica e militar do planeta, pode reagir com medidas de exceção, com vistas à manutenção da higidez institucional e a unidade de ação como povo, necessárias ao enfrentamento do inimigo.

Por consequência, direitos fundamentais são suspensos ou flexibilizados.

Qualquer Constituição democrática ocidental prevê a adoção de medidas de exceção suspensivas de direitos se o país encontrar-se em estado de guerra ou sob ataque externo.

Os EUA são os que menos têm moral para criticar Cuba. Além do fato de serem parte no conflito, declarando o embargo sem qualquer sensibilidade humanitária, observe-se como suspenderam direitos humanos fundamentais no primeiro episódio contemporâneo de ataque externo a seu território por um grupo também terrorista, a tragédia do 11 de setembro a qual se seguiu o famigerado "Patriotic Act".

Os EUA usam o território invadido de Guantânamo como *locus* de práticas atentatórias aos direitos humanos.

Assim, não há como assumir acriticamente o discurso crítico dos EUA em relação à democracia e aos direitos humanos em Cuba. Não são fonte moralmente séria para tanto.

Contudo, por outro lado, não há que se negar a prática em Cuba de atos atentatórios a direitos humanos fundamentais.

Os relatórios da Anistia Internacional, entidade que nunca esqueceu em suas análises do papel do embargo nos direitos humanos na ilha, são repletos na descrição de fatos que incriminam o governo cubano. No passado, mortes de opositores, depois sua prisão. Nada disso aceitável mesmo face à situação beligerante dos embargos.

A adoção de medidas de exceção, próprias de um estado de guerra ou de agressão externa, não implica ter de suspender de forma absoluta certos direitos políticos, como se fez em Cuba.

Cuba não adota um modelo mais democrático de pluripartidarismo, eleições diretas ou realmente parlamentaristas, com direito amplo ao debate e à livre expressão como resultado de uma concepção autoritária de socialismo e não como consequência do embargo.

Cuba criou mecanismos interessantes de participação popular nas decisões governamentais. A democracia participativa, de inspiração grega, é uma realidade em certa dimensão do Estado cubano, como, por exemplo, a escolha de candidatos ao Parlamento em assembleias de bairro, a prestação de contas dos parlamentares diretamente à população, a possibilidade do chamado *recall* etc.

Ocorre que tais formas de democracia participativa convivem com o autoritário modelo do partido único. O Partido cubano não é um partido eleitoral, como se depreende da própria Constituição cubana. Não precisa ser, não tem com quem concorrer, funciona de fato como um pedaço do Estado, um Poder Moderador.

Como resultado do modelo autoritário do partido único, da ausência, portanto, de um saudável pluripartidarismo, com eleições livres e produto do debate público amplo e livre, a realidade é que apenas uma pessoa liderou a experiência cubana por 50 anos. Quando teve de se afastar passou a função ao irmão, um ato falho aristocrático do sistema. Uma das tarefas políticas fundamentais da revolução não seria gestar líderes capazes de defendê-la e lhe dar prosseguimento?

O sistema político cubano, a nosso ver, padece destas deficiências e carece por consequência de ser profundamente reformado. Agregar à democracia participativa que possui os instrumentos e instituições da democracia representativa com amplo respeito aos direitos políticos fundamentais, que são conquistas humanas e não apenas de uma classe.

A junção de democracia representativa com democracia participativa implica que a segunda sirva como contrapeso da primeira. É inegável que na experiência democrática eleitoral há sérios problemas na relação de representação.

O representante passa a não mais decidir com base nos interesses dos representados e sim no seu próprio, inclusive com a captura de muitos pela teia de corrupção do capital.

A democracia participativa é o melhor mecanismo até hoje criado pela humanidade para procurar mitigar esses problemas na representação. A voz do povo não termina na eleição, mas continua ativa por todo o mandato, inclusive podendo cassá-lo em situações mais graves.

Se por um lado a experiência cubana revela-se inaceitavelmente autoritária no plano político e na observância de direitos fundamentais da pessoa humana, de outro dá aulas ao mundo em termos de direitos humanos no plano social.

Não vou aqui, neste texto já quase tão longo quanto os discursos de Fidel, reproduzir números, mas é incrível que uma ilha pobre, sem recursos, que contou por um período com a ajuda da União Soviética, deixando de recebê-la há mais de 20 anos, mas que sofre até hoje um cruel embargo da maior economia do mundo, tenha conseguido tantos avanços em termos de educação, saúde, ciência, biotecnologia etc.

Só acha secundário este aspecto da experiência cubana aqueles que não têm os direitos sociais em sua pauta de valores.

É de fazer corar qualquer país das três Américas, que sem dúvida tiveram muito menos percalços em suas histórias, os índices de analfabetismo zero e as taxas mínimas de mortalidade infantil em Cuba. Uma ilhota do Caribe, em meio a tantos problemas, chega a patamares europeus de desenvolvimento humano.

Difícil para nós, brasileiros, com nosso índice anual de homicídios, maior que as mortes em muitas guerras de anos, falarmos em respeito a direitos humanos com ares professorais e arrogantes.

Ocorre que desde o fim da ditadura militar temos tido uma experiência muito interessante de conquistas de direitos sociais de uma forma invulgar com manutenção e ampliação da democracia representativa.

Somos talvez um exemplo de que no mundo de hoje já não há mais necessidade de revoluções sangrentas, às quais se seguem governos autoritários, para conquista de direitos sociais.

Não se trata de comparar Cuba e Brasil, cada povo tem sua história, suas conquistas e derrotas. Mas talvez de insistir em duas questões:

1 - Cuba carece de uma profunda reforma política;

2 - A experiência da revolução cubana não pode ser jogada no lixo da história. Mesmo com suas deficiências, as suas conquistas, nas condições adversas que foram obtidas, são símbolo maior de um povo heroico, combatente e solidário.

***

Proposta de reduzir poderes do MP deve ser rejeitada

Publicado em Carta Capital, em 10/04/2013

Nos últimos anos travou-se uma intensa batalha em nossos tribunais em torno da questão sobre a legitimidade do Ministério Público para presidir investigações penais, em especial quando se trata de crimes do colarinho branco, contra a administração pública e que envolvessem agentes policiais.

A questão é polêmica e, juridicamente, sem fácil solução. Não vou me prender aos aspectos jurídicos relativos à ordem vigente. Em termos práticos, o STJ, uma turma do STF e até agora cinco ministros do pleno de nossa Corte Suprema já se pronunciaram pela legitimidade da presidência de investigações criminais pelo MP, o que define a questão em relação à legislação vigente.

Ocorre que, inconformados com tal decisão, entidades de classe de delegados de polícia e mesmo de advogados apresentaram no Congresso, por via de parlamentares, o projeto da chamada PEC 37, proposta de emenda constitucional que torna a presidência de investigações tarefas exclusivas das polícias federal e estaduais, excluindo o Ministério Publico de tal competência.

A meu ver, na atual conjuntura, e desacompanhada de um grande projeto de reformulação institucional no tema, tal proposta não deve ser aprovada.

Obviamente, o que preocupa não são as investigações relativas aos crimes cotidianos, mas sim aos chamados de colarinho branco ou contra a administração pública.

Tais crimes, em geral, são praticados por quadrilhas incrustadas na máquina estatal ou com apoio desta.

O investigado neste tipo de delito, em geral rico e/ou poderoso politicamente, tem capacidade econômica e/ou política de constranger a pessoa do investigador, de quem comanda a investigação.

A nosso ver, por erro do Constituinte de 1988 e dos legisladores que a ele sobrevieram, nossas polícias não contaram com a devida proteção jurídica de sua autonomia e independência funcional, necessárias para investigar com liberdade e segurança crimes que envolvam grandes empresários ou políticos poderosos.

Equivocadamente nossos delegados não contam com as prerrogativas de inamovibilidade, irredutibilidade de vencimentos ou vitaliciedade na função como os juízes ou membros do MP.

No âmbito federal, por obra do governo Lula, a Polícia Federal alcançou patamares de remuneração e normas organizativas que lhe possibilitaram contar com a autonomia necessária para investigar crimes envolvendo autoridades governamentais e empresários de alto coturno.

Entretanto, nem a remuneração adequada nem a autonomia funcional devida chegaram às polícias estaduais, que são competentes para investigar a maior parte dos crimes referidos.

No estado de São Paulo, que mais conheço, a remuneração de delegados e investigadores, mesmo com os esforços governamentais dos últimos anos, permanece muito aquém do razoável e inadequado à importância da função face às remunerações próprias do mercado de trabalho na área do direito.

Delegados deveriam ter seus vencimentos equiparados aos de juízes e membros do MP. Sem esta concessão, nossas polícias estaduais continuarão infestadas de corrupção e sofrendo toda sorte de injunções do poder político e econômico.

Sem as prerrogativas de inamovibilidade e vitaliciedade, nossos delegados estaduais ficam expostos a toda sorte de retaliações em sua carreira por parte de autoridades públicas atingidas por suas investigações. Exigir que investigadores sejam heróis de generosidade para cumprirem suas funções é um imenso equívoco de nosso sistema policial e o maior fator de seu não funcionamento quando os investigados são poderosos ou ricos.

Até que tais distorções se corrijam, cogitar de subtrair do MP sua competência para investigar crimes do colarinho branco e contra a administração pública significa a inexistência fática dessas investigações ao menos no âmbito estadual.

Se nem com a competência concorrente do MP para investigá--los esses crimes têm merecido investigações nos principais estados da Federação, como Minas e São Paulo, que dirá com apenas a polícia contando com tal competência exclusiva.

Note-se que a polícia tem, atualmente, plena competência para investigar tais delitos, o MP também. O relevante para a cidadania é que tais crimes sejam investigados, pouco importa por quem.

Nada há que melhore a situação dos direitos fundamentais do investigado pelo simples fato de ser um delegado de polícia a presidir as investigações. Abusos ocorrem seja por prática de delegados ou de membros do MP ocasionalmente.

Não se combate o abuso de alguns punindo a instituição, que, como tal, não se presta à prática de abusos, mas sim ao cumprimento de seus fins legais.

Por estas e outras razões cremos que a PEC 37 deve ser rejeitada pelo Congresso, como forma de manter um mínimo de funcionamento adequado de nosso aparato de combate à corrupção e aos crimes do colarinho branco.

Crimes de ricos e poderosos são sempre os de maior dificuldade para serem investigados.

Democracia e reivindicação

Publicado em Carta Capital, em 14/06/2013

Como diz O Rappa, paz sem voz não é paz, é medo.

Democracia e liberdade implicam perturbações e até mesmo um nível tolerável de transgressões.

Através dos conflitos e perturbações das manifestações públicas de pensamento e reivindicações, das reuniões de pessoas em torno de protestos públicos, das eleições de representantes etc. é que a democracia alcança seu objetivo maior no convívio social, ou seja, a paz, substituindo o combate armado entre grupos de interesses pelo debate público e pela representação parlamentar.

Totalmente diferentes, portanto, a paz da democracia e a paz da ocupação ou das ditaduras.

Nos territórios ocupados por povos em guerra reina a paz do silêncio. Nas ditaduras que ocupam de forma totalizante o espaço público também a paz da quietude é o que se faz presente. Na democracia, a paz é buliçosa, perturbadora do sossego, tensa. Ela grita.

Não se conhece regime realmente democrático no mundo que não conviva com manifestações públicas, greves e outras formas de protesto cidadão. Também não se conhece protesto público em que alguns cidadãos mais emocionados e equivocados não pratiquem algum abuso; nem por isso se justifica o uso da força contra todos os cidadãos que se manifestam nem o uso da repressão como política pública para tratar o tema dos protestos públicos.

Há um conjunto de equívocos na postura governamental de querer tratar como caso de polícia os protestos públicos da cidadania.

Primeiro porque tal postura atenta contra valores essenciais do regime democrático. Direito à livre manifestação do pensamento e seu consectário direito à reunião não é algo que deva beneficiar apenas donos de grandes meios de comunicação; antes de tudo ele serve ao cidadão que protesta e se manifesta contra atos do governo.

Por óbvio, o poder governamental sempre tenta criminalizar o cidadão que protesta. É da natureza do poder estatal sempre se por como infalível, só tendo ouvido ao elogio.

A onda conservadora que toma conta dos meios sociais leva os meios de comunicação a darem um tiro no próprio pé, tratando os manifestantes como vândalos nas manchetes. Hoje a repressão vai contra o cidadão que se manifesta, amanhã poderá se por contra o jornal que critica, pois em essência ambos exercem na crítica o mesmo direito essencial e a mesma liberdade pública.

Também me parece inequívoco que essa tentativa governamental de calar a cidadania só amplia as perturbações naturais do protesto. A violência só gera violência e amplia o caos inerente a esses momentos da vida pública.

Se por um lado seria sábio e democrático que o governo estadual deixasse de ceder à tentação das emoções autoritárias mais rasteiras e partisse para a racionalidade democrática, também o governo municipal deveria reconhecer a legitimidade conquistada nas ruas pelo movimento do passe livre e com ele deveria negociar o fim dos protestos.[17]

Os movimentos de protesto reivindicatório não têm por pretensão a eles inerente a prática de qualquer violência, pretendem ver atendidas suas reivindicações, o que nem sempre é possível fazer, mas, ao menos, por natureza, são movimentos abertos à negociação.

---

17 O artigo se refere às manifestações ocorridas em junho de 2013, iniciadas após a prefeitura de São Paulo anunciar aumento de R$ 0,20 na tarifa de ônibus. Alastrada depois por todo o país, a onda de protestos encampou as mais diversas reivindicações. Em São Paulo e em outras capitais, os governos estaduais reagiram com repressão a supostos atos de vandalismo praticados por manifestantes, o que fez com que o movimento recrudescesse.

Mais de 10 mil jovens de todos os segmentos sociais saíram às ruas em protesto; isso é algo a ser comemorado e não lamentado ou reprimido. Este tipo de conduta é que mantém viva a essência do regime democrático e suas liberdades públicas. Nossa juventude vai saindo do fosso do próprio umbigo para os braços da cidadania. Que seja carinhosamente bem-vinda.

***

Com computador, para quê senador?

Publicado em Carta Capital, em 20/06/2013

O movimento reivindicatório que se iniciou em São Paulo e se espalhou por todo o país surpreende analistas e lideranças políticas. Apartidário, embora ideológico, não tem lideranças claras nem forma hierárquica de organização, modelo político próprio da sociedade industrial. Organiza-se em rede e a partir da rede.[18]

Manifesta reivindicações concretas da juventude de todas as classes dispensando a intermediação de lideranças políticas tradicionais ou mesmo de estruturas de representação, o que dificulta a adoção das formas dialógicas construtoras de consenso próprias do mundo democrático pós-queda do muro de Berlim.

A mídia que estimulou a repressão fascista e facínora da PM no início do movimento é obrigada a mudar de lado e passa a tentar

---

18 O artigo se refere às chamadas Jornadas de Junho, manifestações populares que se espalharam por todo Brasil em 2013, sob pretexto das mais variadas reivindicações e motivações.

partidarizar a mensagem do movimento. Procura, assim, manter a aparência apartidária em bordões próprios da oposição ao PT e ao governo Dilma, usando mais uma vez do "efeito lupa" propiciado pelo registro de imagens parciais do fenômeno social para distorcer seu sentido geral.

Não tem logrado esse intento: se há algo aparentemente geral no movimento é seu sentido "anti-Rede Globo", o que já oferece intuição de seu sentido de crítica às formas tradicionais de comunicação controlada – algo maior que a própria Rede Globo.

A direita mais empedernida tenta transformar o movimento em um ato golpista, propondo *impeachment* da presidenta majoritariamente eleita e fazendo até campanha de boicote para a Copa do Mundo no Brasil. A falta de adesão a qualquer sentido maior do conceito pátria, bem como a falta de participação aberta na disputa democrática – preferindo sempre táticas golpistas – é algo que sempre diferenciou nossa direita das de outros países democráticos.

Não sou adivinho para saber se o grupo direitista que habita o movimento conseguirá assumir sua direção. Creio que não: nas ruas, sem o filtro midiático, o movimento tem mais ares libertários do que golpistas.

A crítica mais geral do movimento ao Governo Federal parece focada na retração que houve no governo Dilma na forma aberta ao diálogo com os movimentos sociais que havia no governo Lula. É uma crítica ao conservadorismo do governo Dilma e não à sua dimensão de manutenção dos avanços sociais de Lula. É uma crítica à esquerda, portanto.

O PT, um tanto quanto atrasado, convoca seus militantes a aderirem ao movimento. Não creio também que o PT consiga a direção ou hegemonia do movimento. Poderia fazê-lo se houvesse no país alguma regressão nas conquistas sociais do governo Lula. O movimento, ao contrário, trata mais da radicalização dessas conquistas.

Há algo no movimento que sinto como geral, presente em quase todas suas críticas e que tem passado ao largo do debate, talvez por não interessar nem à mídia nem ao governo nem à oposição: um verdadeiro sentimento público de descrença e enfado com a representação democrática.

Leciono em uma prestigiada universidade paulista e, como tal, tenho contato cotidiano com a juventude de classe média e com a que chega da periferia à universidade via Prouni. Ao contrário do que se pensa, os garotos de 20 anos do centro e da periferia não são despolitizados; apenas não confiam nas relações de representação.

Criados em meio à comunicação direta e interativa da web, não sentem necessidade de alguém para falar por eles. E veem no Parlamento mais um centro de malfeitos do que de real representação de seus interesses.

Não acreditam mais na forma partidária e nos instrumentos clássicos da democracia; exigem participação direta e decidirem por si o seu futuro.

Como sabem que democracia direta ainda não é exequível, votam e participam das eleições, mas nelas não confiam. Vislumbram cotidianamente os representantes populares traindo seus mandatos e a perda dos mecanismos de diálogo com a sociedade conquistada sob Lula.

O movimento reivindicatório se põe, assim, como um evento coletivo de reivindicação de algo concreto da vida cotidiana e não de uma ideologia universal que resolva abstratamente os problemas da humanidade – e não se opondo frontalmente às instâncias democráticas.

É o sentido talvez que Negri[19] deu ao termo multidão: seres singulares e diferentes entre si que se reúnem por uma causa comum nos limites dessa causa, sem formas hierárquicas de representação, em rede e pela rede. Algo novo vai rondando a vida política de nossos tempos. Quem sou eu para tentar decifrá-lo? Como todos de minha geração, serei por ele devorado.

---

19 Antonio Negri, filósofo marxista italiano.

A Constituinte jabuticaba

Publicado em Carta Capital, em 26/06/2013

O debate proposto pela presidenta Dilma Rousseff quanto à convocação de um plebiscito para a realização de uma Constituinte para deliberar especificamente sobre a reforma política gerou ampla polêmica no meio especializado e político.[20]

Duas questões se põem essencialmente:

1. É possível haver uma Constituinte originária limitada a deliberar sobre a reforma política?
2. Em caso afirmativo à primeira questão, é conveniente este veículo de debate e deliberação no tema?

A questão da possibilidade da convocação de uma Constituinte originária se dá por conta de categorias definidoras do Poder Constituinte na teoria constitucional clássica.

Esta teoria, em apertadíssima síntese, formula duas espécies básicas de Poder Constituinte: o originário e o derivado.

O originário se caracteriza pelo condão de criar uma nova Constituição fundando uma nova ordem jurídica. Para tanto, é ilimitado e incondicionado, não segue fórmula ou norma anterior que o vincule. Pode se tratar de uma Constituição outorgada por um soberano até um texto aprovado em assembleia de representantes do povo. Essencialmente, é um poder estritamente político, não jurídico.

O derivado é o poder de reforma de uma Constituição vigente, em geral exercido pelo Parlamento. É um poder constituído, não

---

20 Em junho de 2013, após a onda de manifestações que se alastrou pelo país, a presidente Dilma Rousseff propôs cinco pactos nacionais, dentre os quais a convocação de um plebiscito popular para que os brasileiros decidissem sobre a convocação de um processo constituinte específico destinado a fazer a reforma política.

Constituinte pois previsto e regulado pela Constituição. Por consequência é limitado, condicionado, vinculado ao disposto na norma maior. Ao contrário do originário, é exercido integralmente dentro do direito, fenômeno jurídico por excelência.

No tocante à Constituinte da reforma política, uma dúvida não há. Ela se daria de forma integralmente contrária à Constituição de 1988, logo se trataria de um poder constituinte originário, ou em essência uma ruptura institucional, ao menos parcial. A Constituição de 88 não prevê assembleias especiais para tratar de temas específicos de reforma constitucional. As reformas constitucionais devem se dar pela via das PECs, que são de competência exclusiva do Parlamento.

Ao tratarmos de poder constituinte originário ou de rupturas institucionais estamos fora do âmbito do direito. O direito se verte por limites semânticos claros, existe na esfera da linguagem das competências. Diz respeito apenas ao regramento de condutas humanas voluntárias que são qualificadas como lícitas ou ilícitas face a uma ordem jurídica vigente.

O debate de um fenômeno contrário a uma ordem vigente, que procura instaurar uma nova ordem, seja total ou parcial, se dá fora destes limites semânticos próprios do direito.

Ao investigarmos o âmbito político ou de teoria do Estado inerente ao tema surge a questão: se o Poder Constituinte originário é ilimitado, não regrado e não vinculado à ordem, é possível haver uma Constituinte originária que se autolimite, ou seja, que tenha tema certo a tratar e seja instaurada vinculando-se às cláusulas pétreas da Constituição anterior?

Nossa resposta é positiva. Se o Poder Constituinte originário é ilimitado, não teria sentido dizer que ele não pode se autolimitar. No caso de uma Assembleia Constituinte, por exemplo, a ocorrência de uma limitação que viesse do povo mandante aos constituintes mandatários.

Por isso me parece possível a existência de uma Constituinte originária que trate apenas da reforma política e que seja vinculada às cláusulas pétreas da Constituição de 88, em especial aos direitos fundamentais.

Seria criativa, "jabuticaba" por só existir até onde sei na experiência nacional, mas não é nem impossível nem inimaginável. A função da teoria constitucional é descrever fenômenos e não criá-los ou querer estabelecer condições para sua existência, em especial quando ocorrem no sítio estrito da política, e esta é sempre criativa, inventiva e faz a história humana andar.

Da proposição acima vem outra questão política e teórica de Estado.

Se por um lado é certo que grandes conquistas humanas se deram por rupturas institucionais, como é o caso por exemplo da própria criação do Estado de Direito que surge por rupturas violentas, revolucionárias, é certo que rupturas institucionais também geraram atrasos autoritários, golpes de Estado, genocídios e um tanto de mal caminho histórico.

Como realizar, portanto, uma Constituinte para a reforma política que, no plano político, fosse democraticamente legítima e não um golpe do Poder Estatal contra a soberania popular?

Só há um modo de ter essa legitimidade e seria em sua origem primária. Só seria legítima se advinda da verdadeira expressão da soberania popular, diretamente da vontade do povo, que deveria exprimir tanto seu desejo de instaurar a Constituinte como de que fosse limitada, ou seja, produto de verdadeiro consenso majoritário em nossa sociedade.

Mas resta ainda a questão final, qual seja: é conveniente politicamente a instauração da tal Constituinte?

Em favor dessa conveniência, o forte argumento de que parlamentares não são os mais adequados para decidir sobre reforma política pois interessados diretamente no assunto.

Um dos grandes problemas da democracia contemporânea reside na relação de representação. Não raro, em todos os países democráticos, somos tomados por notícias que evidenciam condutas parlamentares que visam mais atender interesses dos próprios parlamentares que do povo que representam.

Nada mais natural, portanto, que ter receio de que, numa reforma que mexe com tantos interesses, inclusive com a essência do acesso e exercício do Congresso, os parlamentares tratassem mais de cuidar de seus interesses pessoais que os do povo.

Ocorre que, de outro lado, realizar uma ruptura constitucional, por mais bem intencionada que seja, é sempre um grande risco para a democracia, pois esta abre porteira para que maiorias ocasionais no futuro usem deste proceder para abrir caminho ao atraso e ao autoritarismo.

Por isso, me defino por julgar totalmente inconveniente essa Constituinte originária reformadora.

Conforme lúcida proposta lançada pela OAB nacional, é possível realizar a reforma política submetendo suas principais questões ao escrutínio popular direto, o que mitigaria a presença de possíveis desvios na deliberação parlamentar.

Mesmo que a decisão final seja do Parlamento, esse não teria a ousadia de contrariar a vontade direta expressa pelo povo.

Na dúvida quanto à conduta do mandatário, consulta-se o povo mandante.

E esta forma de participação popular ocorreria sem rupturas institucionais.

Uma conjuntura buliçosa não pode esconder o fato de que a Constituição de 88 é o grande pacto nacional que dá sustentação à nossa democracia. Na feroz disputa entre ideologias e interesses, ela é a base para arbítrio isento dos procedimentos para a disputa de posições. Romper com ela abre a porteira para que maiorias arbitrárias e ocasionais passem por cima, no futuro, de valores e direitos fundamentais para a existência livre e civilizada.

Para os setores democráticos-progressistas, a Constituição de 88 tornou-se a grande pauta de ações para construção de um país mais justo, solidário e livre. Um erro imenso romper com ela mesmo que parcialmente.

***

Serviço obrigatório no SUS é constitucional?

Publicado em Carta Capital, em 18/07/2013

Uma das questões que tem levado amplos setores da classe médica a criticar a MP do Governo Federal que trata da atividade no país é a exigência de dois anos de prestação de serviços clínicos em unidades do SUS (Sistema Único de Saúde) para obtenção do registro definitivo como médico.[21]

A medida tem por finalidade aparente evitar a especialização precoce dos profissionais, obrigando-os ao exercício de um tempo mínimo de clínica médica como elemento central de sua formação. Como disse o ex-ministro Adib Jatene, formar um "médico especializado em gente" como meta primária da educação médica.

---

[21] O artigo trata da Medida Provisória nº 621, de 8 de julho de 2013, que instituiu o programa Mais Médicos e determinava, originalmente, o aumento da duração do curso de Medicina de seis para oito anos, sendo os dois anos extras para treinamento prático em urgência e atenção básica no SUS. Devido à forte resistência da categoria médica, o governo recuou e manteve a extensão atual do curso. A nova proposta do governo, aprovada pelo Senado e sancionada pela presidente Dilma em 22 de outubro de 2013, determina que ao menos 30% da carga horária do internato médico na graduação, que compreende dois anos do curso regular, sejam desenvolvidos na atenção básica e em serviço de urgência e emergência do SUS.

Uma das críticas feita por alguns juristas à exigência é a de sua suposta inconstitucionalidade, por ferir a liberdade individual de trabalho de cada profissional vitimado pela determinação. Seria ilícito obrigar o estudante a trabalhar para o serviço público como condição para obter seu credenciamento profissional definitivo.

Não tenho como ingressar de forma consistente no debate de mérito quanto à correção da exigência formulada pelo governo. Em princípio, simpatizo muito com ela. Mas não tenho conhecimento de pedagogia médica para poder argumentar com consistência no tema.

Creio que mais que uma exigência em favor do povo pobre, a norma é fundada numa exigência de exercício mínimo controlado da profissão para obtenção de um registro definitivo, uma espécie de estágio probatório tão comum nas profissões públicas, portanto mais com caráter pedagógico e de defesa da sociedade do que de benemerência obrigatória, mais atividade de ensino e aprendizagem do que trabalho como prestação.

Se no aspecto pedagógico prefiro não emitir opinião mais sustentada, no aspecto jurídico da questão não tenho dúvidas de que a exigência é pertinente e compatível com nossa ordem constitucional.

A liberdade de trabalho no Brasil é limitada de plano em nossa Constituição, que garante o direito ao trabalho "salvo limitações contidas em lei".

Significa que o exercício profissional no Brasil é livre, mas desde que obedecidas normas legais de exigências mínimas para seu exercício, em especial de profissões que envolvam interesse público, como é o caso da medicina.

Em profissões como a advocacia, além do requisito acadêmico para exercício da profissão, o título de bacharel, exige-se a realização de exame de admissão nos quadros da OAB para aferir o real conhecimento do candidato a advogado.

Isso porque se considera que um advogado que não detenha conhecimentos mínimos da profissão poderá ocasionar danos ao patrimônio ou à liberdade das pessoas.

O interesse público no caso se impõe ao interesse pessoal do bacharel em direito de trabalhar livremente em sua profissão.

Sem aqui entrar em debates teóricos, como o de terem ou não os direitos fundamentais limites *prima facie*, o que o legislador realizou no caso ao estipular a exigência foi uma ponderação entre a liberdade individual de trabalho e o interesse público de contar com advogados que detenham condições mínimas de conhecimento que impliquem não prejuízo a direitos de seus assistidos.

No caso da advocacia, o mecanismo de equilíbrio e ponderação escolhido pela lei foi o do chamado e famigerado "exame de ordem".

No caso da medicina, a MP realiza a mesma ponderação e estipula dois anos de exercício da clínica no SUS como requisito para que o médico demonstre aptidão plena ao exercício da medicina, a exemplo de exigências semelhantes em outros países.

Pode ser que grande parte das pessoas passe pela vida sem precisar de um advogado, mas todos sem exceção, do mais rico ao mais pobre, precisarão de médicos, de preferência desde o momento de seu nascimento até sua morte.

E o que está em jogo no exercício da medicina é a saúde, a integridade física e a vida dos pacientes, valores mais relevantes de nossa ordem constitucional e de qualquer sistema razoável de valoração.

Por óbvio, a liberdade de trabalho do recém-formado em medicina não pode se sobrepor ao direito à vida e saúde de seus assistidos; a sociedade pode e deve estabelecer mecanismos de aferição de competência mínima para exercício da medicina, sendo o estágio clínico no serviço público algo mais que razoável.

Por ser serviço público, o SUS atende a um grande contingente populacional, o que possibilita ao recém-formado enfrentar uma variedade de experiências clínicas que dificilmente teria em um serviço privado de medicina, portanto, é razoável também que o estágio seja cumprido no SUS.

O cidadão não é "obrigado" a trabalhar no serviço público, apenas caso exerça a livre opção de ser médico, da mesma forma que é obrigado por sua livre opção a ser bacharel em medicina e para tanto cumprir internato em hospital etc.

Ora, se na advocacia a obtenção do título de bacharel não é suficiente para exercício da profissão, por que seria na medicina, que lida com direitos mais relevantes das pessoas?

A liberdade de exercício do trabalho não é plena, sofre limitações de outras liberdades e direitos, como a da vida e o da saúde pública.

Nada há de inconstitucional ou de irrazoável, a nosso ver, na exigência da MP dos médicos. Ela não atende apenas interesses dos pobres, mas sim de toda a sociedade.

Mesmo o homem mais rico está sujeito a sofrer um acidente na estrada e depender de atendimento num pronto-socorro situado em lugar ermo e de um médico desconhecido para salvar sua vida.

Se o leitor sofrer um acidente numa rodovia e estiver entre a vida e a morte, prefere ser atendido por um simples bacharel em medicina, formado em universidade privada, ou por um com dois anos de experiência real no SUS?

Vandalismos

Publicado em Carta Capital, em 06/08/2013

Um dos mais relevantes aspectos das Jornadas de Junho ocorridas no Brasil foi a denúncia, por parcela do movimento, da lógica binária que tem corroído a capacidade de análise do debate público na democracia brasileira.

Por conta da disputa de poder de quase duas décadas entre dois blocos partidários consolidados, tudo na realidade passa a ser categorizado nos quadrantes dessa disputa ou em códigos de linguagem no mais das vezes maniqueístas e paranoides.

As jornadas reivindicatórias são avaliadas pela esquerda tradicional com nítida antipatia, quase paranoica. Muitos avaliam o movimento como direitista, capturado pelas elites midiáticas, reduzindo sua complexidade a uma minoria fascista que protagonizou atos de violências contra pessoas e símbolos políticos de esquerda.

Os setores conservadores também se mostram desconfortáveis com fenômenos que surgiram para o grande público a partir do movimento, como o Mídia Ninja, forma nova e solidária, não capitalista em essência, de jornalismo que impôs por sua eficiência informativa imagens suas ao próprio *Jornal Nacional*. Ou com formas mais radicais de protesto como o black bloc.

A mídia tenta reduzir o movimento à narrativa binária de nossa disputa tradicional de poder, na qual esta mídia tem posição, embora camuflada em alguns veículos por um verniz de neutralidade que se sabe inexistente no âmbito das opiniões e mesmo nas narrativas de notícias por eles veiculadas (o que é quadrilha no escândalo de um governo é cartel no do outro).

Em verdade, o movimento conteve tudo isso, da juventude do PT à base do PSDB, da direita fascista à esquerda anárquica, uma fauna plural e descontrolada, inadequadamente entendida como sem liderança.

A ausência de centralização hierárquica não necessariamente significa ausência de lideranças, mas pode implicar em lideranças em rede, ou seja, a pluralidade de lideranças anônimas. Pessoas ocasionalmente líderes em vez do lugar da liderança.

A diferença é fundamental, um movimento sem lideranças é capturável pelas formas políticas tradicionais. Liderado em rede, o movimento se dilui e por essa diluição fracionada de discursos é impossível de ser controlado ou capturado.

Parece-me, francamente, haver um acordo inconsciente, mas real, entre a mídia comercial e partidos tradicionais de esquerda. Ambos desejam capturar a narrativa do movimento pela lógica binária da disputa partidária. Procuram trazer essas novas formas políticas para o interior de suas crises de representação e discursiva.

Um dos diversos aspectos que evidenciam essa tentativa de captura empobrecedora do debate é o tocante ao tema do chamado "vandalismo".

Procura-se discernir o tema no quadrante maniqueísta do vandalismo violento como categoria única contra o pacifismo bom moço de classe média. Nada mais falso em termos de análise e redutor de complexidades no fenômeno social e político.

Várias foram as formas de "vandalismo" e vários seus sentidos éticos e políticos.

Pode-se não concordar com nenhum deles, como eu mesmo não concordo, mas não se pode confundir compreensão com aceitação. Há que se compreender o que ocorre como condição para medir as formas e extensões de sua não aceitação.

Entre os "vandalismos" ocorrentes, existem distinções não apenas de grau e natureza de violência, mas também de qualidade política e ética.

Em princípio, há que se admitir que nossa democracia ocidental contemporânea, com suas características de voto universal, direitos de liberdade e sociais garantidos, tolerante e multicultural, foi construída historicamente mais por rupturas da ordem do que por seu cumprimento.

Assim, atos ilegais nem sempre significam algo ética ou moralmente condenável. Tudo depende do momento, da circunstância, das consequências e das intenções políticas.

A democracia para existir demanda, por um lado, cumprimento rigoroso da ordem democrática e, contraditoriamente, rupturas desta mesma ordem que representem ampliação da proteção, reconhecimento e realização de direitos individuais e coletivos.

O critério de juízo, neste caso, é mais de legitimidade do que de legalidade.

Sem entrar no mérito de sua legitimidade, há que se reconhecer que várias foram as categorias de violência e "vandalismos" ocorrentes nas Jornadas de Junho.

O mais recriminável do ponto de vista jurídico e ético foram os vandalismos fardados e fascistas. Esta forma de violência estatal e não estatal de direita, praticada pela polícia e pela infiltração da ultradireita no movimento, voltou-se a vitimar pessoas no legítimo exercício de seus direitos fundamentais de manifestação e reunião.

Tal forma nefasta ocorreu tanto nas ações criminosas da polícia violenta, que se voltou contra todos os manifestantes, como na ação de grupos de manifestantes de extrema direita, que agrediram outros manifestantes pelo fato de portarem bandeiras de partidos e símbolos de esquerda.

Tem por característica principal o fato de serem atos de violência voltados contra pessoas. Seres humanos são agredidos e vilipendiados em seus direitos.

Este sim o verdadeiro "vandalismo" no sentido negativo que a expressão tem.

Também foi observado "vandalismo" praticado na forma de saque a estabelecimentos comerciais. Embora tenha consequências políticas, a intenção do saque não é política no sentido estrito, trata-se de mera locupletação indevida de marginais que se aproveitam da natural confusão sempre existente em movimentos coletivos de manifestação.

Eticamente reprovável e juridicamente ilícita a conduta do saque, embora de menor gravidade que a violência praticada contra pessoas.

Por fim, observou-se também a violência de estilo black bloc ou assemelhada.

Esta última tem, a nosso ver, natureza distinta no plano político e ético das demais.

Trata-se de ação política direta e violenta que atinge bens materiais que representam simbolicamente o capitalismo e suas narrativas cotidianas. Janelas de bancos são quebradas, carros de luxo são pichados etc.

Não vejo eficiência política neste tipo de manifestação. Atrai mais antipatia pública do que convence ou divulga ideias libertárias. Atitude a meu ver de inconsequência juvenil, mas inegavelmente política.

Trata-se da prática de violência de baixa agressividade, voltada contra bens e não contra pessoas e que não tem por função locupletação pessoal, mas sim divulgar ideias anticapitalistas.

Pode e deve ser punida e criticada, mas há que se ter uma avaliação ética e política diferenciada dessa categoria de violência. Não tem fins individualistas nem fins políticos niilistas ou autoritários, ao contrário, pregam forma de liberdade que namora com a anarquia.

Não vejo nessa forma de violência ilegal nada de bom em termos de avanço democrático ou de possibilidade de conquista real de ampliação de direitos, aliás creio que destinada à ineficácia como resultado de um excessivo esquerdismo anarquista.

Mas reconheço que merece uma outra forma de juízo ético e não deve ser posta no mesmo cesto que os "vandalismos" que visam o saque ou pior, que visam agredir pessoas e restringir direitos legais e legítimos.

***

O Brasil precisa se livrar do Fla-Flu político

Publicado em Carta Capital, em 24/09/2013

Não apenas a existência do debate público de posições e ideias é essencial à democracia, mas sua preservação carece de que tal debate se realize dentro de quadrantes mínimos de qualidade argumentativa.

É a qualidade do debate democrático que propicia a necessária produção de consensos e dissensos. Não há democracia que sobreviva sem a criação de consensos pelo debate, nem tampouco é verdadeira democracia se não propicia constantes dissensos pelo mesmo debate. Consenso e divergência são, ambos, produtos do mesmo debate, que faz evoluir as instituições, a cidadania e amplia a proteção a direitos.

Nesse aspecto, é preocupante o correr cotidiano do jogo democrático no Brasil. Um clima de Fla-Flu se instaurou no debate público.

Insistentes consensos midiáticos nos grandes temas, confluentes por interesses em comum dos donos dos veículos e não pelo embate de argumentos, suprimem da visibilidade os dissensos de visão, de argumentação e de interesses existentes no interior da sociedade.

A crítica imponderada e criminalizadora do governo e do PT, geradora da editorialização do noticiário, gera reação também imponderada e agressiva de seus defensores. O ódio substitui o argumento como base das relações políticas e democráticas.

O argumento *ad hominem*, sintoma maior da irracionalidade do debate, de tão corrente se banaliza pelas colunas, artigos e entrevistas, bem como em posts e "memes" favoráveis à situação ou a oposição, indistintamente.

A existência de um constante código binário nas disputas e debates políticos – PT e PSDB, Corruptos e Honestos, Democratas e Fascistas etc. –, dividindo o debate sempre em duas posições, suprime terceiras, quartas, quintas e muitas posições possíveis e desejáveis em cada tema.

Defensores do governo argumentam, corretamente no pressuposto, que falta pluralidade ideológica em nossa mídia e nos espaços públicos de visibilidade, mas por outro lado sufocam qualquer forma alternativa de argumentação à esquerda do debate, em um utilitarismo eleitoral que já vitimou o PT no passado. O pau que bateu em Chico hoje é usado por ele para bater em Francisco. Autocríticas necessárias, como no caso do caixa 2 reconhecido no chamado mensalão, são esquecidas sob o argumento falso e inconsistente de que auxiliaria o inimigo eleitoral, esquecendo que há na política uma razão ética que deve ir além das razões da disputa.

O discurso oposicionista, por sua vez, não tem pejo em permanecer na extrema superficialidade argumentativa, num moralismo discursivo, seletivo e hipócrita, que procura substituir o embate de argumentos pela criminalização do oponente, obviamente sem atentar aos próprios desvios. A simbiose que tem com os veículos midiáticos entorpece qualquer crítica aos ambientes da Federação onde a oposição nacional se torna poder local.

As emoções de mais vulgar extração dominam o debate público, sendo raros os ainda existentes momentos e espaços de racionalidade e convencimento.

Não é por esse clima próprio de estádio de futebol que construiremos uma democracia sólida e de qualidade. Democratas de todos os partidos e de todo espectro ideológico devem se preocupar com a sustentação ética do debate democrático, que se dá pela busca de sua mínima qualidade argumentativa.

A mitigação do ódio propiciará, certamente, o florescimento de posições alternativas, terceiras, quartas etc., que enriquecerão o debate e ampliarão as condições de escolha da cidadania.

A desejada pluralidade ideológica e política na visibilidade midiática deve ser alcançada não para refletir esse Fla-Flu, mas sim todo o universo possível de ideias e posições, sempre presentes nos principais temas de uma vida democrática hipercomplexa como a contemporânea.

***

Black bloc e democracia

Publicado em Carta Capital, em 30/10/2013

Já tive oportunidade de escrever sobre o movimento black bloc nessa coluna em artigo passado. Volto ao tema pelo andar recente da carruagem, me dando a liberdade jornalística de não me alongar em argumentos acadêmicos e citações.

O Estado Democrático de Direito implica na disputa pacífica do poder político. O argumento como substituto da violência, a lei como substituta do poder soberano absolutista.

Nesse aspecto, a legalidade é um valor essencial. A lei expressa a soberania popular e como tal tem de ser observada. A ordem democrática é um valor estruturante do regime político.

Entretanto, não há como deixar de observar na história do regime democrático no mundo que este evoluiu em termos de ampliação da garantia de direitos, por meio de rupturas desta mesma ordem jurídica.

Do voto feminino e universal aos direitos sociais, todas foram conquistas obtidas por rupturas populares da ordem que fizeram evoluir a democracia burguesa do fim do século XVIII para a democracia universal, representativa e com elementos de democracia direta, do mundo ocidental contemporâneo.

De instrumento puro de dominação, a democracia transmutou-se em veículo possível de transformações libertárias e sociais.

Em verdade, há de se constatar que a evolução democrática guarda com sua ordem jurídica uma relação complexa e contraditória. Demanda sua observância e sua não observância concomitantemente.

Se a conduta humana de servidão a uma determinada ordem jurídica pode ser observada com relativa objetividade pela incidência da lei sobre o fato, o mesmo não ocorre com sua desobediência. Essa sempre é ilícita.

Se reduzida sua avaliação ao mero exame de sua legalidade, se perderá, no plano político, a exata compreensão de sua complexidade, cabendo lembrar que compreender não é aceitar.

No plano político, a desobediência civil pode sim ser avaliada sob o ponto de vista democrático. Será contributiva à evolução do regime democrático se implicar ampliação de direitos das pessoas, dos grupos sociais e da sociedade como um todo, difusamente considerada.

Como ocorre no âmbito político, e não deôntico, a ação de desobediência deve ser tida em seu resultado concreto para a vida social e das pessoas.

Por evidente, o poder constituído sempre tenderá a tratar atos de desobediência civil como meros atos de banditismo comum, desconhecendo seu móvel, propósito e resultado político.

Se muitas vezes, no plano jurídico, a intenção política pouco influencia o juízo de legalidade da conduta, no plano ético-político influenciará muito o juízo de sua legitimidade.

O ato político, mesmo quando violento, mesmo quando inaceitável, é provido de uma pretensão de correção própria da crença política. Por mais equivocado que seja, pretende alguma forma que supõe ser de bem comum. Nesse sentido, se diferencia no plano ético-político do ato de bandidagem.

O poder constituído sempre busca subtrair do ato de desobediência o substrato político para esvaziar sua legitimidade. Muitas vezes logrará êxito pela ausência de legitimidade real e de apoio social a sua prática, ocorrente, às vezes, pela inobservância no ato de desobediência de valores morais universais caracterizadores de um dado processo civilizatório. Outras vezes, por perda da batalha comunicativa, outras ainda por repressão bruta, mas eficaz.

Assim, ao avaliarmos os atos violentos de desobediência civil praticados pelo black bloc, não devemos nos ater à dimensão jurídica. Juridicamente, não há dúvida. É crime depredar propriedade alheia e muito mais grave a ilicitude quando implica violência física contra agente policial.

O papel jurídico do poder constituído é reprimir tal conduta e submeter seus agentes ao devido processo legal para sua punição.

Na análise política da conduta e de sua legitimidade democrática, o tema é mais complexo. Ocorre que, no plano estritamente político, há em todo ato de desobediência um potencial constituinte, uma nova ordem no broto, que poderá florescer para o bem ou para o mal da sociedade e do regime democrático.

Será verdadeiramente constituinte na perspectiva democrática se resultar na ampliação de direitos. Será autoritária se objetivar e resultar na redução de direitos, implicando a realização de valores de exceção em detrimento de valores de direito.

Nesse sentido, não há que se reduzir a análise política da conduta dos black blocs à sua dimensão jurídica de ilicitude. Isso significa tratar toda desobediência civil, a priori e sem qualquer juízo político mais complexo, como mero ato de bandidagem.

Tal análise reducionista tem como função fortalecer o elemento imperial do poder constituído, ressaltar a ordem em detrimento dos direitos das pessoas. Não é por aí que se deve criticar as condutas recentes dos black blocs.

No plano político, os atos de violência extrema dos black blocs se iniciaram por meros ataques a propriedades símbolos do sistema capitalista, mas acabaram se convertendo em atos de violência contra um ser humano específico, que por mais que porte um uniforme não pode ser subtraído de sua condição humana.

Um movimento verdadeiramente libertário pode ter como inimigo o Estado, mas nunca um ser humano específico, ainda que agente deste Estado. Se não agir assim, perde em termos de ganho civilizatório, pondo-se no mesmo papel do fascismo e outras formas de retrocesso da civilização democrática.

Quem adota valores democráticos repudia, no interior do jogo democrático, agressões a pessoas. A violência, neste caso, não pode ser tida como legítima defesa contra o Estado.

Se esse Estado tem estrutura de legalidade democrática, a violência contra pessoas não pode ser tida como forma de reação legítima, pois perde em proporcionalidade ética.

Quando esta violência extrema é praticada por um punhado de pessoas, comprometendo a imagem de um movimento social mais amplo face à maioria da população, estes atos servem mais ao poder constituído em sua sanha de criminalizar a oposição social do que a qualquer conquista libertária pretendida.

O risco do agente de um ato político de desobediência civil numa sociedade democrática é esse mesmo: ser julgado por seus resultados e não por suas intenções subjetivas. Esse é um juízo político legítimo, pois nem toda desobediência é libertária. Em especial, quando praticada no interior de um sistema de legalidade minimamente democrática.

Como resultado da conduta recente dos black blocs, temos a ampliação da legitimidade social de atos de repressão contra o movimento social. Tratou-se, portanto, de um movimento de desobediência redutor de direitos e ampliador da potência repressiva do Estado.

Pouco importam as intenções políticas desse movimento de desobediência, se anarquista socialista, anarco-capitalista ou de direita. Seus resultados são fascistas. Assim se tornaram. Que seus agentes repensem criticamente seu caminho, em favor da cidadania, dos movimentos sociais e das liberdades humanas em nosso país.

Manifestações públicas e abuso de poder

Publicado em Carta Capital, em 23/07/2014

As prisões preventivas e apurações policiais existentes no país obviamente não se enquadram, até o momento, na categoria de ato de exceção própria da Teoria do Estado e que deveria ser usada com um pouco mais de rigor pelas esquerdas, não havendo assim presos políticos. Nem toda prisão abusiva e ilegal caracteriza prisão política, em especial quando há possibilidade de recurso a autoridades superiores contra elas. As expressões aí devem ser tidas mais como retóricas do que como descritivas do que ocorre.

Mas, por outro lado, me parece à primeira vista, à luz do noticiário e dos manifestos existentes, que há evidente abuso de poder e violação dos direitos fundamentais das pessoas nessas condutas policiais do Estado.

Manifesto subscrito por vários juristas e capitaneado pelo ilustre professor de Direito da USP Fabio Konder Comparato apontam portarias de abertura de inquéritos policiais que trazem como objeto investigações de pessoas e não condutas delituosas, com a justificativa de já terem participado de manifestações "contra o sistema."

Ora não preciso gastar muito argumento para demonstrar que os direitos constitucionais à reunião e manifestação do pensamento foram estabelecidos exatamente para garantir ao cidadão a possibilidade de contestar governos, instituições, leis e sistemas de forma pública e pacífica. Para elogiar governos, poderes e instituições não há necessidade de proteção a direito algum contra a ação estatal. Obviamente, o objeto da investigação agride esses direitos dos investigados, não se voltando a investigar crime algum, mesmo potencial.

O manifesto aponta corretamente o fato de haver aí o que chama de um direito penal do autor. Isso porque o que se quer é investigar a pessoa e não uma conduta delituosa buscando evidenciar sua materialidade e autoria. Investiga-se a pessoa, sua vida em detalhes, para ver se há algum crime por aí. É o que nós operadores do direito chamamos devassa. Não há juridicamente um inquérito criminal, há uma devassa. Nesse sentido, o inquérito criminal é uma garantia constitucional do investigado, pois onde há inquérito não deve haver devassa.

Muitos dos inquéritos que têm investigado o episódio das manifestações pelo país têm devassado a vida de pessoas e não investigado fatos delituosos. São evidentes abusos de poder de autoridades públicas e um sério atentado a direitos fundamentais dos investigados.

Tem se prestado não a apurar crimes concretamente cometidos por pessoas que efetivamente abusaram de seu direito à manifestação, mas sim visando coibir o pleno exercício dos direitos constitucionais à livre manifestação do pensamento e de reunião.

Falar que a realização de uma manifestação coletiva e pública de protesto é crime de quadrilha é aviltante à mínima inteligência jurídica. Para haver crime de quadrilha, há que se ter reunião de pessoas para cometer crimes de forma continuada. Ao realizar uma manifestação pública, as pessoas não se reúnem para cometer crime, mas sim para exercer um direito. Se algumas dessas pessoas cometem crimes contra o patrimônio e a ordem pública durante a passeata, isso não pode implicar em crime dos demais manifestantes que estão em pleno exercício de um direito constitucionalmente garantido. Por decorrência, organizar um evento desses nada tem de criminoso também.

O que se busca com esse argumento é criminalizar o exercício de direitos constitucionais, uma contradição performática. A título de cumprir a lei, se a descumpre. Quem comete crime aí, de abuso de autoridade, é quem comanda os atos de apuração.

Hoje a imprensa divulgou o que seriam provas da preparação de crimes, como conversas que falavam de preparar bombas e coquetéis molotovs etc. Atuo na advocacia contenciosa de direito público há mais de 25 anos, em geral em casos de grande repercussão. Sempre há junto com o inquérito civil o inquérito policial, no qual atuo direta ou indiretamente com algum colega criminalista.

Em ambos os tipos de investigações sempre testemunhei a estratégia de algumas das autoridades que apuram de "vazar" seletivamente supostas provas acompanhadas da versão dadas a elas pelos "analistas". Em geral, a evidência de crime está na análise, não na prova coletada.

O vazamento ocorre muito antes de se dar acesso à defesa ao total das provas apuradas, tais como grampos, documentos, materiais apreendidos etc. O órgão noticioso que recebe as informações em geral divulga a versão dos "analistas" como verdadeira, acriticamente, provavelmente para não perder a fonte valiosa para a geração de notícias.

A imagem e a vida de pessoas são destruídas, cria-se um clima acusatório contra elas incontornável mesmo por decisão de inocência em juízo posteriormente. Consegue-se às vezes se influenciar o próprio Judiciário a julgar por essa opinião pública construída e não pelos autos do processo. Tom Wolff já descreveu esse fenômeno, que é global, em seu *Fogueira das Vaidades*.

No caso dessas "provas" contra os manifestantes, à primeira vista, me parece ocorrer essa velha estratégia de poder abusivo. Segundo noticiário do Rio, mesmo com ordem de desembargador do Tribunal daquele estado, autoridades policiais se negaram a dar acesso à defesa ao total das provas coletadas, por outro lado "surgem" na imprensa gravações vazadas. Não se vaza o todo das provas, apenas algumas selecionadas a dedo, acompanhadas de suas "análises".

Cerceamento de defesa e vazamento de informações sigilosas, além de ofensa a direitos fundamentais, são de fato crimes graves cometidos por algum agente público.

Das gravações que ouvi até agora, não vejo de forma alguma a gravidade e as evidências vistas pelos "analistas". "Bombar" na linguagem juvenil não é preparar bombas, quem tem filho jovem sabe. Sininho me pareceu estar preocupada em fugir de confusão e da persecução estatal injusta e não em cometer qualquer tipo de crime.

A referência elogiosa que dois jovens faziam a agressões a PMs me pareceu fanfarronice de guris de sexo oposto, um querendo impressionar o outro por razões existentes desde o começo da humanidade, e que explicam sua existência e continuidade, e nunca planejamento de crimes, até porque falavam de fatos pretéritos.

O papo sobre a perda suposta de material explosivo tem esse sentido na boca do analista, não de quem fala; há aí preponderância da hipótese sobre o fato e de qualquer forma fala-se de fato passado.

Na última gravação, a referência a líquidos poderia ser um indício para investigação, nunca para prisão preventiva de alguém, haja vista que múltiplos podem ser seus significados.

O que me parece haver de fato é uma evidente tentativa de criminalizar movimentos sociais legítimos por todo o país. Obstaculizar o livre exercício dos direitos fundamentais à livre manifestação do pensamento e de reunião por meio de coação psíquica e física.

Não há democracia de fato num país onde o direito à livre manifestação de ideias e crítica só é garantido aos donos dos grandes meios de comunicação.

Inteligência de quem e para quem?

Publicado em Carta Capital, em 01/08/2014

Conforme vem sendo noticiado, o Exército brasileiro está remodelando seu "Centro de Inteligência" e ampliando seus quadros, com o propósito de monitorar os movimentos sociais. A intenção apontada seria uma ampliação da repressão e o controle desses grupos.

Já tive a oportunidade de criticar, em artigos anteriores, a política de convocar as Forças Armadas para atuar em questões civis de segurança pública.

A Força de Segurança Nacional deveria, no lugar do Exército, cumprir esse papel de segurança pública. Mas, por conta do *lobby* das Polícias Militares, a Força não tem quadro de carreira próprio ou estrutura adequada. A Força é composta pelas próprias PMs, que são convocadas de um estado a auxiliar outro em questões específicas.

Como não tem uma Força Civil e Nacional de Segurança, o governo se vê compelido a convocar o Exército para suprir o "default".

As Forças Armadas, por sua vez, não têm estrutura adequada para realizar o serviço de segurança pública de forma a atender as exigências de um Estado Democrático de Direito. Elas são treinadas para lutar contra o inimigo, e não para zelar pela segurança dos cidadãos, nunca deixando de tratar quem comete um delito como cidadão que erra e não um inimigo.

As equivocadas concessões ao *lobby* das PMs trazem agora uma consequência de resultados ainda difíceis de avaliar, mas certamente danosos para nossa democracia infante. É o caso do reaparelhamento do Exército para espionar cidadãos brasileiros no livre exercício de seus direitos fundamentais. Foram apontados pela mídia como alvos os movimentos que se iniciaram em junho do ano passado, além do MST, o MTST e outros grupos. Tudo isso acontece por conta de uma onda autoritária de opinião publicada que procura criminalizar tais movimentos sociais.

Esquecemos que não foi a burguesia insurgente na França e EUA quem criou a democracia universal que temos hoje. Os revolucionários burgueses, como demonstra a primeira Constituição Francesa, de 1791, estabeleceram uma democracia censitária, onde só votavam homens possuidores de renda ou propriedades – ou seja, estabeleceram uma democracia burguesa mesmo.

Foram os movimentos sociais e de protesto que, no correr dos séculos seguintes às revoluções burguesas, conquistaram por suas lutas a democracia universal. Ou seja, aquela onde todos votam e todos têm direitos políticos garantidos. Foram as mulheres sufragistas, os sindicatos de trabalhadores e os movimentos de direitos civis que fizeram isso.

A democracia é um regime político que sempre é um "devir", ou seja, requer constante ampliação dos direitos para não morrer. Não há governo ou legislativo que garanta por si esse constante movimento de progresso que sustenta politicamente os valores democráticos. São os movimentos sociais que o fazem. E, sem liberdade de opinião, de reunião e de protesto garantido a todos, não há democracia. Sem movimentos sociais ativos, também não.

É óbvio que, episodicamente, podem ocorrer transgressões de membros de algum movimento. Tais pessoas devem ser punidas, mas sempre lembrando que, como dizia Durkheim, não há liberdade sem uma convivência com um mínimo de transgressão tolerável. O erro de alguns não pode ser apresentado como motivo para reprimir todos, numa sociedade que se pretende livre e democrática.

Possibilitar ao Exército monitorar – ou seja, espionar – é tratar claramente os movimentos sociais como inimigos do Estado. Espiona-se inimigos, não cidadãos no legítimo exercício de seus direitos. É o ressurgimento da lógica do inimigo interno, própria da ditadura e da sua política de segurança nacional.

A escalada autoritária que vem crescendo no país e que conta com forte apoio da mídia, da direita, de liberais ingênuos e mesmo de parte da esquerda tem de ser denunciada e estancada em todas suas aparições.

Nesse cenário, a campanha eleitoral é um ótimo momento para a cidadania exigir dos candidatos compromisso com o fortalecimento da Força de Segurança Nacional, treinando seus quadros próprios nos valores de um Estado Democrático de Direito. Deve igualmente ser exigido o fim imediato do uso do Exército em ações internas de segurança pública, em especial o fim definitivo de suas atividades de espionagem contra cidadãos brasileiros e o reconhecimento da legitimidade democrática dos movimentos sociais.

***

Judiciário e cidadania

O papel da mídia no Estado republicano

Publicado na revista Observatório da Imprensa, em 12/12/2006

A preservação e realização dos princípios que regem uma dada sociedade não é função unicamente do Estado. Todas as instituições sociais têm um relevante papel a cumprir nesse processo. A mídia é uma delas. No Brasil, não é diferente. De acordo com a Constituição Federal em vigor, em seu artigo 1º, *caput*, somos uma República federativa constituída em Estado Democrático de Direito.

Como Estado de Direito, portanto, e não absolutista, nossas instituições possuem algumas características comuns, inerentes a esse modelo civilizatório. Em linhas gerais, podemos dizer que vivemos numa sociedade aberta, cujas instituições são coletivas e regidas por hierarquia e disciplina. Trata-se da chamada sociedade disciplinar, conforme expressão utilizada por Michel Foucault.

A sociedade disciplinar surge em substituição à sociedade de polícia, sua antecessora, na qual a vida das pessoas era parametrada de acordo com o lugar em que elas nasceram, sua classe ou segmento social.

Numa sociedade disciplinar, aberta, como a nossa, essa regra se modifica. Hoje, o sentido de apreço, de autoimagem, é dado pela opinião dos outros, ou seja, pela imagem que gozamos no ambiente social. A opinião alheia é algo estruturante do significado de viver em nossa sociedade.

Nessa sociedade aberta, a opinião do outro é essencial, afetando todos os aspectos da vida, desde os menores e mais corriqueiros, como os creditícios, em que a opinião do SPC (Serviço de Proteção ao Crédito) é determinante para a obtenção de crédito, até elementos fundamentais, associados à imagem do indivíduo. Além do direito à vida, é direito fundamental da pessoa ter possibilidade de acesso à felicidade. Essa é a essência da ordem jurídica. Mas esse direito fica comprometido na sociedade aberta em razão de uma imagem negativa.

Quando essa imagem negativa é formada em razão de fatos verdadeiros, cabe ao indivíduo suportá-la; isso é consequência do exercício de sua autonomia e liberdade. O problema é que a maioria dos fatos nesse universo de signos em que vivemos não são ocorrências da realidade, mas sim construções linguísticas. Não decorrem das nossas condutas, mas de construções linguísticas dessas condutas. Isso interfere no funcionamento do Estado republicano e, ao mesmo tempo, é inerente a ele. É, na verdade, elemento conformador da República moderna. O problema é que esse mecanismo de construção de imagem não tem funcionado de forma republicana.

Inversão de papéis

A ideia de Estado republicano repousa na inadmissibilidade de poder insuscetível de controle pela sociedade. Todo poder emana do povo e deve, por ele, ser exercido e controlado através de mecanismos específicos. A lei, por exemplo, é mecanismo de controle do Executivo; a eleição é uma forma de controle da escolha dos agentes políticos; o Conselho Nacional de Justiça e o Tribunal de Contas são meios de controle do Judiciário. O próprio Poder Judiciário tem entre suas funções o controle das atividades do Executivo e do Legislativo.

É assim que a liberdade é garantida, através da contenção do poder. Numa sociedade aberta e livre, uma das maiores formas de poder é essa construção de mecanismos linguísticos que vão incidir sobre a imagem das pessoas. É aí que entra a mídia, como principal veiculadora e articuladora dessas construções linguísticas, interferindo de forma decisiva no processo de criação, preservação ou destruição de imagens.

Nesse ponto, é preciso distinguir o conceito de direito à liberdade de expressão, garantido pela Constituição Federal como sendo fundamental ao ser humano e inalienável, e a liberdade de expressão em si mesma. Se a liberdade de expressão não traz em sua definição espécie alguma de limite, o mesmo não se pode dizer do direito à liberdade de expressão. Para o direito, qualquer conduta humana é limitada pela alteridade. O direito de um indivíduo pode ser exercido desde que esse exercício não usurpe, não prejudique o direito do outro. Essa limitação é ainda mais relevante quando falamos de um poder, e não mais de uma conduta humana. Se não houver limites ao poder, a sociedade não poderá funcionar. Encontrar mecanismos sociais de controle a esse poder que a mídia tem é absolutamente relevante.

Não é difícil encontrar casos reais que ilustrem o poder da mídia. Toda a reverberação que houve decorrente do chamado Dossiê Vedoin, poucos dias antes da realização do primeiro turno das eleições presidenciais, interferiu no processo eletivo, mesmo considerando o fato de que o caso ainda estava sob investigação e não havia sido comprovada a responsabilidade desse ou daquele indivíduo.

O único fato que dispensa comprovações nesse cenário é o poder da mídia junto à sociedade. Por conta, também, dessa pressão que a mídia exerce, há uma inversão no papel dos poderes. O Executivo acaba legislando em vez de administrar. O Legislativo vira uma grande delegacia de polícia. E o Judiciário não julga, acaba só decidindo por liminares.

Processo crítico

A pressão que a mídia faz resulta muitas vezes na prisão liminar de pessoas que sejam acusadas. O clamor público, por exemplo, invocado muitas vezes como justificativa da prisão preventiva, é um dos conceitos comunicativos criados que traduz uma das formas de manifestação do poder da mídia. Por meio dele, ela interfere diretamente no elemento jurídico criador do poder de aprisionar.

Alguns sistemas, no interior da sociedade aberta, adaptam-se bem a essa pressão que a mídia exerce. O sistema político, por exemplo, consegue, de alguma forma, dialogar bem com esse poder da mídia. Também o sistema econômico consegue conviver e estabelecer mecanismos de relacionamento com alguma eficácia.

Já o sistema jurídico não. A garantia do devido processo legal, por exemplo, está na base do sistema jurídico. E essa garantia demanda, entre outros recursos, tempo, um tempo que a mídia não tem. A mídia necessita produzir a informação de modo quase instantâneo. Impossível garantir a lisura da apuração, o direito de defesa, a razoabilidade que o processo jurídico exige num curto espaço de tempo. A rapidez no processo de obtenção de informação junto às pessoas predispõe esse processo a muitas injustiças.

Claro que a solução para esse problema não passa pela censura. Não acredito na hipótese de censura como forma de controle. Porém, a procedimentalização do trabalho de apuração e divulgação da informação é necessária. Alguns desses procedimentos já foram muito claramente definidos pela própria mídia, como a busca incessante da imparcialidade, o dever de ouvir todos os lados da questão ou mesmo a instituição da figura independente do *ombudsman*. No entanto, tais mecanismos não se têm mostrado suficientes.

Para que a mídia possa exercer a contento o seu papel no Estado republicano, é preciso discutir novos procedimentos. E dessa discussão tem que participar não só a mídia em geral, mas toda a sociedade.

Não acredito em mecanismos de controle estatal sobre a imprensa. Não acredito em mecanismos de controle burocrático. Tenho certeza de que a única forma de se definir esses mecanismos seja pela via democrática, e não vejo ninguém melhor preparado para levar à frente esse processo do que os próprios jornalistas, sempre com a participação da sociedade.

Para que a mídia, como instituição, exerça o papel que lhe cabe no Estado republicano, mais do que modificações legislativas é preciso haver uma mudança de cultura. Esse é o meio mais eficaz de se solucionar o problema.

***

Por uma mídia mais democrática

Publicado no portal Última Instância, em 18/01/2007

Da antiga sociedade de polícia, na qual o juízo a respeito das pessoas estava de acordo com o lugar do seu nascimento, sua classe ou segmento social, para a sociedade moderna, aberta, muita coisa mudou. Somos hoje um Estado Democrático de Direito, composto por instituições regidas pelos ideais da democracia e seus princípios.

Nesse cenário, a mídia, como instituição que é, tem relevante papel a cumprir na consolidação e defesa da democracia. Na sociedade atual, o sentido de apreço, de autoimagem, é dado pela opinião dos outros, ou seja, pela imagem que gozamos no ambiente social. A opinião do outro é essencial, afetando todos os aspectos da vida, desde os menores e mais corriqueiros até os fundamentais, associados à imagem do indivíduo.

Não só o direito à vida, mas também o direito de ter acesso à felicidade, são garantias fundamentais da pessoa humana. Essa é a essência da ordem jurídica. Mas esse direito fica comprometido na sociedade aberta em razão de uma imagem negativa. Quando essa imagem negativa é formada em razão de fatos verdadeiros, cabe ao indivíduo suportá-la; isso é consequência do exercício de sua autonomia e liberdade.

O problema é que a maioria dos fatos nesse universo de signos em que vivemos não é de ocorrências da realidade, mas sim construções linguísticas. Não decorrem das nossas condutas, mas de construções linguísticas dessas condutas. Isso interfere no funcionamento do Estado republicano e, ao mesmo tempo, é inerente a ele. O problema é que esse mecanismo de construção de imagem não tem funcionado de forma republicana.

A ideia de Estado republicano repousa na inadmissibilidade de poder insuscetível de controle pela sociedade. Todo poder emana do povo e deve, por ele, ser exercido e controlado através de mecanismos específicos.

É assim que a liberdade é garantida: através da contenção do poder. Numa sociedade aberta e livre, uma das mais importantes formas de poder é essa construção de mecanismos linguísticos que vão incidir sobre a imagem das pessoas.

É aí que entra a mídia, como principal veiculadora e articuladora dessas construções linguísticas, interferindo de forma decisiva no processo de criação, preservação ou destruição de imagens.

Por conta, também, dessa pressão que a mídia exerce, há uma inversão no papel dos poderes. O Executivo acaba legislando em vez de administrar. O Legislativo vira uma grande delegacia de polícia. E o Judiciário não julga, acaba só decidindo por liminares.

A pressão que a mídia faz resulta muitas vezes na prisão liminar de pessoas que sejam acusadas. O clamor público, por exemplo, invocado muitas vezes como justificativa da prisão preventiva, é um dos conceitos normativos criados que traduz uma das formas de manifestação do poder da mídia. Por meio dele, ela interfere diretamente no elemento jurídico criador do poder de aprisionar.

Alguns sistemas, no interior da sociedade aberta, adaptam-se bem a essa pressão que a mídia exerce. Não é o caso do sistema jurídico, que tem por base, entre outros princípios, o da garantia do devido processo legal. Essa garantia demanda, entre outros recursos, tempo, um tempo que a mídia não tem.

A mídia necessita produzir a informação de modo quase instantâneo. Impossível garantir a lisura da apuração, o direito de defesa, a razoabilidade que o processo jurídico exige, num curto espaço de tempo. A rapidez no processo de obtenção de informação junto às pessoas predispõe esse processo a muitas injustiças.

Claro que a solução para esse problema não passa pela censura. Não acredito na hipótese de censura como forma de controle. Porém, a procedimentalização do trabalho de apuração e divulgação da informação é necessária.

Alguns desses procedimentos já foram muito claramente definidos pela própria mídia, como a busca incessante da imparcialidade, o dever de ouvir todos os lados da questão ou mesmo a instituição da figura independente do *ombudsman*. No entanto, tais mecanismos não têm se mostrado suficientes.

Para que a mídia possa exercer com eficácia o seu papel no Estado republicano é preciso discutir novos procedimentos. E dessa discussão tem que participar não só a mídia em geral, mas toda a sociedade.

Não acredito em mecanismos de controle estatal sobre a imprensa. Não acredito em mecanismos de controle burocrático. Tenho certeza de que a única forma de se definir esses mecanismos é pela via democrática e não vejo ninguém melhor preparado para levar à frente esse processo do que os próprios jornalistas, sempre com a participação da sociedade.

Para que a mídia, como instituição, exerça o papel que lhe cabe no Estado republicano, mais do que modificações legislativas é preciso haver uma mudança de cultura. Esse é o meio mais eficaz de se solucionar o problema.

Não será a intervenção estatal que resolverá essa questão, mas sim um processo crítico, reflexivo, que os próprios agentes de mídia, em primeiro lugar, terão que conduzir, e do qual a sociedade como um todo tem que participar. Esse é o objetivo dessa crítica à mídia, promover a reflexão.

***

Anistia a José Dirceu

Publicado no portal Última Instância, em 01/03/2007

Começa a ser esboçado no cenário político brasileiro o processo que pode levar à anistia do ex-deputado federal José Dirceu, cujos direitos políticos foram cassados pela Câmara dos Deputados no calor das investigações sobre o escândalo do mensalão.[1]

Independentemente do que venha a ocorrer, o fato é que José Dirceu tem direito a retornar à atividade política. Não apenas pelo exercício de um direito seu, mas sim pelo exercício de um direito coletivo, de interesse geral, fundado em valores maiores, republicanos, que deveriam nortear os procedimentos estatais no país, como o do devido processo legal, com todas as garantias inerentes a ele, e o da presunção de inocência, entre tantos outros.

O julgamento de Dirceu pela Câmara dos Deputados foi marcado pela ausência de provas. Tanto isso é verdade que a pessoa responsável pela denúncia foi condenada por ter apresentado acusações infundadas e sem base probatória. Isso não obstou, no entanto, a condenação de José Dirceu, resultando em situação de flagrante contradição.

Os argumentos apresentados pela defesa não foram sequer considerados na decisão final, deixando evidente que a oitiva dos mesmos não passou de mera formalidade. A decisão condenatória da Câmara, portanto, não levou em conta o processo que a antecedeu.

A justificativa mais comum para tal fato reside no caráter político do julgamento realizado pela Câmara dos Deputados. Mas essa explicação é falha e equivocada. O alegado caráter político em nada modifica o fato de termos, no Brasil, uma Constituição Federal em vigor, que regula esse instituto, determinando não só os contornos do processo como os valores que o regem. Tal caráter político não exonera a autoridade pública da submissão aos preceitos constitucionais.

Não se trata de querer se prender às formalidades técnicas inerentes ao processo judicial e estranhas a um juízo político, mas sim de

---

1   O Projeto de Emenda Constitucional (PEC) de iniciativa popular para pedir a anistia que devolveria os direitos políticos ao ex-ministro José Dirceu, cujo mandato de deputado federal foi cassado em 2005, não chegou a ser apresentado ao Congresso Nacional.

postular que mesmo o julgamento político deve subserviência a valores fundamentais de nossa Constituição. Não se pretende subtrair a maior liberdade do juízo político em apreciar provas, mas sim exigir que as mesmas ao menos existam minimamente.

Se a existência mínima de provas da autoria não é condição de validade do julgamento político, para que serve o direito de defesa neste dito julgamento?

Aliás, sem direito à defesa e à consequente necessidade de obtenção de um conjunto probatório minimamente consistente da autoria, não estaríamos diante de um julgamento, mesmo que político, mas sim de um linchamento, próprio do Estado Imperial Absolutista ou da Inquisição.

Nenhum julgamento pode se dar fora do âmbito das normas constitucionais, sob o manto de um poder ilimitado, unilateral, não regrado, com base na livre vontade da autoridade e em desacordo com o sistema jurídico-constitucional. Não existe tal poder imperial no ordenamento jurídico brasileiro.

O que caracteriza um Estado Republicano de Direito como o nosso é a inexistência de autoridades imperiais. Não há conduta estatal, de qualquer dos Poderes, que não esteja submissa à Constituição.

A cassação dos direitos políticos de José Dirceu se fundamenta num fator bastante diverso: na necessidade de se alimentar o furor da mídia, que exige, de tempos em tempos, o sacrifício de alguém ou algo em nome de um valor maior, numa suposta catarse social.

Notícias são apuradas às pressas, surgem "juízes" em todos os cantos e logo o veredicto é dado, sem maiores cuidados ou preocupações. Tudo isso antes mesmo que o Poder Judiciário se manifeste ou, pior, seja instado a se manifestar.

É claro que a anistia não é o melhor instituto para o caso de José Dirceu. Ela se aplica aos casos em que não há dúvida sobre a culpabilidade do condenado, em que não se debate a justeza da condenação. O réu, sem sombra de dúvida, incorreu em determinada conduta e foi por ela responsabilizado.

Nessas situações, a anistia surge como uma forma de perdão, seja movida por razões de Estado, seja como forma de superação de momentos específicos da história política do país. Em relação a Dirceu, no entanto, nada foi provado, não existe justificativa plausível para sua condenação. Logo, não há o que perdoar.

Apesar disso, a anistia se apresenta como o instituto que temos à mão para restabelecer no país os valores republicanos que foram ultrajados pela condenação injusta.

Isto porque os valores republicanos e de cidadania ultrajados não se inserem apenas no âmbito jurídico, mas, antes de tudo, põem-se como valores políticos fundamentais, a não ser, claro, para aqueles cultores de modelos autoritários de Estado, que não vislumbram nos direitos do cidadão, no republicanismo, no Estado de Direito e na democracia os valores universais da humanidade.

Assim, a anistia se põe para a cidadania, nesta questão específica, não como um instrumento apenas técnico-jurídico limitado por seu âmbito conceitual, mas como um mecanismo político de luta por valores políticos e humanos fundamentais e universais.

A luta pela anistia no Brasil, nos estertores do regime militar, não foi apenas uma forma técnica de obter perdão por supostos delitos cometidos contra a ditadura, mas sim um instrumento político de combate pela cidadania e pelos direitos do homem. Não havia ali o que perdoar, mas sim tratava-se de restabelecer a normalidade cidadã.

Não importa aqui a posição política de cada um, a favor ou contra José Dirceu. Tampouco é questão de simpatia ou de aprovação às suas ideias e aos seus métodos e práticas políticas. Trata-se da necessária reparação, ditada pelos valores republicanos e democráticos.

O ideal democrático e republicano não admite desmandos autoritários e imperiais cometidos não apenas contra uma pessoa, mas sim contra um mandato popular. Não só contra aqueles eleitores que votaram em José Dirceu e que tinham o direito de vê-lo terminar o seu mandato, salvo a existência de provas do ilícito, mas contra todos aqueles que se submetem ao regime eleitoral adotado no país. Contra a cidadania como um todo.

A prática de atos autoritários pelos Poderes de Estado no Brasil infelizmente não é novidade. Repetem-se com frequência preocupante. Nada mais são do que resíduos de épocas passadas, em que vigorava o Estado Imperial e de polícia, onde os princípios democráticos e republicanos não se manifestavam. Mas tal anacronismo não tem razão de ser no Brasil do século 21.

Os valores da República e da democracia há muito foram consagrados em nossas Constituições, não deixando espaço para tais práticas. Do abuso de autoridade do policial contra o cidadão comum até uma decisão infundada da Câmara Federal, todas as condutas que não se submetem aos valores protegidos pelo sistema jurídico brasileiro são imperiais e antirrepublicanas. Devem, portanto, ser combatidas. É nesse contexto que se insere a condenação de José Dirceu, dada a flagrante ausência de provas e ausência consequente do direito de defesa.

Não estamos discutindo aqui melindres processuais ou detalhes técnico-jurídicos, mas sim valores fundamentais da República, da democracia e dos direitos do cidadão. A cidadania deixar passar em branco o caso Dirceu é o mesmo que alimentar e fortalecer o germe imperial e autoritário que vive no corpo republicano democrático. É colocar em risco valores conquistados tão arduamente na história humana, os direitos de cidadania adquiridos ao longo de séculos de luta e sacrifícios.

A condenação de José Dirceu, da forma como foi conduzida, é emblemática dos desvios suportados pela nação e que colocam em xeque todo o sistema político, social e jurídico que construímos. E é por isso que não pode ser deixada para trás. É preciso resgatar esses valores para que eles não se percam de uma vez por todas.

A condenação de José Dirceu sem a existência de provas fez de todos nós vítimas de um sistema corrompido, que precisa ser restaurado. A cidadania foi cassada quando lhe condenaram sem provas. Todos nós fomos cassados.

Os limites da disputa entre Judiciário e Legislativo no Estado de Direito

Publicado no portal Última Instância, em 22/03/2007

A separação e o equilíbrio entre os Poderes do Estado, Executivo, Judiciário e Legislativo, é um dos princípios fundamentais do sistema jurídico brasileiro. Mas, do hipotético à prática, do dever ser ao ser, o caminho a ser percorrido é bastante longo e, no Brasil, tem sido também extremamente árduo.

O princípio republicano e o regime constitucional do Estado Democrático de Direito têm por pressuposto a inexistência de atos puramente imperiais originados em qualquer órgão ou Poder do Estado. Ato imperial, no sentido ora adotado, é aquele não regulado pela ordem jurídica, mas sim produto da mera vontade autônoma do governante.

Dessa característica maior do Estado Democrático e Republicano de Direito provém o princípio de que todo ato público ou emanado de qualquer órgão público está sujeito à ordem jurídica e, portanto, ao controle do Poder Judiciário nos aspectos de constitucionalidade e legalidade.

A única exceção admitida pela doutrina diz respeito à intangibilidade pelo Judiciário do conteúdo de conveniência e oportunidade de tais atos, ou seja, da análise do respectivo mérito. Portanto, não existe ato público insuscetível de controle pela função jurisdicional.

No Brasil, a função jurisdicional é exercida sob o manto do princípio da universalidade da jurisdição pelo Poder Judiciário, ou seja, só o Poder Judiciário pode exercer jurisdição. Portanto, nos aspectos de constitucionalidade e legalidade, cabe a ele a realização do controle dos atos de qualquer órgão público, inclusive do Legislativo.

Entender, como alguns parlamentares têm manifestado em discursos públicos, que tal controle de legalidade e constitucionalidade implica intervenção indevida no Legislativo significa defender o império do Legislativo e não a autoridade constitucional do Legislativo democrático. Em um Estado Republicano, nenhum Poder constituído, seja Executivo, Judiciário ou Legislativo, pode ser tido como um Poder imperial e absoluto.

O Judiciário, por exemplo, é condicionado pelas leis produzidas pelo Legislativo e pelas normas constitucionais produzidas pela Assembleia Constituinte (além de submetido ao controle de seus atos administrativos pelo Tribunal de Contas, órgão do Legislativo, e pelo Conselho Superior de Justiça). Ele é mero aplicador dessas normas, não tendo o poder de, com os seus atos, inovar a ordem jurídica com base na vontade autônoma de seus agentes.

Portanto, a conduta do Judiciário já é limitada pelas normas produzidas pelo Legislativo. Só o Legislativo pode inovar primariamente a ordem jurídica produzindo a lei.

Se essa atividade produtiva de leis não fosse passível de controle de legalidade e constitucionalidade pelo Judiciário, o Poder Legislativo seria absoluto, imperial, o que se põe em conflito com o princípio do Estado Constitucional e Democrático de Direito. O único Poder absoluto compatível com o sistema jurídico brasileiro é o da supremacia da Constituição Federal. Afinal, escolhemos viver sob o governo das leis e não dos homens.

Os integrantes do Legislativo que não aceitam pacificamente as decisões de controle de legalidade e constitucionalidade dos seus atos pelo Poder Judiciário não apenas atentam contra a ideia de Estado Constitucional, Republicano e Democrático de Direito como também atentam contra a cidadania, não contribuindo, inclusive, para sua educação em relação aos valores democráticos e republicanos.

A defesa de particularismos corporativos de instituições e poderes em detrimento dos valores maiores postos na Constituição Federal é uma das origens do atraso institucional da vida política no Brasil. É um traço do Estado de polícia e do regime absolutista que ainda sobrevive no seio do nosso regime democrático de Estado de Direito.

No Brasil, não é incomum a prática de se tentar reverter uma decisão judicial pela via da alteração legislativa. No entanto, uma lei não pode ser produzida com a finalidade de sobrepujar decisões judiciais. Permitir tal prática seria admitir como legítimo um mecanismo de desvio de Poder Legislativo, uma vez que o legislador estaria buscando não atender aos interesses que a Constituição Federal determina e por conta dos quais autoriza a produção legislativa, mas sim desviar de valores constitucionais maiores como o republicano, que implica a necessária efetividade das decisões jurisdicionais.

Trata-se, na realidade, de um golpe do Poder Legislativo. Agir assim implica em usar da atribuição legislativa não para atender às finalidades maiores que a Constituição Federal estipulou, mas sim para esvaziar o exercício de outro Poder: o Judiciário.

Um ato legislativo produzido desse modo deve, portanto, ser declarado inconstitucional pelo Supremo Tribunal Federal em função desse desvio, desse abuso do Poder Legislativo.

Na prática, no entanto, o que se vê é o contrário do que reclamam os parlamentares. O Judiciário tem mostrado, historicamente, uma apatia extremada em reconhecer a inconstitucionalidade de medidas provisórias advindas do Poder Executivo e de outros atos específicos provindos do Poder Legislativo, mesmo quando ofensivos à lei maior.

O que se vê é uma timidez do Judiciário na aplicação da Constituição Federal, que muitas vezes acaba se tornando letra morta. Adotar tal postura é o mesmo que transformar a política brasileira num império de interesses particularistas de grupos de poder, e não na ferramenta necessária para a realização de valores da sociedade estipulados na Constituição Federal.

O Judiciário deveria, em verdade, ser mais rigoroso no controle de constitucionalidade de atos dos Poderes Executivo e Legislativo do que tem demonstrado.

***

A Venezuela e nossas concessões de rádio e TV

Publicado no portal Última Instância, em 07/06/2007

Foi muito alardeado pela mídia a não renovação da concessão da RCTV pelo presidente Hugo Chávez, com repercussões inclusive no âmbito de nosso Legislativo, carreando rusgas nas relações do Brasil com a Venezuela.[2]

---

2 Em 28 de dezembro de 2006, poucos dias após ser reeleito, o então presidente venezuelano Hugo Chávez anunciou que não renovaria a concessão da emissora Radio Caracas Televisión (RCTV), que saiu do ar em 28 de maio de 2007. A RCTV era o canal privado mais antigo do país, com 53 anos de existência.

Não vamos aqui debater se agiu ou não o presidente Chávez de forma adequada na referida nãorenovação, nada obstante seja de estranhar tanta reação contrária a um ato legítimo de um país soberano e adotado a partir de decisão jurisdicional.

O que nos interessa aqui é que o tema venezuelano, a nosso ver, põe a lume a questão das respectivas concessões no Brasil, com a necessidade imperiosa, em favor de valores republicanos e democráticos de organização dos serviços estatais e da convivência social, da aprovação de emendas constitucionais com vistas à modificação do regime jurídico de nossas concessões de radiodifusão por som e por som e imagem (TV), pois se trata o modelo vigente de apropriação privada indevida e antiética de serviços públicos.

Como é cediço, as concessões de serviço público se caracterizam como contratos administrativos pelos quais o Estado transfere à iniciativa privada a execução dos referidos serviços, mantendo, contudo, sua titularidade. O concessionário é, assim, mero executor de um serviço cujo "dono" permanece sendo o Estado.

Em tais contratos vige regime jurídico absolutamente diverso das condições usuais nos contratos privados, razão pela qual doutrina e jurisprudência centenárias alcunham tal regime especial de "cláusulas exorbitantes", por suas diferenças do regime contratual privado comum.

Esta natureza exorbitante se realiza por conta de uma das partes dos contratos de concessão – o Estado-administração – representar o interesse coletivo, enquanto o particular concessionário representa apenas seu interesse individual.

Por razões óbvias, nossa ordem jurídica privilegia o interesse coletivo representado pelo Estado, outorgando-lhe prerrogativas de autoridade no âmbito contratual, incidentes sobre a permanência da avença e sobre a estabilidade de suas cláusulas de serviço, só permanecendo intangível pela administração as condições relativas ao equilíbrio financeiro da avença.

Assim, tais contratos podem ser extintos a qualquer tempo por ato unilateral da administração, com ou sem culpa do concessionário, sendo certo que se não ocorrente referida culpa o concessionário será indenizado pelos danos que sofreu e pelas perdas decorrentes dos lucros cessantes.

Ocorre nesse aspecto um instituto semelhante ao da desapropriação, ou seja, todos estamos sujeitos a ver direitos nossos adquiridos compulsoriamente pelo Estado quando necessário a realização do interesse público.

Não haveria o concessionário de dispor de um direito individual privado intangível de apropriação compulsória pelo Estado quando necessário ao interesse coletivo. Teríamos, em contrário, a absurda hipótese de um direito individual superior aos interesses coletivos, absoluto, intangível e ilimitado.

De qualquer modo, em momento algum, salvo raras hipóteses penais, nossa ordem constitucional confere ao Estado poder de confisco, de se apropriar compulsoriamente de direitos privados sem justa indenização. A propriedade privada como direito é preservada pela indenização, tanto na desapropriação propriamente dita como nas extinções unilaterais de contratos administrativos.

No que respeita às avenças de concessão, estes são mecanismos clássicos, construídos por antigas decisões do Conselho de Estado Francês (corte suprema daquele país em questões administrativas), que preservam uma relação de equilíbrio entre o direito individual de propriedade e o interesse público de realização dos serviços e atividades públicas.

Preserva-se, assim, no âmbito das avenças administrativas, os valores republicanos e democráticos que devem orientar nossa vida como nação, sociedade e Estado.

Mesmo com as reformas e "privatizações" promovidas pelo governo FHC, o eixo central deste regime permaneceu em relação às concessões de serviço público em geral.

Apenas um ambiente das atividades públicas põe-se como exceção a este regime jurídico, em razão de dispositivos discretamente aprovados pela Constituinte de 1988: as concessões de rádio e TV!

Provavelmente por uma conjunção de *lobby* de empresas de telecomunicações agregado ao fato de que muitos constituintes eram proprietários diretos ou indiretos de empresas de rádio e/ou TV, o artigo 223 de nossa Carta Magna estabelece regime de concessão de serviço público absolutamente diverso dos demais serviços públicos concedidos no que tange aos aludidos serviços de radiodifusão sonora e de sons e imagens (rádio e TV).

As concessões de rádio e TV, por força do parágrafo 4º do aludido dispositivo constitucional, só podem ser extintas, antes de vencido seu prazo, por decisão judicial, enquanto todas as demais concessões públicas podem sê-lo por decisão administrativa.

Mas o pior: por força do parágrafo 2º do artigo 223, as concessões de rádio e TV são quase de renovação automática, contratos eternos e intangíveis, pois só há hipótese de sua não renovação com aprovação de dois quintos do Congresso Nacional em votação nominal.

Se os então constituintes – muitos ainda congressistas – tivessem observado valores republicanos em sua decisão, haveriam de estipular para a renovação da concessão de rádio ou TV o mesmo que estipularam para a renovação de qualquer outro contrato público com particular: a necessidade de fazê-lo por licitação aberta a todos os interessados, em observância ao princípio da isonomia que emana da forma republicana de gestão estatal.

Ao estipular a renovação automática das concessões de rádio ou TV, nossa Constituição acaba por estabelecer mecanismo evidente de apropriação privada de serviço público. De um direito contratual público, que careceria ser renovado periodicamente por licitação pública, passamos a ter um direito contratual atípico, que independe de licitação para sua renovação e que só pode deixar de ser realizada por votação nominal de dois quintos do Congresso.

Estabeleceu-se aí inegável imoralidade no âmbito de nossa Carta Magna, uma nódoa em nossa Constituição cidadã. Concessões de serviço público se transformaram em capitanias hereditárias de famílias notórias ou de políticos.

Tal situação nada tem de republicana, remetendo à forma como a aristocracia do Estado Imperial se apropriava privadamente dos bens e serviços públicos.

Assim, é de se estranhar que o Congresso Nacional aprove moção contra a não renovação de concessão de TV venezuelana – por decisão do Judiciário daquele país – e, ao mesmo tempo, deixe de adotar medidas que são de sua competência, com vistas à alteração de nossa Constituição e ao restabelecimento em seus dispositivos relativos às telecomunicações dos valores republicanos e isonômicos que deveriam informá-los.

Talvez nossos congressistas não tenham ânimo a tanto por muitos deles serem donos diretos ou indiretos de empresas concessionárias dos referidos serviços. Legislar contra os próprios interesses econômicos e empresariais é algo inimaginável nessas plagas, mesmo que isso se faça necessário para o restabelecimento de um mínimo de ética no âmbito de tão relevantes concessões.

Antes de criticar a Venezuela, nossos congressistas deveriam agir como recomenda a sabedoria cabocla, "olhando para o próprio rabo"!

***

O sigilo da quebra de sigilo

Publicado no portal Última Instância, em 05/07/2007

Faz pouco tempo organizei com amigos e amigas um encontro num bar da Vila Madalena. A proposta era tomar cerveja tendo ao fundo samba de roda de raiz, para – sem perda do gosto musical nacional – aliviar um pouco a alma do mau gosto "pagodeiro" que invade nossos ouvidos diariamente, querendo ou não.

Uma dessas amigas exerce relevante cargo público em carreira jurídica. Liguei para ela de meu celular, dizendo: "E o esquema de hoje à noite, está armado?"

À noite, em meio a samba e cerveja, fui duramente repreendido por minha amiga: "Como usar ao celular tais expressões? Se estivéssemos sendo monitorados, o que poderiam pensar da frase?". Respondi que não poderiam pensar nada face ao contexto em que foi dita. Ela me respondeu: "Grampo não tem contexto".

A situação jocosa serve para elucidar uma importante dimensão do que vem sendo debatido sobre o tema do direito ao sigilo de comunicações, telefônico e telemático.

Como se sabe, cogita-se no âmbito do Ministério da Justiça a apresentação de projeto de lei que amplie as possibilidades legais de quebra do sigilo das comunicações, tanto no âmbito da telefonia quanto no telemático.

O ilustre delegado-geral da Polícia Federal tem dado incisivas declarações dizendo que não se deve respeitar sigilo de bandido, que o interesse social de apurar crimes deve se sobrepor ao direito à intimidade.

Em princípio, temos de concordar com o delegado-geral.

Desde que cercada das cautelas de natureza legal e constitucional cabíveis, como realização em razão de ordem judicial fundamentada etc., a quebra de sigilo é um importante instrumento para obtenção de informações quanto à atividade criminosa, e não há motivo algum para se preservar sigilos pessoais à custa do interesse público. Obviamente, não é isso que quer nossa Constituição ao garantir o direito à intimidade e ao sigilo de comunicação.

Nossa Constituição quer a preservação da intimidade das pessoas e não a proteção do crime.

Em verdade, o que realmente vulnera o direito fundamental à intimidade não é propriamente a quebra legítima do sigilo, mas sim a ilegítima divulgação para a mídia dos dados obtidos, nem sempre com a devida cautela de preservação do contexto e, às vezes, até sem sequer se guardar aspectos da vida pessoal do investigado revelados pela escuta.

O que a nova legislação deve tratar com atenção, tendo em vista a preservação de nossos valores constitucionais, é a criação de mecanismos que coíbam tanto autoridades e funcionários como advogados das partes de divulgar o conteúdo de escutas realizadas em investigações policiais. Tal divulgação ofende os direitos do investigado, além de ir contra o próprio interesse das investigações no mais das vezes.

Por mais de uma vez tive a oportunidade de ver em rede nacional de televisão trechos de escuta telefônica tidos isoladamente, sem qualquer preocupação com o contexto, em meio a noticiário destruidor da reputação de pessoas, profissionais e agentes públicos. Muitas vezes tive a nítida impressão de serem conversas normais se avaliadas sem o furor da versão das matérias veiculadas.

As frases e enunciados, subtraídos de seu contexto – nem sempre capaz de ser captado na escuta –, podem levar a conclusões equivocadas e trágicas para a reputação de inocentes. Para que isso não ocorra, a polícia se utiliza de outros meios de prova e verificação, mas que não são usados, por óbvio, pelos meios de comunicação.

Qualquer um de nós, se monitorado o tempo todo em suas conversas telefônicas, teria trechos de suas conversas, descolados de seu contexto original, passíveis de serem tidos como "indício" de crime, e pior, quando divulgados acabariam com nossas reputações, inobstante nossa total inocência.

Veja o exemplo do diálogo com minha amiga. Na primeira página de um jornal, expressões puras e benignas podem virar espadas ceifadoras da imagem pública da pessoa.

Que essas medidas repressivas da divulgação indevida de sigilos quebrados sejam tomadas. E que o sejam sem agressão ao direito de defesa e à liberdade de imprensa, o que é possível indiscutivelmente, haja vista vasta experiência internacional no tema.

A grande ofensa à Constituição e ao direito das pessoas não está em ingressar em sua intimidade com as cautelas devidas, mas sim em divulgar o que se obtém, normalmente feito de forma prematura, descontextualizada e sem qualquer razão jurídica ou institucional cabível.

***

Espetáculo comunicativo e o combate à corrupção

Publicado no portal Última Instância, em 12/07/2007

Um dos temas que mais preocupa a sociedade brasileira é o da corrupção. Considerada prática corrente no Brasil e, em menor ou maior grau, em qualquer outro país do mundo, o ponto central dessa discussão não está em saber se a corrupção existe ou não, mas sim em definir as formas de contenção e combate.

Há dois modos de se combater a corrupção: pela adoção da política do "bode expiatório" ou pela criação de mecanismos contínuos de fiscalização, controle e punição.

A política do bode expiatório, mecanismo não republicano, consiste em se escolher, periodicamente, uma pessoa ou grupo específico de pessoas físicas ou jurídicas para ser o depositório de todas as culpas, de toda a corrupção que assola a sociedade. Cria-se um fato de mídia, que gera grande estardalhaço, mas que, na maioria das vezes, não chega a conclusão alguma.

As consequências dessa prática são extremamente nocivas à sociedade, pois gera descrédito na democracia e na República. A sensação de injustiça e de impunidade acaba levando a sociedade a acreditar que esses não são modelos adequados para combater a corrupção. Assim ganham força as aventuras autoritárias.

Essa percepção acaba sendo estimulada pela mídia, que passa a cumprir papel antirrepublicano ao preferir focar a informação num fato negativo isolado, em vez de também considerar em seu processo informativo os esforços que vêm sendo feitos para o efetivo estímulo das instituições republicanas.

É preciso distinguir corrupção no governo de governo corrupto. Uma coisa é ter um governo corrupto, que opera com todos os mecanismos para estimular essa corrupção e abafar a apuração. Outra coisa, bem diferente, é ter um governo que enfrenta situações de corrupção, situações essas vividas por qualquer governo, uma vez que, dado o tamanho do Estado moderno, é impossível haver um governo onde não haja corrupção.

O combate eficaz à corrupção no Estado republicano, portanto, passa pelo segundo modelo indicado: o da criação de mecanismos contínuos de fiscalização, controle e punição, que serão os iniciadores de uma cultura não corrupta.

Há, porém, um elemento perverso nessa forma de combate. O governo que cria mecanismos republicanos de apuração da corrupção acaba sendo sua principal vítima, pois efetivamente identifica esses casos e os expõem ao público. Isso é da natureza do processo. Tanto a sociedade quanto a mídia têm que compreender isso e estimular esse tipo de conduta.

A mídia continua agindo, em face das medidas republicanas de combate à corrupção, pela política do "bode expiatório", a qual, além de gerar maior comoção social, permite a produção de notícias de forma quase que instantânea, suprimindo, em boa parte, a apuração e a investigação necessárias para a real cobertura dos fatos.

Esse processo de investigação e apuração demanda um tempo que, muitas vezes, a mídia não está disposta a sacrificar em nome dos interesses do mercado da informação.

O fato é que, nesse modelo republicano, todos têm um papel a cumprir na defesa dos valores da sociedade. Não apenas a Polícia ou o Estado.

A mídia também tem o seu papel, que consiste em agir de acordo com as regras do procedimento democrático e do princípio republicano. O caso da corrupção é emblemático.

O Estado está mais avançado do que a mídia nesse momento e tem criado mecanismos democráticos de apuração e combate à corrupção; basta acompanhar a atuação da Polícia Federal e do Ministério Público, por exemplo, que são hoje os principais mecanismos de investigação. Isso não seria possível se o Estado não tivesse garantido a essas instituições a autonomia necessária para a consecução desses objetivos.

Um bom exemplo da atuação do Estado nesse ponto diz respeito à condução das investigações da chamada Operação Navalha, que levou até mesmo à prisão de assessor de ministro e ao afastamento de seu chefe.

Pela primeira vez no Brasil, temos instituições autônomas e sólidas investigando, em consonância com os princípios democráticos e republicanos, mas ninguém fala disso. A mídia não fala. Usa como fonte a Polícia Federal, mas em nenhum momento dá o devido crédito ao Estado e à sua atuação para o fortalecimento de instituições como essa, num esforço de realização do processo republicano.

Nesse jogo de papéis, cabe à mídia uma atitude mais moderada. A mídia tem que agir como magistrada – mais do que como acusadora –, no sentido de manter certo distanciamento dos fatos, a chamada imparcialidade.

Tem que levar em consideração alguns elementos do Estado de Direito, do Estado Democrático, que implicam em se obter um mínimo probatório antes de se fazer a acusação, além de efetiva e proporcional oportunidade de manifestação e defesa ao acusado ou "envolvido". Isso tem que ser levado em conta no processo comunicativo.

Para não cair na barbárie comunicativa, a mídia precisa, ao mesmo tempo em que informa, refletir sobre a maneira como realiza essa comunicação e sobre os procedimentos comunicativos que adota.

Embora se perceba essa preocupação por parte de alguns órgãos noticiosos específicos, o fato é que esse esforço precisa ser aprofundado, num debate do qual participe também a sociedade, para que a função social dessa importante instituição seja plenamente alcançada.

***

O devido processo legal em nossa república infante

Publicado no portal Última Instância, em 26/07/2007

A República brasileira ainda engatinha. Nosso Poder Executivo, desde o exórdio da vigência da Constituição de 1988, se põe a legislar através de medidas provisórias, substituindo inconstitucionalmente o Legislativo, ao invés de concentrar-se em seu dever de bem administrar.

O Legislativo, por sua vez, transformou-se numa grande delegacia de polícia com suas CPIs circenses, deixando de cumprir adequadamente sua primordial função de produzir a mais de centena de leis que ainda faltam para regulamentar os direitos e dispositivos de nossa Constituição.

O Judiciário não é exceção, tornando-se uma fábrica de decisões liminares e provisórias, produzindo sentenças e acórdãos finais após anos, por vezes mais de década, de demora.

E sabemos que justiça que tarda é injustiça!

No tocante ao Judiciário, a situação de precariedade republicana se acentua quando observada a questão no âmbito penal das prisões provisórias e preventivas como formas de satisfação da opinião pública em relação à pretendida inexistência de "impunidade" em casos mais rumorosos.

Tal modalidade de aprisionamento cautelar das pessoas é fundada em conceitos legais extremamente indeterminados como "ordem pública", "garantia de aplicação da lei" etc.

A indeterminação conceitual se põe, a nosso ver, em inequívoco conflito com o direito constitucional ao devido processo legal com seu consequente direito à ampla defesa.

À primeira vista, ressalta de tais circunstâncias uma inconveniente e abusiva autoridade que se deposita na mão do juiz para decidir pelo aprisionamento de alguém, sem antes proceder à adequada investigação dos fatos e ouvir os argumentos em defesa do acusado.

Para ampliar a dimensão do equívoco, a título de interpretar a expressão "ordem pública" como estímulo à prisão cautelar, parcela significativa de nossa jurisprudência tem admitido prisões com base em "clamor público", "exemplaridade" e "inquietação social".

Em verdade, tais conceitos jurisprudenciais nada mais significam, na prática, do que a porta de entrada para indevida e indesejável intromissão da mídia como fator determinante de conformação do juízo quanto à liberdade das pessoas. O caso que merece atenção da mídia encontra nesta mesma atenção motivo para justificar a supressão da liberdade das pessoas sem sua prévia defesa e sem a necessária e ponderada apuração dos fatos.

O jornal tem apenas 24 horas para formular suas notícias; a internet e a TV, às vezes, minutos ou segundos para informar adequadamente. Correto e bom que assim o seja.

Mas informações e avaliações produzidas neste tempo estrito não devem servir de arrimo a decisões que suprimem o bem maior das pessoas: sua liberdade. Sem contar, ainda, que tais decisões rumorosas ocasionam, de forma irreparável, danos à imagem e à estima social do indivíduo. Pessoas de bem até prova em contrário (como deve ser no Estado Democrático de Direito) são postas em todos os lares pela TV em trajes laranja de presidiário, em posição de bandido, que decisão nenhuma fará retroagir no imaginário de círculo social do investigado, por mais que se reconheça posteriormente eventual equívoco ou inocência.

A pressa é mãe da insensatez e irmã da injustiça.

A solução definitiva do problema consiste em lutar pelo funcionamento regular dos Poderes e instituições republicanas. O que implica em celeridade dos processos judiciais, a ser obtida pelo aparelhamento adequado deste Poder, com implemento de gestão mais moderna de suas funções e pela desburocratização dos procedimentos judiciais. Sentença judicial adequada ao aprisionamento de agentes criminosos é a decisão final, proferida após o devido processo legal.

Nesse sentido, as Cortes Internacionais de Direitos Humanos, inclusive a da Organização dos Estados Americanos, têm se pronunciado pela incompatibilidade das prisões cautelares e provisórias com a Declaração Universal dos Direitos do Homem, condenando os países que as adotam, como é o caso do Brasil.

O Due Process of Law é um valor clássico do Iluminismo e da racionalidade nas decisões estatais. Secundarizá-lo é um equívoco que nosso futuro como nação certamente cobrará.

O caso do promotor réu e a eficácia do controle externo

Publicado no portal Última Instância, em 06/09/2007

Recordo-me que quando foi apresentado pelo Executivo Federal o projeto de reforma do Judiciário e do Ministério Público, muitas vozes se levantaram contra a ideia de controle externo do Judiciário e do *Parquet*. Muito se argumentou com o princípio da independência de tais instituições e mesmo com a desnecessidade de tal controle, face à existência das respectivas corregedorias e órgãos de controle interno.

Pois se algo pode resultar de bom dos tristes fatos ocasionados pelo caso do promotor Thales Ferri Schoedl, acusado de matar um jovem e ferir outro no litoral paulista, é a relevância da atuação do órgão externo de controle do MP (Ministério Público). Mesmo no âmbito de sua tímida competência legal, o CNMP (Conselho Nacional do Ministério Público) corrigiu teratológica decisão do órgão especial do Colégio de Procuradores do Ministério Público de São Paulo, conselho interno da instituição, que havia decidido por reintegrar o promotor réu no exercício de suas funções, concedendo-lhe vitaliciedade mesmo com a existência de processo criminal, o mesmo em que pesam evidências fortes contra o aludido profissional.[3]

---

3 Em dezembro de 2004, o promotor de Justiça de São Paulo Thales Ferri Schoedl foi acusado de matar a tiros o jovem Diego Modanez e de ferir Felipe Siqueira de Souza,

Ao decidir por suspender a vitaliciedade e afastar temporariamente o referido promotor de sua função, o Conselho Superior confere condições mínimas para a realização do processo criminal e expurga decisão de nítido caráter corporativista e contrária à boa imagem da instituição, agindo com acerto, aliás, reconhecido na mídia pelo próprio chefe do *Parquet* estadual.

Difícil sustentar a viabilidade de se vitaliciar um agente público em tais condições. Se de um lado não se deve condená-lo sem prévio processo com ampla defesa, de outro não se deve atribuir-lhe direito incompatível com quem eventualmente comete o crime de homicídio. O mais adequado é a suspensão da atribuição da prerrogativa até decisão final, como bem decidiu o órgão de controle externo.

O que chama a atenção é que, se o órgão de controle externo não existisse, a vitaliciedade indevida e antirrepublicana teria ocorrido. O corporativismo teria se sobreposto aos valores fundantes de nossa Ordem Constitucional. E, por absurdo que pareça, um ato de inegável caráter corporativo e contrário ao interesse público teria se consolidado, tendo sido praticado pela instituição a quem compete curar desse mesmo interesse público.

A rigor, que independência moral teria o Ministério Público para processar alguém em São Paulo caso tal decisão fosse mantida? Como pedir a prisão provisória ou preventiva de algum réu cidadão comum, se sequer o adiamento da vitaliciedade de um réu promotor foi deliberado pelo próprio MP?

Pois foi exatamente o mal falado órgão de controle externo que veio acudir a instituição em apuros, em salvaguarda de sua independência e de seu caráter republicano confrontados pela equivocada decisão de seu Conselho Interno.

---

após uma discussão, na saída de uma festa, em um condomínio na Riviera de São Lourenço, litoral paulista.

Em verdade, o ocorrido nos convida ao retorno do debate quanto à extensão do controle externo, amesquinhada quando de sua aprovação no Legislativo, por conta da pressão corporativista. O que se verificou é que instituição estatal alguma deve ser insuscetível de controle externo pelos agentes da sociedade civil, sob pena de vermos interesses particularistas, de carreiras e corporações, se sobreporem aos interesses públicos que estas mesmas instituições foram criadas para defender.

Compor um projeto de ampliação do controle externo do Judiciário e do MP é um dos elementos fundantes de uma reforma de Estado pautada por valores republicanos e democráticos que nosso país, com urgência, carece.

***

A independência funcional do Ministério Público

Publicado no portal Última Instância, em 20/09/2007

Não há como o MP (Ministério Público) brasileiro cumprir suas finalidades funcionais sem a criação de condições jurídicas e materiais que garantam sua autonomia e independência funcional. Tal independência implica prerrogativas funcionais, que inicialmente se expressam no princípio do promotor natural. Relevantíssimo que os cargos e funções da instituição sejam acessíveis por mecanismos isonômicos de ascensão na carreira, e não por designações de confiança, como desafortunadamente ainda ocorre com relevantes funções do *Parquet*.

Havemos de questionar, sob o ponto de vista da cidadania, face aos valores tutelados em nossa Constituição, o fato de a designação do chefe do MP – os procuradores-gerais da República e da Justiça nos estados – competir ao chefe do Executivo, a quem incumbe ao escolhido fiscalizar. Inegável traço imperial caber ao chefe do Executivo eleger seu fiscal. Inumano exigir independência funcional real dos chefes dos MPs em relação a quem lhes conduziu ao cargo. E não raro essa condição foi geradora de condutas indesejáveis de arquivamento ou "engavetamento" de investigações que contrariavam interesses dos Executivos.

Indesejável também a costumeira ocorrência de procuradores-gerais serem nomeados, logo após o término do mandato, para cargos de confiança no Executivo estadual ou mesmo municipais aos quais lhes incumbia fiscalizar. Note-se que muitas vezes essas nomeações ocorrem sem sequer o pudor do afastamento definitivo da carreira. Mesmo se considerando, apenas para argumentar, como formalmente legais, essas designações não seriam consentâneas com os valores do Estado Democrático de Direito e com a dimensão ética a ele inerente.

A legislação pátria tem evoluído na criação de mecanismos de mitigação dos referidos resíduos imperiais na nomeação dos procuradores-gerais, estabelecendo que deve ocorrer a escolha entre nomes previamente indicados pelos membros da instituição. Entretanto, tais mitigações são tímidas face ao desnaturamento funcional ocasionado pela prática. Os procuradores-gerais deveriam ser escolhidos, entre integrantes efetivos da carreira, por escolha direta dos eleitores ou pela totalidade dos membros da instituição. Sem ingerência do Executivo ou do Legislativo.

Inobstante a existência desses vícios imperiais, é inegável que a instituição se transformou em um dos mais relevantes atores políticos brasileiros, como ressalta Rogério Bastos Arantes, contribuindo significativamente para a consolidação do Estado Democrático de Direito.

Se por um lado essas contribuições foram oferecidas pelas mudanças constitucionais e legais que ampliaram as competências e prerrogativas da instituição, é inegável que tais mudanças não se concretizariam não fossem os agentes do MP parcela do que há de melhor em termos intelectuais e éticos no meio jurídico. Quem atua profissionalmente nos tribunais sabe que a conduta de membros de MPs, como o paulista, por exemplo, em geral prima pelo zelo técnico e pela incorruptibilidade ímpar no triste quadro ético do serviço público do país.

Esses quadros têm sido conquistados no mercado, além da inspiração que a nobreza das referidas funções naturalmente ocasiona nos jovens profissionais, pelos benefícios, direitos e prerrogativas inerentes à função. No início da carreira, a remuneração é atraente e a estabilidade funcional, chamariz. Mas a remuneração a partir da fase intermediária está longe de ser satisfatória. O promotor ou procurador maduro, no melhor momento de sua potencial produção, é desestimulado por vencimentos incompatíveis, que o obrigam, no mais das vezes, ao exercício de funções docentes e acadêmicas não apenas por satisfação pessoal.

Nesse aspecto, a nosso ver, profundamente infeliz a reforma previdenciária ao extinguir a aposentadoria integral dos novos membros do *Parquet* e da magistratura. Tal aposentadoria se apresentava como compensação pelos médios vencimentos no outono da carreira.

Interessante como o Estado brasileiro, no atual e nos anteriores governos, tem se mostrado sensível aos mercados capitalistas, em especial o financeiro, e ao mesmo tempo insensível ao mercado de mão de obra qualificada existente nos mesmos mercados capitalistas.

A aposentadoria integral pouco significa em termos de impacto nos dispêndios públicos, mas muito significa para a cidadania. Não há real independência funcional sem qualificação técnica e ética. Para tanto, é essencial à sociedade poder colher os quadros da instituição entre os melhores do mercado dos operadores do Direito. E há que adotar uma política pública de captação de quadros que implique a melhora de vencimentos da carreira.

Por fim, a politização – no sentido menor da expressão – do MP é indesejável pela ameaça que ocasiona à sua independência funcional.

Entretanto, é essa postura partidarizada o retrato da atuação pública de alguns membros do *Parquet*, que ocasionam potenciais prejuízos à manutenção da autonomia da instituição com sua equivocada atuação voltada exclusivamente aos holofotes da mídia, muitas vezes por inconfessáveis interesses partidários, conduta que fica na fronteira entre a tribuna política incompatível com a função e o exagero de concessões à vaidade pessoal, também indesejável na conduta de um agente público.

De qualquer modo, a garantia da independência funcional do Ministério Público, por meio de medidas formais e materiais compatíveis com os valores republicanos, é medida fundamental à manutenção e fortalecimento da cidadania e do Estado Democrático de Direito.

***

O porte de arma de juízes e promotores

Publicado no portal Última Instância, em 10/01/2008

Quando do plebiscito a respeito da manutenção ou não da legalidade do comércio de armas, tivemos oportunidade de manifestar de público nosso ponto de vista favorável à permanência das determinações legais vigentes, quais sejam, liberdade de comércio nos limites estipulados em lei e de direito à posse de armamento civil pela cidadania, com o porte de arma só se legitimando por concessão estatal discricionária a partir de critérios que levem em conta a capacidade técnica e psíquica do beneficiado, sem prejuízo de outros aspectos relevantes.

A proibição do comércio e da posse de armas, como pretendido então por parcela significativa de nossa sociedade civil, nos pareceu descabida face a vários aspectos, inclusive a manutenção da esfera de liberdade das pessoas e de seu direito fundamental à segurança. Como a arma de fogo se trata, contudo, de objeto cujo uso pode oferecer risco à integridade física de terceiras pessoas distintas do usuário, é de todo razoável que seu porte seja controlado rigidamente pelo Estado.

De outra banda, ocasionalmente nos últimos anos, temos visto no noticiário ocorrências que envolvem o uso de armas de fogo por integrantes do Ministério Público e do Poder Judiciário, algumas dessas vezes envoltas em circunstâncias que ocasionam suspeitas de conduta criminosa propiciada pelo porte desse armamento.

Como é sabido aos membros do Ministério Público e da Magistratura, o porte de arma de fogo é deferido por determinação legal genérica contida nas respectivas Leis Orgânicas das carreiras, bastando a posse no cargo para início imediato da fruição do porte.

Ao contrário do restante da cidadania, os juízes e promotores podem portar armas de fogo independentemente de qualquer verificação prévia por autoridade de sua real necessidade, bem como da aptidão técnica e psíquica do agente. Também não há qualquer especificação da arma a ser portada.

A nosso ver, é necessária a imediata revogação de tal privilégio legal, devendo ser substituído por regulamentação mais rigorosa, estabelecendo limites ao porte de arma pelas referidas autoridades.

O argumento de que tal privilégio deve ser mantido pelo fato das referidas autoridades se exporem a perigos e ameaças em razão do exercício de suas funções não resiste ao que a realidade tem evidenciado. O que se tem visto no noticiário são casos de suspeitas de abuso e delitos por autoridades que portam armas e não casos de autodefesa eficaz face a ataque ocorrido em razão do exercício funcional.

O porte de arma de fogo não protege o juiz, o promotor e nem qualquer pessoa de ataques violentos de marginais. As estatísticas demonstram que a autodefesa contra ações armadas de marginais praticamente só leva à morte da vítima. O que tem sido mais eficaz na proteção de autoridades ameaçadas é a proteção policial específica.

De qualquer forma, o que se quer não é impedir a autoridade que se esteja em risco funcional de portar arma, mas sim regulamentar este porte. Também não se quer intervir na autonomia e independência do Judiciário e Ministério Público.

O porte de arma aos juízes e promotores deve ter como autoridade competente para sua concessão as respectivas Corregedorias dessas carreiras. As instituições, assim, teriam possibilidade de controlar o uso de armamento por seus integrantes, podendo verificar a real necessidade da licença bem como a aptidão técnica, psíquica do usuário, tendo inclusive a posse da informação e o controle de qual arma tem porte autorizado para determinada autoridade.

A independência do Poder Judiciário e a autonomia do MP seriam preservadas, mas o controle correicional do porte certamente inibiria o uso indevido de armamento por seus integrantes.

O que nos parece relevante é que o porte de arma por juízes e promotores não seja uma deferência genérica da legislação, mas uma concessão individual e específica, de acordo com as circunstâncias de cada autoridade e controlando-se o armamento licenciado e, portanto, suas condições de uso, com vistas a tentar mitigar abusos e condutas criminosas por parte de quem tem o dever de elidir o crime da vida social.

O grampo no STF

Publicado no portal Última Instância, em 04/09/2008

Não nego minha simpatia e apoio ao governo Lula. A meu ver, cidadania é um direito e um dever de todos os integrantes da nação que não se exerce de forma plena sem um claro assumir de posição no jogo político, mesmo que sujeito às mudanças próprias do que se observa como conduta de governantes e lideranças partidárias.

Um dos aspectos que mais me incomodam em nossa cultura política é um certo culto pelo absenteísmo político – como se a atividade política fosse menos até que um assunto menor, como se fosse um assunto pouco nobre e conspurcado, enredo de vilões profissionais, e não âmbito de atuação de todos.

As raízes dessa visão de mundo apolítica são antigas.

Sócrates, ao fundar as bases do pensamento que conformou a civilização ocidental, trazia como um dos traços marcantes do que propunha uma aproximação do mundo e dos homens do saber dos assuntos da política, opondo-se à visão até então imperante em Atenas de que a filosofia era tema dos deuses e de que sabedoria era qualidade excludente da judicialidade. O sábio era visto com um ser aéreo, abstraído dos assuntos terrenos, apto a acessar conteúdos divinos de saber, mas inapto à prática terrena e real dos assuntos da pólis.

Sócrates construiu uma forma de pensar em que admitia a incapacidade humana de acessar conteúdos de conhecimento divino ("só sei que nada sei"), mas que aproximava o saber da atividade política. Em verdade, a existência humana só podia ser entendida à luz da alteridade: mesmo quando sozinho, no entender de Sócrates, o homem não se livrava do outro, pois o pensar pressupõe um diálogo interno que travamos com um outro eu interno que nos acompanha.

Sócrates funda assim a ideia de "consciência", que, muitas vezes de forma incauta, atribuímos a Cristo ou a outras figuras religiosas, mas que, para ele, conformava um condão humano inerente não necessariamente à religião, mas, sim, à política e ao saber, que pode operar de modo muito mais eficaz que a crença ou que as normas estatais como forma de adequar o comportamento individual às exigências da convivência comunitária. O pensar e o sentir, nessa perspectiva, são, antes de tudo, um território da política, da convivência com o outro que nos habita.

Política é algo de que podemos fugir apenas imaginariamente. Queiramos ou não, ela condiciona nossa existência, mesmo quando estamos sós. Mesmo quando aquietados, mesmo involuntariamente, nós a exercemos!

Assim, creio que a forma mais plena de exercer minha cidadania e, ao mesmo tempo, a forma minimamente digna de cultivar minha existência é buscar tomar posição em relação aos temas políticos que não conformam consenso na vida social. Ter lado, ter partido, é algo que enaltece e dignifica a existência humana, e não a empece.

Ocorre que esse ter lado, esse assumir posição, é conduta do pensar e do sentir, e nunca conduta de fé, logo necessariamente crítica, livre e imanente por natureza. Idolatrias personalistas não implicam, como pode parecer, assumir posição nos assuntos públicos. Em geral, cultos personalistas são mais um escudo para as alienações e para a fuga do debate, do esforço e da disciplina de pensar, inerente à reflexão política.

Em certos momentos, a melhor forma de tomar partido é ter a liberdade crítica e racional de questionar ou de cobrar abertamente determinada conduta de quem apoiamos na disputa pela hegemonia decisória nos assuntos públicos.

Há que se dizer de forma clara: o suposto grampo realizado contra o presidente do Supremo Tribunal Federal é um delito gravíssimo. Trata-se inegavelmente da mais grave ilicitude, se verdadeira, praticada contra os interesses públicos e o funcionamento republicano do Estado desde a promulgação de nossa Constituição, em 1988.[4]

A conduta do presidente da República, que afastou os investigados diretos e indiretos dos cargos que ocupam, foi a medida adequada à proteção da independência e da lisura das investigações, mesmo todos sabendo que um dos afastados é homem de honra pessoal intacável e com valiosíssimos serviços prestados à nação e às instituições republicanas.

Não há como manter no exercício de atribuições estatais de inteligência, que implicam exercício cotidiano de atividade ligada ao uso de informações, pessoas investigadas num assunto tão candente. É natural a suposição de que poderão usar das atribuições de seus cargos para influir no resultado das aludidas sindicâncias.

Aos inocentes a investigação independente, racional, sigilosa e eficaz só pode enaltecer. Aos culpados deve infirmar.

A conduta presidencial, entretanto, não pode escorar-se na ilusão de que uma imputação de tal gravidade se satisfaz apenas com a medida de afastamento dos investigados.

Se a vítima fosse um cidadão comum, já seria grave a acusação. Sendo o presidente do STF, é quase inimaginável a real ocorrência do imputado. Se tal violência ocorre ao presidente da Corte Maior da nação, o que poderá ocorrer ao cidadão comum?

A Abin é órgão subordinado à Presidência da República. É da responsabilidade do presidente da República, em prol dos valores objeto do consenso social e estabelecidos nas normas constitucionais em benefício de todos os cidadãos, ao tomar conhecimento de tais acusações, promover imediata apuração de todo o ocorrido com empenho pessoal claro, e não rotineiro, para que não chegue a crise institucional a atingir sua própria posição.

---

4 No final de agosto de 2008, a revista *Veja* publicou reportagem na qual acusava a Agência Brasileira de Inteligência (Abin) de interceptar ilegalmente telefonemas do então presidente do Supremo Tribunal Federal (STF), ministro Gilmar Mendes.

O presidente deve à nação uma conduta de estadista, esclarecendo de forma rápida e eficaz todos os fatos ocorridos e punindo culpados, sejam eles dirigentes de órgãos federais ou agentes subalternos a soldo de malfeitores. Todas as hipóteses do que possa ter ensejado o ocorrido devem ser igualmente investigadas. Dúvida não pode restar à cidadania após rápida e eficaz investigação.

O presidente acertou no primeiro momento. Que continue acertando para que, inclusive, não possam sobrar dúvidas quanto à sua própria conduta.

***

Estado policial e desigualdade social

Publicado no portal Última Instância, em 11/09/2008

Em minha última coluna publicada neste espaço, tive a oportunidade de tratar do gravíssimo caso do grampo ilegal realizado contra o presidente do STF (Supremo Tribunal Federal).

Como já tivemos a oportunidade de ressaltar, a gravidade do caso exige séria, independente e rigorosa apuração.

Por causa do ocorrido, contudo, produziu-se um rumoroso alarido oposicionista, entoando discurso que imputa ao Governo Federal a "criação" de um Estado policial que, com suas forças policiais e de inteligência, só realizaria prisões espetaculosas, faria grampos de legalidade duvidosa e cometeria outros abusos.

Em verdade, há que ir devagar nessa análise estrepitosa e prenhe de adjetivos porque o santo é de barro e o tema é mais complexo.

É verdade que a Polícia Federal cometeu certos abusos, que deixou a vaidade de alguns de seus integrantes superar os interesses públicos que lhes cabia curar, pondo-se, inclusive, em conflito com direitos fundamentais assegurados em nossa Carta Magna.

Mas não é menos verdadeiro que jamais tivemos em nossa história PF tão atuante no combate à criminalidade, em especial àquela que se mantinha intangível ao *jus puniendi* do Estado pelo fato de ser constituída por marginais pertencentes à nossa mais abastada elite política, econômica e financeira, que sempre teve no Estado um instrumento de satisfação de seus interesses corruptos e jamais o autor da devida perseção a suas malfeitorias.

A construção de um Estado Democrático de Direito é tarefa não retilínea. Passa por caminhos tensos, de conflito dialético e da necessária ponderação entre princípios e direitos. Não há Estado de Direito sem observância dos direitos fundamentais das pessoas, em especial dos acusados, mas também ele não se realiza sem que todos, inclusive as elites política, econômica e intelectual, sejam submetidos ao rigor de suas leis.

É natural que, ao passar a agir contra elites antes intangíveis à força da lei, alguns agentes estatais cometam abusos ocasionais e episódicos. Devem ser punidos para que não mais ocorram tais abusos, mas jamais devem servir de arrimo à pretensão de retorno à situação anterior de impunidade.

Obviamente, é grave abusar da espetacularização midiática de prisões, utilizar abusivamente do grampo, exceder no uso público de algemas em detidos que nem julgados foram etc.

Mas, se há Estado policial no Brasil, este não tem nessas condutas seus momentos mais abusivos e autoritários. O mais trágico na ação abusiva da polícia no Brasil não se dá no combate federal aos crimes de colarinho-branco, mas, sim, no uso da tortura e do homicídio pelas polícias estaduais como método cotidiano de ação – a tortura e os homicídios praticados não contra nossas elites, mas contra o povo pobre das favelas e das periferias, abusos verdadeiramente criminosos praticados contra os excluídos do mundo do consumo.

Se é verdade que causa indignação algemar pública e abusivamente um detido sobre o qual recai apenas ordem de prisão provisória, sem qualquer culpa formada, mais indignação ainda se origina quando, no morro, um cidadão sofre violência por quem lhe põe um saco na cabeça para lhe suprimir a respiração, sem qualquer ordem judicial de detenção ou sequer realização de depoimento formal.

Inegavelmente, a construção de nosso Estado Democrático de Direito se dá principalmente pela superação do Estado policial no cotidiano da ação das forças públicas repressivas, mas há óbvia manipulação político-ideológica em querer localizar os abusos contra os direitos fundamentais apenas no âmbito federal, como se eles não ocorressem em todos os rincões de nossa Federação.

Nossa grande tragédia é nossa imensa desigualdade social. Não há Estado de Direito que se construa no meio da injustiça social.

A maior razão para a sobrevivência no interior de nosso Estado Democrático de Direito de práticas próprias de um Estado de Polícia é o fosso social imenso, que deixa grande parte da população desprovida de tudo, até do interesse da mídia e de nossas elites políticas e econômicas em denunciar os abusos cometidos contra ela, que constitui parcela majoritária de nossa cidadania.

Grande avanço da cidadania foi alcançado nas recentes decisões do STF favoráveis às garantias e aos direitos fundamentais das pessoas. Nossa Corte Maior cumpriu seu papel com denodo. Cumpre agora aos demais poderes do Estado e às demais instâncias da Federação universalizar esses mesmos direitos, efetivando-os como realidade usufruída também pela maioria pobre e esquecida da nação.

***

Liberdade religiosa e serviços públicos de telecomunicações

Publicado no portal Última Instância, em 27/11/2008

Nesta semana, iniciei a leitura de obra que parece instigante de autoria do professor Dionisio Lamazares Fernández, catedrático de direito eclesiástico da Universidade Complutense de Madrid, cujo título é *Derecho de La Libertad de Conciencia*. Obra alentada em dois volumes extensos, dos quais o primeiro trata da relação entre o direito à liberdade de consciência religiosa e a laicidade estatal.

A questão do direito de liberdade de consciência, em suas várias dimensões, em especial na religiosa, inobstante salvaguardado expressamente em nossa Carta Constitucional, pouco mereceu da atenção de nossa doutrina jurídica.

A questão é de extrema complexidade, envolve desde aspectos da liberdade interior de desenvolvimento pessoal até formação da autoestima como singularidade afetiva e cultural. Isso passa pelo direito à expressão dessa mesma singularidade pessoal, afetiva e cultural, e chega até o âmbito dos direitos das minorias étnicas e religiosas. Ficou famoso por todo o globo o caso da proibição na França do uso do *hijab* por jovens muçulmanas estrangeiras nas escolas públicas francesas sob fundamento no caráter laico do Estado. A laicidade dos serviços públicos acabou por servir indevidamente de argumento ao preconceito xenófobo e à persecução contra as minorias étnicas e religiosas.

Obviamente, esta coluna não é o espaço adequado à produção da necessária investigação jurídico-científica sobre as diversas repercussões do tema no âmbito de nossa Constituição. Mas alguns aspectos mais genéricos dos dizeres constitucionais trazem aspectos jurídicos e políticos que merecem a atenção da cidadania como um todo, não apenas do ambiente acadêmico.

Na mesma semana em que iniciei a leitura da obra referida, no meio de uma madrugada insone, resolvi ligar a televisão. Procurei o programa que me parecia o mais desinteressante possível, na clara intenção de induzir o sono que não vinha. Zapeando, parei num canal que transmitia um culto religioso, no qual o pastor incitava os fiéis à expulsão de demônios dos seus corpos e promovia a cura milagrosa de doenças. Constantemente, havia o apelo a contribuições financeiras. O público-alvo eram evidentemente pessoas simples, pobres e angustiadas por problemas materiais advindos de nossa trágica injustiça social e por problemas afetivos próprios da vida hodierna: solidão, depressão, desespero.

A televisão revelava-se extremamente útil à divulgação do culto e às suas intenções de arrecadação. O trato com o divino era pura relação de troca comercial. Contribuindo, a felicidade viria por milagre, como compensação pelo sacrifício embutido na doação financeira.

Quem sou eu para pôr em questão a fé das pessoas? Mas assaltaram-me algumas questões que dizem respeito à cidadania, não ao debate religioso. Vivemos sob a tutela de um Estado Republicano e Democrático de Direito, onde são garantidos às pessoas direitos fundamentais, entre os quais a liberdade de culto e crença religiosa. Por isso mesmo, nosso Estado é laico. Garante às pessoas a livre consciência religiosa, mas o próprio Estado não adere a esta ou àquela religião.

O serviço de transmissão de sons e imagens pela TV aberta é público, o mesmo acontecendo com os serviços de radiodifusão, segundo dizer expresso de nossa Constituição. Isso quer dizer que, mesmo prestado por concessão a particular, o serviço é de titularidade do Estado. Seria válida a outorga de tal concessão a determinada Igreja, tendo-se em conta o caráter laico que o Estado deve assumir? Mesmo quando concedida a uma pessoa jurídica não vinculada à prática religiosa, é lícito esse particular usar parte de seu tempo para transmissão de cultos ou programas religiosos? Se lícita a transmissão de tais programas ou cultos, seu conteúdo é ilimitado?

De início, havemos de considerar que qualquer direito implica limites, lastreados nos direitos de terceiros. Celso Antonio Bandeira de Mello nos ensina que liberdade é conceito diverso de direito de liberdade. Em verdade, enquanto a noção de liberdade nos reporta a uma possibilidade física do agir humano, só limitada pelo âmbito do possível à ação corporal, o direito de liberdade é um agir regulado, conformado juridicamente para possibilitar a convivência social. A potência corporal de cada qual tem sua livre atuação condicionada por normas protetoras da liberdade de terceiros e de direitos da sociedade como um todo considerada.

Em consequência disso, o direito à liberdade de credo não há de ser uma possibilidade de agir ilimitada. Sofre evidentes condicionamentos e limites por causa de outros princípios jurídicos, entre os quais se destaca o da laicidade do Estado Republicano e Democrático.

O caráter laico do Estado implica, em verdade, dois efeitos diversos e aparentemente paradoxais em sua relação de ponderação com o princípio constitucional da liberdade de expressão e de consciência religiosa. De um lado, serve de limite a esse direito, pois estabelece a impossibilidade de o Estado agir de molde a adotar algum credo religioso como seu. A todos os cidadãos é garantido o direito de crer e de manifestar sua crença, mas não ao Estado. Os agentes públicos, em seu agir e no uso de suas atribuições de autoridade, não devem impor nem estimular qualquer crença religiosa à cidadania.

Mas, de outro lado, o caráter laico do Estado é que, em verdade, serve de garantia à mesma liberdade de crença religiosa. Ao manter-se laico, o Estado não privilegia uma crença em detrimento de outra. Trata as crenças dos cidadãos como iguais, garantindo a eles o direito de crer e de manifestar suas convicções religiosas de forma pacífica e em igualdade de condições. A laicidade estatal garante que uma crença não se utilizará dos poderes estatais para suprimir a existência de outra, como já ocorreu por vezes na história humana.

Tome-se por óbvio que, se o Estado deve manter-se laico como forma de garantir igualdade de tratamento a todas as confissões religiosas, os serviços públicos, que são de seu domínio, não devem ser concedidos a uma determinada organização religiosa. Assim, no tocante ao tema da concessão de serviços de televisão aberta ou de rádio, a isonomia faz pender em favor da laicidade estatal sua devida ponderação com a liberdade religiosa, servindo-lhe de limite. Nossa Constituição quer, assim, que os canais de televisão não se prestem à divulgação de apenas uma confissão, quer permitir a todos os credos que divulguem por esse meio suas crenças. O serviço público não pode ser meio de divulgação de uma crença em detrimento das outras.

De outro lado, como é óbvio e razoável, nada impede a televisão aberta de divulgar cultos ou ideias religiosas, servindo de meio de concretização da livre expressão de ideias e credos. Da mesma forma que pode informar o público do que acontece numa convenção partidária ou promover uma entrevista de cunho político, pode transmitir um ou outro culto ou programa de debates religiosos etc. O que não deve é servir de instrumento exclusivo a um credo ou excluir da programação algum outro credo ou crente diverso por razões subjetivas de seus dirigentes.

Da mesma forma que não se deve admitir que um partido político seja concessionário de um canal de TV aberta ou de uma rádio, não se deve possibilitar o mesmo a uma organização religiosa. É o que exige o caráter laico e republicano dos serviços públicos, consoante determinado em nossa Constituição.

A nosso ver, portanto, igrejas e organizações religiosas não devem ser concessionárias de serviços de TV aberta e de radiodifusão, nada impedindo, contudo, que as concessionárias legalmente investidas transmitam cultos e promovam programas de divulgação de crenças e ideias religiosas.

Por último, resta-nos dizer que o conteúdo de tais transmissões religiosas deve encontrar limites na garantia da boa-fé pública. Programas que exorbitem a razoabilidade de meios para obter contribuições não devem ser objeto de censura prévia – o que, a nosso ver, não é permitido em nossa ordem constitucional –, mas estão sujeitos à ação repressiva dos órgãos e instituições que têm por fim a defesa dos interesses metaindividuais dos usuários desse serviço de telecomunicação, como o Ministério Público, por exemplo. Se a publicidade enganosa no tocante à comercialização de produtos é rejeitada por nossa ordem jurídica, o que não dizer da "venda" pública de milagres, curas, exorcismos etc.?

O tema é polêmico nos âmbitos jurídico e político e indubitavelmente põe-se às textilhas com interesses poderosos, mas merece ser debatido de forma livre, plena e desimpedida por nossa cidadania.

O ministro e o acesso a inquéritos sigilosos

Publicado no portal Última Instância, em 30/04/2009

Por diversas vezes tive a oportunidade de defender aqui nesta coluna e em declarações à imprensa posições assumidas pelo ministro da Justiça, Tarso Genro. A última delas foi a concessão de refúgio político ao italiano Cesare Battisti.

Entretanto, não há como sair em defesa de suas afirmações perante a CPI que apura questões relativas à operação Castelo de Areia, sobre a decisão do STF (Supremo Tribunal Federal) de conceder aos advogados acesso ao conteúdo de inquéritos sigilosos que investiguem clientes seus. Ora, quem criou este suposto "absurdo" foi a Constituição, o Estado de Direito, a Declaração Universal de Direitos do Homem e a Lei Federal reguladora do exercício da Advocacia, e não o STF, que nada mais fez que aplicar o disposto em nossa Carta Magna.[5]

Não contente em afirmar despautérios, o ministro ainda propõe que o Legislativo formule projeto para determinar a proibição do acesso sob alegação de que tal franquia aos advogados é o que ocasiona o vazamento de informações desses inquéritos sigilosos.

O direito ao acesso pelos advogados ao conteúdo de atos investigatórios findos, que digam respeito a clientes seus, é prerrogativa do profissional para exercício pleno da advocacia e do investigado como garantia da preservação de direitos que titulariza face ao Estado investigador.

É corrente, mesmo em rincões de nossa melhor doutrina publicista, uma certa noção da investigação estatal como se fosse uma atividade plena, ilimitada por direitos do investigado.

---

5   Em 02/02/2009, o Supremo Tribunal Federal (STF) aprovou a Súmula Vinculante nº14, garantindo aos advogados acesso amplo aos elementos de prova que, já documentados em procedimento investigatório realizado por órgão com competência de polícia judiciária, digam respeito ao exercício do direito de defesa de seus clientes.

Verdadeiramente, o investigado não possui direito à ampla defesa durante a fase de inquérito policial; tal prerrogativa só lhe é deferida constitucionalmente no processo judicial. Mas o que se deve entender pela expressão "ampla defesa", no sentido que assume neste âmbito, é o direito ao contraditório, de participar ativamente da colheita de provas e evidências e não de supressão do direito de contar com defesa dos outros direitos que lhe são deferidos pela ordem constitucional face a apurações estatais. Afirmo com convicção tais formulações, sem querer ingressar na seara processual, própria de doutos especialistas, como o professor José Marcelo Vigliar, colunista aqui de *Última Instância* que aprendi a muito admirar.

O investigado, segundo interpretação consensual de nossa doutrina e jurisprudência, tem, por exemplo, o direito de comparecer acompanhado de advogado durante depoimento perante a autoridade policial, mesmo que este profissional não possa intervir em sua condução. Isso porque certos direitos do depoente hão de ser observados durante o ato, tais como de sua integridade física e emocional, de que a transcrição do depoimento corresponda ao que foi dito efetivamente etc.

Outros direitos do investigado – tais como não dever ser obrigado a incriminar-se, só ter seu sigilo bancário, fiscal e telefônico quebrados por ordem judicial, não ser a investigação de fatos concretizada como devassa pessoal nem produzida com desvio de fins etc. – também são prerrogativas fundamentais, constitucionalmente garantidas, que carecem ser defendidas, e podem sê-lo, sem incorrer o profissional no território de contraditar a colheita de provas.

Em suma, a ausência de direito à ampla defesa na fase de inquérito não implica inexistência de outros direitos que carecem defesa, que por sua vez só pode ser plenamente exercida se ao advogado for concedido o direito de acesso ao conteúdo das investigações findas, mesmo que sigilosas.

A investigação estatal é procedimento discricionário, mas não arbitrário. Conduta estatal alguma no interior do Estado de Direito pode ser tida como imperial, como ilimitada face à ordem jurídica e ao sistema protetor dos direitos fundamentais.

O argumento de que o acesso dos advogados aos autos dos inquéritos é o que ocasiona o vazamento das informações sigilosas à mídia é de tamanho sem sentido que impressiona advir de um homem culto e equilibrado como o ministro.

As informações que vazaram de inquéritos, como o da operação Satiagraha e muitos outros, em sua maioria, o foram quando sequer havia advogados designados pelos investigados nos autos dos inquéritos, aliás, em sua maioria, sequer os investigados presos sabiam estar sendo investigados. Impossível os malfadados vazamentos terem ocorrido por intermédio de advogados em favor de sues clientes.

Aliás, o investigado, em geral, não tem qualquer interesse em se expor à mídia como tal. A manchete que o põe como investigado, em geral, o condena perante os olhos de terceiros, em especial num país em que a demora numa decisão final da Justiça ocasiona uma indistinção entre a figura do réu e a figura do culpado no que diz respeito à imagem da pessoa.

A realidade mais cristalina é que o fator que leva, na maioria dos casos, ao vazamento de informações sigilosas de inquéritos é o desejo de fama e de repercussão de suas condutas por parte das autoridades e agentes envolvidos na investigação. É corrente no meio forense o advogado obter informações quanto a condutas estatais investigatórias e até mesmo de atos processuais pela mídia. Jornalistas têm acesso a inquéritos e a processos sigilosos com muito mais fluência que advogados.

As justificativas para tanto são destemperadas: desponderada importância as autoridades dão a "informar a sociedade" do que se investiga, como suposto preito à democracia, e verdadeiro desprezo e descuramento oferecem aos direitos do investigado, garantidos pela mesma Constituição democrática que estabelece o direito da sociedade em ser informada dos atos públicos. Por óbvio, o interesse real não é informar, mas sim aparecer.

O apelo da notoriedade potencial é tão sedutor ao espírito de algumas autoridades e agentes públicos que, como já tivemos oportunidade de debater aqui, investigações relativas a casos de repercussão midiática tramitam com inegável precedência em relação a casos desconhecidos. E isso em todas as esferas de investigação no plano federativo e institucional.

O desejo à notoriedade é característica marcante do mundo sígnico e da sociedade do espetáculo em que vivemos e dele, em alguma medida, nenhum de nós escapa. Os argumentos que expendi vão mais no sentido de defesa dos direitos do investigado do que procurar crucificar agentes públicos que exercem autoridade, mas não perdem sua condição humana. Tudo que é humano pertence a todos nós.

***

Lei de imprensa, liberdade de expressão e responsabilidade

Publicado no portal Última Instância, em 07/05/2009

Criada durante o regime militar brasileiro (1964-1985), a chamada Lei de Imprensa (5.250/67) foi derrubada em sua integralidade na semana passada pelo STF (Supremo Tribunal Federal), em decisão que teve apenas o voto do ministro Marco Aurélio Mello como favorável à manutenção do texto.[6]

---

6 Em 30/04/2009, o Supremo Tribunal Federal (STF) revogou, por 7 votos a 4, a Lei de Imprensa (5.250/67), criada no regime militar (1964-1985). Entre outros, a legislação previa atos como a censura, a apreensão de publicações e a blindagem de autoridades

Em resumo, os ministros decidiram que a Lei não se coadunava com os ditames de nossa Constituição, por isso, deveria ser expulsa do sistema jurídico. Parte dos ministros defendeu a manutenção de alguns dispositivos da Lei, mas a tese não prevaleceu. Esses ministros argumentaram que a supressão total do texto poderia resultar em ameaça à liberdade de expressão. A maioria da Corte, no entanto, entendeu que nossos Códigos Civil e Penal são suficientes para nortear as decisões judiciais vindouras sobre as liberdades de expressão e de opinião.

A incerteza que advém da interpretação adotada pelo Supremo reside em experiências recentes em casos ligados à Lei de Imprensa. Não são poucos os embates judiciais em primeira instância que, mesmo em decisões liminares, sem o crivo do contencioso, foram determinadas verdadeiras censuras prévias, com recolhimento de obras já impressas pelo simples fato de terem desagradado pessoas citadas. Esse é um dos nós que se nos apresentam, pois, se de um lado é preciso garantir a liberdade de expressão e o direito à informação, por outro, é fundamental preservar as biografias e criar condições para o exercício responsável dessa liberdade primeira de um Estado Democrático de Direito.

Avalio que um caminho para a solução desse imbróglio seja o voto da questão no relator no STF, ministro Carlos Ayres Britto, que apontou haver na Constituição a garantia de que o agredido pela imprensa deve ter sua honra reparada com pagamento de indenização, mas também com publicação de material em espaço proporcional à reportagem publicada. Hoje, como bem se sabe, os veículos se contentam em relegar a um canto de página a menção ao erro cometido, como se cometer erro fosse algo que se pudesse evitar por completo na atividade humana.

No meu entendimento, o melhor meio para se chegar a um novo patamar no tratamento dessas questões é o Congresso Nacional aprovar

---

da República contra o trabalho jornalístico. A maioria do colegiado entendeu que a referida Lei não foi recepcionada pela Constituição de 1988.

uma nova legislação de imprensa preservadora das liberdades, que trate do direito de resposta, mas também proporcione alguma regulação a um setor que se apresenta cada vez mais carente de um norte. Há notícias de que existe na Câmara dos Deputados um projeto de lei sobre o tema, tramitando desde 1992, e outro mais recente no Senado. Caberá ao Congresso definir o melhor caminho de tramitação.

Não podemos é assistir calados à ocorrência de casos como o da Escola Base, mencionado inclusive na sessão do STF que derrubou a Lei de Imprensa, que vem ultrapassando os anos sem solução digna. Caso contrário, o bem maior atingido é a sociedade. É preciso defender o exercício pleno da liberdade de expressão, mas também que ele seja exercido de forma responsável por seus atores, para se evitar os frequentes massacres públicos de identidades feitos via imprensa, bem como a manipulação de fatos e a interferência suspeita em ocorrências de natureza pública.

***

Censura ao Estadão e uma nova legislação democrática de imprensa

Publicado no portal Última Instância, em 06/08/2009

Já tivemos a oportunidade de comentar em outras colunas neste espaço a questão da necessidade de produção de uma legislação democrática de regulação da atividade jornalística.

Ao contrário do entendimento esposado por alguns juristas, a nosso ver, o direito de informar e de ser informado não é absoluto. Trata-se, na acepção de Alexi e Dworkin[7], de princípio e não de regra constitucional, ou seja, ao ser aplicado ao caso concreto comporta necessariamente ponderação razoável com outros princípios, tais como os protetores de direitos como o da honra e imagem pessoal.

O melhor, em termos democráticos, é que esta ponderação seja conformada por lei reguladora do disposto em nossa Constituição, pois seria realizada por representantes eleitos da sociedade e não apenas por juízes togados, no exercício da jurisdição.

Os donos de veículos de comunicação e parte dos representantes das entidades representativas dos jornalistas têm defendido contrariamente à aprovação de uma legislação específica, acreditando que a mera regulação pelo Código Civil e Penal é suficiente à garantia de todos os direitos envolvidos. A nosso ver, ledo engano!

Parece-nos evidente a necessidade de proteção especial à intimidade e imagem das pessoas comuns, que não optaram pela vida pública, face a eventuais abusos do direito de informar. Notícia na TV ou jornal, de caráter difamatório, é muito mais danosa à pessoa que fofoca de vizinho. A sanção deve ser severa, não apenas por seu caráter indenizatório, mas para desestimular esse tipo de comportamento midiático pela via repressiva.

Contudo, se é cabível num Estado Democrático de Direito atribuir à mídia uma dose de responsabilidade equânime ao poder real que exerce sobre a vida das pessoas, também é necessário conferir-lhe prerrogativas próprias à defesa do direito de informar e da sociedade de

---

[7] Ronald Dworkin (11/12/1931 – 14/02/2013) foi um jurista norte-americano, reconhecido por suas contribuições para a Filosofia do Direito e Filosofia Política. Sua teoria do Direito como integridade é uma das principais visões contemporâneas sobre a natureza do Direito. O alemão Robert Alexy (09/09/1945) é um dos mais influentes filósofos do Direito moderno. É autor de *Uma Teoria da Argumentação Jurídica* e de *Teoria dos Direitos Fundamentais*, obras clássicas da Filosofia e Teoria do Direito.

ser informada. Uma sociedade livre tem por uma de suas características fundantes a livre circulação de informações.

Dentre tais prerrogativas, deve-se consagrar, a nosso ver, a impossibilidade de censura estatal prévia a qualquer veiculação de informação, inclusive no que diz respeito ao Poder Judiciário. Deve a futura lei democrática de proteção ao direito de informar vedar totalmente a concessão de liminares contra veiculação de notícias. Se tais notícias são prejudiciais ao direito de alguém, que tal pendência deva ser resolvida na via repressiva das ações civis indenizatórias e das ações penais, mas nunca impedidas de circularem ou serem produzidas por mera liminar.

De um lado, a legislação ordinária civil, processual e penal é insuficiente à boa proteção dos direitos à imagem e à honra dos ofendidos pela atividade jornalística e de mídia. De outro, também essas mesmas leis não curam de forma adequada o direito à informação e de ser informado previstos em nossa Constituição, pois, dentre outros aspectos, permite em tese a concessão de liminares contrárias à atividade jornalística.

Foi esse atentado ao direito de informar da imprensa e do público de ser informado que verificamos na ordem judicial que procurou calar o jornal *O Estado de S. Paulo* quando das matérias referentes à ação do senador José Sarney e de seu filho descoberta a partir da chamada crise do Senado. Isso tudo sob a descabida alegação de proteção ao segredo de justiça declarado em investigação policial, dever este que se aplica aos servidores públicos que atuam na investigação, às partes e seus advogados e não aos jornalistas zelosos em informar a sociedade sobre assuntos de interesse público evidente.

Não há no Estado Democrático de Direito atos estatais imperiais, de alcance ilimitado, que não sofram condicionamento dos direitos das pessoas e dos cidadãos. O ato estatal de decretar sigilo não é ato manifestador imperial absolutista, que se impõe mesmo ao direito-dever fundamental do jornalista em informar – obriga os servidores e partes do processo, mas não pode proibir jornalistas de exercerem o múnus de seu ofício.

A legitimidade e a competência estatal de decretar sigilo sobre investigações a seu cargo, como qualquer prerrogativa ou poder estatal num Estado de Direito, são limitados por áleas de direito fundamental, salvaguardadas pela ordem constitucional, dentre os quais o de informar do jornalista.

De qualquer forma, enquanto perdurar o quadro atual de ausência de uma legislação democrática de imprensa específica, esse tipo de conduta judicial provavelmente se repetirá, por conta das prerrogativas próprias do Judiciário como intérprete real da ordem jurídica, face à possibilidade incontornável de plurissignificação, própria das normas jurídicas por serem vertidas em linguagem idiomática.

O excessivo zelo de setores da imprensa com seus privilégios ocasionais, oriundos da falta de regulação que produz ausência de sanções rigorosas a suas eventuais faltas, faz perder a possibilidade de proteção a seus legítimos direitos e prerrogativas como agentes de uma sociedade livre e democrática. Que o infeliz caso de censura ao *Estadão* sirva de alerta.

***

Os fundamentos de uma legislação democrática de imprensa

Publicado no portal Última Instância, em 20/08/2009

O Governo Federal promoverá em dezembro conferência nacional com o fito de debater as questões relativas à mídia e à comunicação social em nosso tempo. A par deste evento tramita no Congresso Nacional projeto de uma nova legislação democrática de imprensa.[8]

Os que postulam contrariamente à produção de uma legislação específica para regulação da atividade de imprensa e de noticiário em rádio e televisão esgrimam com o argumento de que a ditadura militar utilizou-se de lei específica de imprensa como um dos seus mecanismos de cerceamento ao direito de expressão e de informação durante o nefasto regime.

É inegável que a ditadura criou legislação de exceção de imprensa para controlar a circulação de informações públicas durante o período autoritário, mas tal fato não serve de supedâneo logicamente razoável à afirmação de que qualquer regulação da atividade de imprensa seja de plano também autoritária e cerceadora.

Em verdade, o que se escamoteia com tal argumentação é que os órgãos de comunicação social, por conta de diversos fatores que vão desde o desenvolvimento das tecnologias da comunicação até a ampliação intensa do caráter simbólico e comunicativo do viver na contemporaneidade, transformaram-se em entidades que exercem inegável poder social de incomparável influência na vida política, comunitária e pessoal.

Nunca na história humana os veículos de comunicação tiveram tanto poder de conformar a vida pública e a privada. Também nunca interferiram tanto na intimidade e na exposição pública das pessoas. Se o leitor tem qualquer dúvida a respeito, digite seu próprio nome na busca do Google!

Têm a capacidade de criar personagens e fatos públicos, de escolher e enunciar os fatos da vida real que são registráveis ou não na memória pública e por consequência interferir e mesmo condicionar quase

---

8   Em dezembro de 2009 o governo do ex-presidente Lula convocou a 1ª Conferência Nacional de Comunicação (Confecom), que contou com a participação de representantes do poder público, da sociedade civil e das empresas de comunicação e telecomunicações.

todas as instâncias do viver humano. Do presidente a ser eleito até o padrão de beleza vigente no meio social.

Tamanha esfera de poder real torna difícil, no plano político, o enquadramento de tais órgãos e sua atividade nos limites da atividade exclusivamente econômico-privada.

É evidente, por exemplo, que os critérios axiológicos que participam da decisão jornalística do que é ou não considerado como fato jornalístico são de interesse público, e não apenas do jornalista ou do dono do meio de comunicação.

A clássica afirmação de que a técnica jornalística é imparcial, objetiva, implicando mera produção de discurso descritivo dos fatos noticiados ,não é totalmente verdadeira. Obviamente a própria escolha do que deve ser tido como fato jornalístico ou fato noticiável implica juízo de valor, manifestação portanto da visão de mundo de quem formula a decisão.

A notícia é o encontro do fato com os valores ideológicos de quem a produz. Notícia não é fato, é relato do fato, logo, produto humano, cultural e não natural.

Obviamente essa dimensão axiológica da notícia não exclui que um dos valores que informem sua produção possa ser o da busca da imparcialidade, mas esta nunca é plenamente alcançável.

Tais aspectos fundamentam a necessidade de um verdadeiro equilíbrio entre liberdade de informar dos órgãos noticiosos e dos jornalistas, direito de ser informada da sociedade e preservação da intimidade das pessoas. É na tensão entre tais valores e princípios colidentes que uma legislação democrática de imprensa deve ser produzida.

Note-se que reside na própria identificação dos princípios e valores a serem considerados na produção de tal legislação a primeira distinção entre uma legislação democrática reguladora da atividade de informação pública e uma legislação autoritária com objeto semelhante.

Uma legislação autoritária entenderá o Estado enquanto aparelho governamental como titular único e último dos interesses sociais envolvidos, promovendo uma total identificação entre os interesses do Estado e do governo como corpo e os da sociedade. Ou seja, o interesse estatal é que será considerado na relação de tensão entre interesses e valores, não o da sociedade em ser informada.

Uma legislação democrática não emprestará qualquer atenção aos interesses do Estado como corpo, como aparelho. Manifestações estatais como censura prévia à informação, por exemplo, mesmo que provindas do Poder Judiciário, devem ser vedadas, salvo aspectos muito específicos, como proteção a direito de menores, estado de guerra e situações limites e excepcionais desse gênero.

Entretanto, o direito-interesse da sociedade em ser informada deve ser uma das balizas, a par do direito de informar e do direito à intimidade e à imagem, do mecanismo tensional de valores contrapostos que deve orientar a produção da aludida legislação.

E o direito da sociedade em ser informada não se esgota na inexistência de obstáculos estatais prévios à circulação de notícias, mas também diz respeito à qualidade ontológica ou jornalística desta mesma notícia, ou seja, a uma qualidade ética na produção noticiosa.

Como já exposto, inexiste imparcialidade absoluta na produção da notícia, isto porque a imparcialidade jornalística é valor e não técnica. É critério existencial do jornalista e não modo hermético de produção da informação. Pertence ao domínio da ética mais que ao da técnica. A técnica empregada pelo jornalista é mais expressão deste valor ético do que de uma condição necessária própria da atividade científica. Entretanto, por ser valor ético, havemos de estabelecer métodos de verificação da presença mínima da imparcialidade no processo de produção da notícia.

A notícia e a imparcialidade são como duas linhas paralelas. Jamais se encontrarão no mesmo espaço por todo o infinito, mas podem estar a um centímetro ou a quilômetros de distância uma da outra.

A experiência histórica dos povos na convivência social sob o Estado Democrático de Direito nos últimos séculos produziu todo um conjunto de técnicas jurídicas controladoras do agir estatal face a certos valores éticos normativamente estabelecidos.

O Direito Público, como inerência do regime democrático, desenvolveu técnicas de procedimentalização das decisões estatais com vistas ao atendimento de valores éticos normatizados, tais como o da indisponibilidade dos interesses públicos, o da preservação das liberdades das pessoas e das minorias, o da plena defesa nas apurações penais etc.

Como é cediço, a doutrina de rincões diversos do saber jurídico tem constatado na contemporaneidade uma inegável interpenetração entre os regramentos do que classicamente se alcunha como Direito Público e Privado. Técnicas próprias de um segmento têm se aplicado constantemente a outro, como o da concorrência entre agentes econômicos, técnica jurídica própria do agir econômico privado, que passou a ser espinha dorsal da modicidade tarifária na prestação de alguns serviços públicos. Por outro lado, áleas privadas como o direito do consumidor ou o direito societário se utilizam corriqueiramente de técnicas próprias do Direito Público no regramento de suas relações.

Parece-nos inegável que o fato jornalístico em geral e a notícia por consequência é de inegável interesse público, na acepção político-social do termo. Tanto de um lado o jornalista tem direito a que o veículo no qual trabalha a veicule, e se não o fizer que justifique formalmente suas razões, como o público tem direito a que esta notícia seja produzida com um mínimo ético respeitado, no que tange a veicular fatos de forma o mais imparcial possível. De outro lado, os veículos de informação têm inegável direito a não sofrer obstáculos em sua prerrogativa/dever de fazer tal notícia circular.

A procedimentalização da produção da notícia, adotando técnicas próprias do Direito Público no processo de sua produção, é o percurso para atender de forma razoável a todos esses interesses em tensão. Quais os princípios e normas que devem, a nosso ver, integrar uma nova legislação democrática de imprensa, de molde a materializar os fundamentos aqui expostos, é tema para a coluna que se seguirá a esta.

***

Princípios para uma legislação democrática de imprensa

Publicado no portal Última Instância, em 24/09/2009

No dia 20 de agosto, neste espaço, esbocei algumas ideias sobre "os fundamentos de uma legislação democrática de imprensa". Fiquei de voltar ao tema, que considero um dos mais decisivos para a consolidação do Estado Democrático de Direito, cujas bases lançamos com a confecção da Constituição de 1988.

Em rápidos matizes, apresentamos a tensão existente entre três direitos fundamentais preconizados em nossa Carta Magna: o do acesso à informação pela sociedade; o do jornalista em informar; e o de preservação da honra dos cidadãos. Em qualquer das soluções que se possa delinear para conformar esses três princípios, o Estado não pode se arvorar o direito de fazer o controle do conteúdo noticioso veiculado pela imprensa, sob pena de preservarmos um instituto autoritário em pleno regime democrático.

Posto de modo mais objetivo, não há, em hipótese alguma, que se falar em censura prévia, independentemente do que vier a ser publicado. Por evidente, as exceções ficam por conta de questões relativas à segurança nacional, como em casos de guerra, epidemia, risco à saúde pública, ou para a preservação dos direitos dos menores e adolescentes.

Nesse sentido, a construção da nova legislação democrática de imprensa deve ser feita sob o prisma da procedimentalização da produção da notícia, adotando técnicas próprias do Direito Público, caminho mais razoável para atender aos interesses em tensão.

A procedimentalização constitui meio adequado na busca permanente da máxima objetividade possível e da máxima limitação possível de julgamentos subjetivos na produção jornalística. Um marco legal que seja aplicável aos médios e grandes veículos de comunicação e a todas as rádios e redes abertas de TV, tendo-se em conta, inclusive, que estes últimos são titulares de concessão pública.

Passo, neste momento, a sugerir alguns princípios e normas dessa nova legislação, na certeza de que essa é uma construção coletiva e que, singelamente, apenas formulo algumas soluções que me parecem pertinentes.

Um dos pilares da procedimentalização do processo de produção noticioso é a compreensão de que a informação, matéria-prima dos veículos de comunicação, é pública e deve sempre se pautar pelo atendimento ao interesse público. Nesse sentido, a profissão de jornalista reveste-se de profunda função social: a de levar à sociedade tal informação pública com um mínimo de qualidade técnica e ética. Assim, como o médico não se nega a atender um paciente em caso de risco de morte ou o advogado não se furta a defender um cidadão quando é nomeado pelo Estado, o jornalista e a empresa jornalística têm a prerrogativa e o ônus de publicação da informação pública que obteve.

A negativa de publicação pelo veículo no qual trabalha o jornalista deve, por essa condição, ser motivada, em obediência ao princípio da motivação, de ampla aplicação nos atos estatais e que deveria ser empregada por analogia aos atos noticiosos. Faz-se necessário que o veículo – nas pessoas de seus pauteiros, chefes de reportagens, subeditores e editores – apresente razões objetivas para impedir a circulação daquela informação, que pode ser desde a ofensa à honra de uma pessoa até o não atendimento aos procedimentos necessários de apuração da informação, mas jamais pode ser motivada por interesses comerciais ou subjetivos.

Em caso de injustificada negativa de publicação, o jornalista tem o direito de recorrer aos órgãos internos do veículo para o qual trabalha. Importante, por isso, a criação de um conselho editorial em cada veículo, que seria a instância responsável por decidir sobre os recursos dos jornalistas contra a não publicação de notícias. Um conselho de formação paritária entre proprietários e jornalistas. Ao analisar um recurso, o conselho avaliaria se o procedimento de apuração foi respeitado pelo jornalista e quais as razões apresentadas por seus superiores para a não publicação. Se a decisão de não publicar for mantida, deve ser aberta à população a informação apurada, que ficaria disponível em arquivo público. O jornalista autor da reportagem poderia também recorrer à Justiça para conseguir a publicação de sua história, ou mesmo a outros veículos concorrentes, desde que haja interesse público na informação e tenham sido respeitados os procedimentos previstos na nova lei de imprensa.

O que se verifica hoje em muitos casos é que nem se atende ao princípio da livre circulação de informações, que estão nas mãos da mídia, nem se protege a honra de pessoas ainda em fase de mera suspeita de cometimento de crime. Com os mecanismos propostos acima, busca-se garantir a livre circulação de informações. Mas é preciso igualmente encontrar mecanismos de salvaguarda do contraditório e da ampla defesa.

Há um jargão jornalístico para denominar os procedimentos adotados atualmente para salvaguardar o contraditório e a defesa. Referimo-nos ao chamado "outro lado". Não raro nos defrontamos com longas investigações que resultam em um "outro lado" como mero componente estético da reportagem veiculada. É corriqueiro o jornalista reservar à defesa pouco tempo e espaço diminuto. Muitas vezes, a defesa deve ser feita a 15 minutos da publicação, ou do fechamento do jornal/revista. Jornalista não é polícia, mas tais tratamentos da informação são típicos de poderes imperiais e constituem-se amplamente destrutivos de biografias.

Parece-nos razoável que seja conferido ao acusado ou suspeito um prazo mínimo de 24 horas para a sua manifestação de defesa, inclusive com o envio de toda a documentação pertinente ao que se pretende publicar. É importante ressaltar que o texto final é decisão estilística exclusiva do jornalista, mas o alvo da reportagem deve de antemão conhecer quais acusações recaem sobre ele para que possa produzir sua manifestação.

O veículo deve também outorgar espaço proporcional à reportagem para que a pessoa possa produzir sua versão. Tal manifestação do contraditório fica a cargo da pessoa, não do jornal. Assim, cabe a ele destacar seu assessor de imprensa, ou outro profissional que considere mais indicado, para confeccionar o "outro lado". Ao veículo, restaria apenas a prerrogativa de ajustes mínimos, de edição simples, com vistas a atender os limites físicos inerentes ao meio no qual atua.

Caso a pessoa não possua um profissional de comunicação para representá-lo no "outro lado", o veículo deve destacar um jornalista dos seus quadros para confeccionar sua defesa, desde que este jornalista não seja o autor da reportagem acusatória. De maneira direta: quem produz a notícia não pode produzir o "outro lado".

Ofensas à honra devem ser acompanhadas de medidas repressivas, sem o caráter indenizatório irrisório que hoje possuem, mas que funcionem também como sanções civis. Um instituto que seja semelhante à ação de improbidade administrativa, que possui *animus* de sanção civil, não reparatório. Um bom exemplo desse funcionamento é a atuação do Judiciário dos Estados Unidos em relação ao controle ético da atividade econômica privada.

Assim, ao Judiciário caberia a função de *controler* ético da atividade jornalística, estabelecendo indenizações vultosas que inibam o desrespeito à nova legislação de imprensa. Para impedir a fraude, devemos ampliar também as hipóteses de desconsideração da pessoa jurídica quando seja reconhecido o uso sequencial e fraudulento de pessoas jurídicas de forma a ofender os princípios da lei.

Uma legislação democrática de imprensa deve ainda prever a obrigatoriedade de criação nos veículos de mídia de funções como o *ombudsman*, que atue no interior das empresas de comunicação como um defensor da sociedade e dos jornalistas. Caberia a este profissional a função de guardião da qualidade ética da notícia, por meio da análise crítica do conteúdo publicado e do comportamento do veículo frente aos temas de interesse da sociedade. O *ombudsman* deve ser funcionário contratado, eleito pelos profissionais do veículo, e gozar de quarentena após deixar o cargo.

Todo o arcabouço aqui proposto (princípio da motivação, direito ao contraditório, órgãos internos de controle ético, sanção civil jurisdicional) origina-se no Direito Público. Presta-se ao controle do poder do Estado frente às pessoas como forma de obter um duplo resultado: pôr o Estado a serviço da sociedade, não do governante da vez, e proteger o direito das pessoas em relação a esse poder estatal. A imprensa se caracteriza nos tempos atuais por ser fonte de um poder social semelhante ao poder do Estado. Se o titular do monopólio da violência física legítima é o Estado, a mídia usa da violência simbólica legítima, do poder da notícia, para se impor no todo social.

A meu ver, a nova legislação restabelece a dignidade do exercício profissional e reforça os valores da imparcialidade, da ética e do compromisso social do jornalista, garantindo também o direito à honra de forma equilibrada ao direito/dever de informação. Mas deve também passar pelo teste da prática para sofrer os necessários ajustes ao seu melhor funcionamento e para que alcance suas finalidades.

Por isso, o caminho ideal seria institui-la por meio de Lei Ordinária, aprovada após os imprescindíveis debates na sociedade, mas de procedimento legislativo mais flexível que outras espécies de legislação. Porque, como afirmei anteriormente, não há qualquer pretensão de emprestar a essas ideias caráter definitivo. Pelo contrário, reafirmo minha certeza de que serão as críticas e o debate que qualificarão as novas bases do funcionamento da imprensa livre, mas responsável, do nosso país.

***

O padre, o advogado e o jornalista

Publicado no portal Última Instância, em 22/10/2009

A notícia não é nova, mas nem por isso deixa de dar um profundo amargor aos que acreditam no Estado Democrático de Direito como forma de solução institucional de nossos problemas como nação, ao menos neste momento histórico.

O jornal *O Estado de S.Paulo*, que tantas censuras sofreu no regime militar, continua ainda sob o jugo de censura do Poder Judiciário, que teria por função e dever guardar nossa Constituição, seus princípios e valores maiores.⁹

A notícia censurada tem por objeto alguma ofensa indevida e imotivada à honra de algum cidadão não exercente de função pública? Usa indevidamente imagem de menor? Informa assuntos de Estado sigilosos em tempo de guerra? Obviamente não. Trata-se, como sabemos todos, de alguma matéria sobre informações do escândalo dos atos secretos de José Sarney, obtidas de alguma investigação estatal tida como sigilosa.

Ao Estado e seus agentes compete o dever de investigar e o dever de, ocasionalmente, manter sigilo dessas investigações. O que se alega é que este dever de sigilo se estenderia aos jornalistas e empresas jornalísticas. Nada mais equivocado que tal assertiva face a nossos princípios e normas constitucionais e ao modelo de Estado Democrático de Direito adotado por nosso país em sua Carta Magna.

Um grande equívoco é querer se estender os deveres do Estado às funções privadas – mas de interesse público – que em seu exercício livre impliquem forma de garantia de direitos ou limitações ao exercício do poder do Estado. É o que ocorre com o padre. É o que ocorre com o advogado. É o que ocorre com o jornalista.

Não guarda qualquer sintonia com nossa Constituição pretender obrigar o padre a trazer informações colhidas no confessionário quanto à conduta dos seus fiéis com o fim de auxiliar investigação policial. Ao Estado compete investigar a prática de delitos, ao padre, perdoá-los.

A liberdade de confissão religiosa, e suas práticas, é direito fundamental das pessoas e das instituições religiosas, que se conforma como álea de intangibilidade pelo poder do Estado, fonte, portanto, de limite

---

9 Em 31/07/2009 o desembargador Dácio Vieira, do Tribunal de Justiça do Distrito Federal e Territórios (TJDFT), proibiu o jornal *O Estado de S. Paulo* e o portal *Estadão* de publicar reportagens contendo informações sobre a Operação Faktor, investigação da Polícia Federal mais conhecida como "Boi Barrica", baseada em denúncias de ilícitos praticados por Fernando Sarney, filho do ex-presidente da República José Sarney.

ao exercício do poder estatal, intangível mesmo por atos jurisdicionais. Não há sentido querer estender a obrigação estatal de investigar os religiosos em suas práticas. Em verdade, tratar-se-ia de pretensão própria de estados de polícia, como a ditadura franquista, que obrigava religiosos a delatar confissões.

Não há qualquer sentido juridicamente válido em tentar obrigar os advogados a delatarem seus clientes e suas práticas, a título de auxiliar as investigações estatais, como nosso Fisco, inclusive, já andou tentando. Se ao advogado não for deferido o devido direito a sigilo profissional, pessoal de seus arquivos e de seus meios de comunicação, o direito de defesa e os valores inerentes ao devido processo legal se esvaziam. O Estado de Direito se transformaria também neste caso num estado de polícia, de exceção. O direito de defesa deixaria de se pôr como o limite ao poder estatal determinado em nossa Constituição, e o arbítrio nas condutas estatais, que o direito procura evitar, imperaria.

Ao jornalista é dado o direito e o dever de fazer circular informações de interesse público. O direito/dever de informar. Uma informação que diga respeito a atos de agentes públicos e seus acumpliciados, que possam significar prática de ilícitos atentatórios à lei e à moralidade pública, pode ter sido obtida pelo jornalista, mas não é de sua propriedade. Um particular pode ser dono de um jornal, mas nunca pode ser dono de informações de interesse público. A informação dessa espécie é bem público, propriedade da sociedade.

Sua circulação atende, ou deve procurar atender, ao interesse coletivo e não a interesses pessoais ou empresariais. Não há regime democrático sem que os cidadãos possam saber o que ocorre no interior das estruturas estatais. O Estado é propriedade da sociedade e não de seus gerentes ocasionais. Ao dono, cabe saber o que acontece no interior do que é seu. O jornalista e a empresa jornalística cumprem a importante missão democrática e constitucional de informar o dono, no caso a sociedade, sobre o que ocorre no interior daquilo que é seu: o Estado.

Não há qualquer sentido em impedir a realização dessa missão maior sob alegação de que cabe ao jornalista o dever instrumental de guardar sigilo da investigação. Tal dever existe, mas é do agente estatal e do Estado. Se o agente público descumpre tal dever, deve ser punido. Ao aparelho estatal são deferidas todas as medidas de controle necessárias para que tal devassamento de sigilo não ocorra. Estado e agente devem responder pelo descumprimento de sua obrigação legal, mas tal obrigação não pertence ao jornalista. Ao jornalista, corresponde dever contraposto ao do sigilo: informar tudo de interesse público que caia em suas mãos.

Na colisão entre dever de sigilo do Estado e dever de informar do jornalista, o regime democrático faz preponderar o direito de informar do jornalista. Se o sigilo das investigações é um bem público, a informação de interesse público é um bem público maior, pois corresponde a elemento essencial do funcionamento pleno do regime democrático.

Mais que atentatória ao direito do jornalista informar e da sociedade em ser informada – direitos fundamentais pétreos de nossa Carta –, a censura ao *Estadão* conflita com os princípios constitucionais conformadores de nosso regime democrático.

Censura e impunidade

Publicado no portal Última Instância, em 10/12/2009

O jornal *O Estado de S. Paulo* acaba de ganhar o Prêmio Esso de Reportagem pelo trabalho de seus profissionais na série de matérias sobre os Atos Secretos do Senado.[10]

Por outro lado, no momento em que escrevo este artigo, nossa Corte Suprema encontra-se no momento de decidir pela suspensão ou não da ordem judicial de censura ao jornal por conta da publicação dessa mesma linhagem de matérias que lhe valeram o prêmio mais incensado de nosso jornalismo.

Esperamos que nossa Corte não apenas suspenda a teratológica decisão, como mande uma mensagem clara de descabimento de censura prévia mesmo que realizada pela jurisdição, salvo, obviamente, hipóteses fronteiriças e excepcionais como ofensa a direito de menor, situação de guerra etc.

Chega a ser inacreditável que tal ordem equivocada e autoritária, absolutamente incompatível com nossa Constituição, permaneça por tanto tempo em vigor, o que só serve para mostrar que as reformas do Judiciário foram insuficientes para produzir uma jurisdição compatível com nosso novo papel na ordem mundial e com nossas aspirações como nação democrática.

Censura-se um jornal de tradição como o *Estadão* e, em contrapartida, nada se faz contra vazamentos de informações sigilosas de inquéritos como o do caso Camargo Correia, o do escândalo do Distrito Federal

---

10 Em dezembro de 2009, o jornal *O Estado de S. Paulo* ganhou o Prêmio Esso de Reportagem com a série "Atos Secretos no Senado". De acordo com as reportagens publicadas, 500 atos administrativos assinados, por exemplo, para nomear e promover servidores, entraram em vigor no Senado sem a devida publicação nos boletins da Casa, então presidida pelo ex-presidente José Sarney.

etc. Culpa-se, de forma clara, a pessoa errada pelo delito do vazamento. O jornal nada mais faz que divulgar as informações que obtém, é seu papel numa sociedade democrática, a ele não incumbe o "múnus" da função pública.

Se por um lado tais casos demonstram o ganho de eficiência e qualidade profissional de nossa Polícia Federal, de outro, é indesculpável que informações sigilosas venham a público, em doses homeopáticas, obviamente para causar mais alarido e visibilidade que a correta justificação ao público dos resultados da investigação. Diga-se, aliás, que maior do que o prejuízo à honra dos acusados, inocentes até prova em contrário, é o dano à própria investigação, que perde eficácia pela perda do sigilo devido.

E a responsabilidade por tais vazamentos não é da mídia, que nada mais faz que cumprir seu dever de informar. É, sim, dos servidores públicos, agentes da investigação, que deveriam guardar sigilo quanto aos fatos investigados e quanto às suspeitas que formulam quanto aos investigados.

Esses ajustes de rota, no valioso caminho trilhado por nossa polícia, ainda precisam ser feitos. Carecemos eliminar essas distorções, que evidentemente não empecem o brilho dos resultados auferidos nas investigações.

E nunca será redundante afirmar que a responsabilidade pelo sigilo de investigações e demais procedimentos estatais é dos agentes públicos que os produziram e a eles tiveram acesso. A mídia, ao ter acesso a tais informações, pode e deve divulgá-las, pois seu papel é contrastante ao dos agentes estatais. A mídia, em um Estado Democrático de Direito, é veículo de controle e limite do poder estatal e não sua *longa manus*, titular das mesmas obrigações.

À mídia, cabe informar; aos agentes públicos, investigar e manter sigilo sobre o conteúdo de procedimentos sujeitos a tal limite.

Julgamento na sociedade do espetáculo

Publicado na revista Observatório da Imprensa, em 24/03/2010

O rumoroso caso da morte da menina Isabella Nardoni, que morreu aos cinco anos após sofrer uma queda do sexto andar do apartamento em que morava, em abril de 2008, volta a ganhar espaço na mídia por conta da proximidade do início do julgamento do pai e da madrasta da menina. Ambos são acusados de atirarem Isabella pela janela e negam tal imputação.

Quero apartar-me do debate penal e criminalístico do caso, conduta que considero a mais adequada para uma simples estudante do Direito Constitucional e Administrativo. Mas como espraio minha atenção e interesse pelas águas da formação do homem enquanto indivíduo, das transformações sociais, das razões históricas do mundo contemporâneo e das teorias pós-modernas sobre o comportamento humano, peço sua licença, neste texto, para me aventurar pelos caminhos da observação crítica do fenômeno dos julgamentos de casos especiais, no âmbito da sociologia do direito, como este que foi mencionado.

A reflexão que proponho é sobre o contexto no qual o julgamento se realizará, muito mais próximo da racionalidade da comunicação do que da racionalidade jurídica, como seria desejado que acontecesse.

Explico. Como o caso é de grande repercussão na sociedade, capaz de atrair a atenção dos mais diversos indivíduos e com intensa atenção dedicada pela mídia, a tramitação do inquérito e, depois, do processo, em todas suas nuances e detalhes, transformam o caso num espetáculo, no sentido da expressão de Guy Debord.

Provação do acusado

A repercussão midiática de casos jurídicos que apelem, por sua natureza, à emoção pública, que causam compaixão ou indignação, é fenômeno global, próprio da sociedade contemporânea. O problema maior é que tal fato, inerente a uma sociedade comunicativa democrática, gera complexidades e problemas que devem ser submetidos ao debate, para que surjam soluções.

Em verdade, o noticiário sobre o caso faz com que o mesmo receba do Estado uma atenção especial, que implica desigualdade com o tratamento oferecido a casos de menor apelo público.

A completa, célere e competente perícia técnica que o caso mereceu nem sempre ocorre com as mesmas qualidades em casos sem repercussão. A dedicação intensa dos diversos agentes públicos e dos profissionais privados ao cumprimento de seu papel nem sempre é a mesma nos casos não rumorosos.

Outros exemplos são os escândalos públicos envolvendo corrupção, prisão de pessoas de bom nível social e conflitos entre celebridades, que acabam por caracterizar-se como um conjunto de casos especiais. Constituem, assim, um conjunto próprio, que obtém da máquina estatal investigadora e jurisdicional um tratamento diverso dos demais no que tange à celeridade e eficiência procedimental, e mesmo reconhecimento de direitos fundamentais – como no caso do abuso do uso de algemas–, ou, por outro lado, mais rigor – como nos casos de prisões preventivas por conta do "clamor público" do processo.

Mais que isso. Tais casos são inevitavelmente influenciados pelo "julgamento público" da sociedade, a partir das versões trazidas nos principais órgãos de comunicação, nem sempre precisas ou verídicas e nunca formuladas consoante técnicas adequadas de contraditório, defesa etc. A provação do acusado pela exposição pública muitas vezes supera o da condenação, funcionando tal situação quase como uma ordália contemporânea.

A racionalidade do Direito

Niklas Luhmann, em sua teoria dos sistemas, identifica uma pluralidade de subsistemas comunicativos no interior do grande sistema social, cada qual operando por uma racionalidade binária própria e autônoma. Subsistemas fechados sintaticamente, o que lhes prove autonomia, mas abertos semântica e pragmaticamente, o faz surgir a ocorrência de uma racionalidade transversal, no sentido de Wolfgang Welsh, pela influência de sentido intersistêmica. Luhmann trata esta conexão semântica concentrada e duradoura entre subsistemas pelo conceito de acoplamento estrutural.

O Direito é um desses subsistemas. A Comunicação Social e a midiática também o são. O problema ocorre quando as relações intersistêmicas entre Direito e Comunicação Social se dão de forma a que, no âmbito dos tribunais e dos órgãos de investigação, a racionalidade própria do Direito, do lícito-ilícito, é substituída pela racionalidade própria da mídia e da Comunicação Social.

Luhmann chama de "corrupção sistêmica" essas situações em que a racionalidade de um subsistema social é substituída indevidamente pela de outro. As "corrupções sistêmicas", ou corrupções contingentes que ocorrem em casos específicos, conflitam com os valores do Estado Democrático de Direito, numa sociedade complexa e plural como a contemporânea. Se a racionalidade própria do Direito é suprimida por outra, o Estado de Direito, em sua dimensão de concretização, vai sucumbindo com ela.

A luta corajosa dos agentes públicos e profissionais da advocacia privada envolvidos num processo de caráter midiático como este do casal Nardoni é trabalharem em comum, mesmo que isso se dê em lados diversos do processo, para que a racionalidade própria do Direito se imponha, em favor não apenas dos envolvidos no caso, mas de toda a sociedade, do regime democrático e do Estado de Direito.

***

O projeto de "Lei da Mordaça" do MP e a Constituição

Publicado no portal Última Instância, em 09/04/2010

No exercício de minha profissão de advogado, litigo, há muitos anos, contra o Ministério Público em inquéritos e ações civis e penais, de conteúdo próprio da área de Direito Público, na defesa de agentes políticos e principalmente empresas. Ouso dizer que atuei em alguns dos mais estridentes e relevantes casos que tramitaram na Promotoria de Cidadania de São Paulo e nos Gaecos.

No exercício dessa atividade, pude constatar por algumas vezes condutas que posso afirmar como irresponsáveis por parte de alguns membros do Ministério Público. Ações sem fundamento ou propostas sem investigações antecedentes realmente rigorosas e amplas dos fatos, muitas vezes anunciadas com grande estridência em prejuízo da imagem de pessoas e empresas, destruidoras mesmo da vida pessoal de alguns cidadãos que sequer ainda tinham tido a oportunidade de se defender.

Por vezes, tomei conhecimento pela mídia de fatos apurados em "inquéritos sigilosos" que atuei. O sigilo só tinha efeito para os advogados dos investigados, não para os jornalistas que também acompanhavam a investigação. Em suma, não há como atuar em minha área profissional e desconhecer que ocasionalmente abusos acontecem por parte de membros do MP no exercício de suas funções.

Mas também há de se reconhecer que esse tipo de conduta provém de uma minoria da instituição. A maior parte dos promotores é composta de gente dedicada e zelosa quanto a seus misteres públicos em favor da sociedade.

Também creio que a sociedade deve debater um problema de maior escala que atravessamos em nosso processo democrático, qual seja, o de "judicialização" da política, ocasionada pelo ingresso, a meu ver indevido, do Judiciário e do MP num âmbito decisório que deveria pertencer ao Legislativo e ao Executivo, cujos agentes foram eleitos e não escolhidos por certame de natureza profissional e técnica.

Tanto os desvios funcionais de membros do MP e de outros órgãos de investigação quanto a macro-questão do papel do Judiciário na tripartição funcional dos Poderes de Estado devem ser temas sujeitos ao debate pela cidadania e por seus representantes no Legislativo, pois são aspectos cruciais de nossa vida democrática.

Esse debate, contudo, a nosso ver, não pode se realizar por projetos de lei como o que foi aprovado recentemente pela Comissão de Constituição e Justiça da Câmara Federal, de autoria do deputado Paulo Maluf, e chamado de "Lei da Mordaça" pela mídia.[11]

O referido projeto, em seu artigo primeiro, submete membros do MP e cidadãos a sanções civis e criminais quando ações populares, civis públicas ou de improbidade de sua autoria sejam consideradas de plano pelo juiz da causa como "temerárias, com má-fé, manifesta intenção de promoção pessoal ou visando perseguição política".

---

11 O Projeto de Lei 265/07, apelidado de "Lei da Mordaça", de autoria do deputado federal Paulo Maluf, aguarda ser pautado para votação no Plenário na Câmara dos Deputados.

O projeto peca, a nosso ver, por evidentes inconstitucionalidades, além de seus eventuais equívocos de mérito.

O membro do Ministério Público, quando propõe ação civil pública ou de improbidade administrativa, atua em nome do Estado, como seu agente. Sua conduta não é pessoal, pois não se dá por conta do exercício de direito de ação que disponha como pessoa física. O direito de ação que exerce é titularizado pela instituição estatal que representa.

Por evidente, quando o membro do Ministério Público abusa de seu poder de ação ou investigação, ou quando comete qualquer ilicitude em seu correr, deixa de estar legitimamente exercendo sua competência legal. Nenhuma norma jurídica confere a ninguém competência para agir ilicitamente. Assim, sua conduta ilícita passa a repercutir em sua esfera jurídica pessoal, pois, como agente público, não está autorizado a tanto.

Ocorre que o projeto ora em apreço defere ao juiz reconhecer como ilícita conduta de membro do Ministério Público, primeiramente por conceitos extremamente indeterminados como "intenção de promoção pessoal" ou "perseguição política". E também oferece ao aludido juiz competência para atribuir ao membro do MP sanção civil de pagamento de ônus processual, em caráter pessoal, sem qualquer direito de defesa quanto à licitude de sua conduta.

O ato do membro do MP de ingressar com ação civil de sua competência é de regime jurídico de Direito Público, por se tratar de ato praticado no exercício de competência pública, e, como tal, goza da prerrogativa da presunção de legitimidade. Ou seja, só pode ser considerado ilícito por decisão judicial, que, por sua vez, para ser produzida, deve observar o devido processo legal e o direito de defesa previstos em nossa Constituição, em especial, no inciso LV de seu artigo 5º.

De outra banda, há de se considerar que tornar o Judiciário competente para julgar de plano a licitude do exercício do direito de ação pelo Ministério Público, por meio de conceitos extremamente vagos e indeterminados, atenta claramente contra o princípio da segurança jurídica, tornando a conduta jurisdicional imprevisível, e ofende às abertas as prerrogativas constitucionais do Ministério Público previstas no artigo 127 e parágrafos de nossa Carta Magna.

Parece-nos, assim, que a Comissão de Constituição e Justiça do Legislativo Federal, que tem por função realizar o controle preventivo de constitucionalidade das proposituras que tramitam na Câmara, agiu mal ao aprovar a aludida propositura do deputado Maluf, a qual padece de evidentes vícios agressivos à nossa ordem constitucional.

O Legislativo não deve responder com medidas inconstitucionais e, portanto, arbitrárias às condutas abusivas de alguns membros do *Parquet*. Não é o que se espera de um Legislativo submisso à Constituição e ao regime democrático.

***

Lei do Clima e responsabilidade por omissão

Publicado no portal Última Instância, em 17/06/2010

Após um verão de chuvas de intensidade ímpar, temos agora em São Paulo temperaturas de frio rigoroso para a época. Nos apartamentos da capital paulista já vai se tornando corrente a instalação de calefações, o que era impensável há uns anos.

Por outro lado, em diversas cidades europeias, o contrário vem ocorrendo, ou seja, ares condicionados para o clima quente do verão vão se tornando rotina. Tormentas e ocorrências climáticas inusuais se tornam correntes por todo o mundo. Todos sabemos que um dos fatores ambientais que contribuem para essas mudanças climáticas e oferecem risco à própria existência da espécie humana é a poluição ambiental.

Autoras de diversos males e doenças à população, a poluição ambiental também contribui para o chamado efeito estufa pela emissão de gases. Estudos da USP apontam que a poluição diminui em dois anos a média de vida dos paulistanos.

Atentos a tais problemas, as autoridades municipais de São Paulo fizeram aprovar, há cerca de um ano, a chamada Lei do Clima, que estabelece várias metas a serem alcançadas na cidade com o fito de diminuir a poluição.

De acordo com matéria publicada no jornal *Folha de S.Paulo*, das diversas metas estipuladas de controle apenas a inspeção veicular registrou avanços. Não à toa, talvez, das medidas previstas é a única que gera lucro a concessionário privado desses serviços.

A meta determinante de que, a cada ano, 10% da frota de novos ônibus passem a ser movidos a álcool ou biodiesel não foi cumprida, inobstante seja tida como uma das mais eficazes medidas de mitigação da emissão de dióxido de carbono.

O mesmo descuramento ocorreu em relação aos ecopontos distritais para descarte de entulho e com a coleta seletiva de lixo. A meta principal de 30% de redução na emissão de gases do efeito estufa até 2012 vai se tornando cada vez mais difícil de ser atingida.

A incúria do Poder Público Municipal em relação às metas da lei não pode ser tida como mero descumprimento de sugestão. Normas jurídicas são comandos, não recomendações. Mesmo quando formuladas em termos de otimização, ou seja, como uma determinação de realizar o melhor nos limites do possível, com vistas à obtenção de um fim, por óbvio, está posto que a incúria é inadmissível nessa conduta e que sua ocorrência gera responsabilidade dos agentes públicos que lhe deram causa.

Mesmo inexistindo sanção específica na Lei Municipal, a responsabilização dos agentes incuriosos e pouco zelosos do cumprimento das metas referidas encontrará amparo em outros dispositivos de nossa ordem jurídica, em leis diversas de âmbito federal, inclusive.

Como bem ensinou Norberto Bobbio, não é a norma jurídica isoladamente que necessariamente possui sanção, mas sim o ordenamento jurídico como um todo considerado.

Assim, temos claro como dever do Ministério Público, à luz das informações trazidas na aludida matéria da *Folha*, a abertura imediata de investigação com o fito de verificar se realmente houve incúria e descuramento de agentes públicos municipais no tocante ao cumprimento das metas da Lei do Clima e, em sendo verdadeiras as informações, deverá propor contra a Municipalidade e, eventualmente, seus agentes, ação que busque de um lado provocar medidas do Poder Público com vistas ao melhor cumprimento possível das citadas metas e, de outro, a responsabilização dos agentes omissos.

***

A renitência da censura

Publicado no portal Última Instância, em 30/09/2010

Não é bom para o adequado andamento desta coluna que haja a repetição de temas e argumentos que já tenha tratado em artigos anteriores. Ocorre que os fatos em nossa realidade jurídica e política, em certos aspectos, teimam em se repetir, então, nada há a fazer senão repisar argumentos já esgrimados anteriormente.

Dois fatos ocorreram nos últimos dias que, a nosso ver, significam, mais uma vez em nossa história recente, agressões evidentes ao direito de livre expressão garantido em nossa Constituição, quais sejam, de um lado a intimidatória investigação iniciada pelo Ministério Público Federal contra a revista *Carta Capital* e, de outro, a ordem do Judiciário Eleitoral do Tocantins que proibiu o jornal *O Estado de S.Paulo* e outros veículos de imprensa de publicarem informações sobre investigação do Ministério Público paulista que citam o suposto envolvimento do governador daquele estado em fraudes a licitações.

Felizmente, a ordem foi de pronto revogada por decisão do Tribunal Regional Eleitoral daquele estado. Já tratamos aqui, por diversas vezes e enfoques, da censura judicial anteriormente havida ao jornal *O Estado de S.Paulo* no caso de Fernando Sarney, e nossa opinião é a de que, sob o ponto de vista jurídico constitucional, a ordem concedida e revogada em Tocantins repetia a evidente inconstitucionalidade da anterior concedida em favor de Sarney.

A nosso ver, a Constituição veda qualquer forma de ordem ou restrição estatal, administrativa ou jurisdicional, que impeça ou forceje por impedir a circulação de notícia ou opinião, salvo casos extremos de exceção no sistema, como no estado de sítio ou determinadas informações quanto a menores, por exemplo. Este o claro sentido dos incisos IV e IX do artigo 5º e do artigo 220 da Magna Carta.

O direito à honra e à imagem das pessoas, consoante os incisos V e X do referido artigo 5º, devem ser garantidos pelo direito de resposta e pelo eventual direito à reparação das perdas e danos, nunca por ordens liminares impeditivas da circulação de notícias.

O dever jurídico de sigilo em investigações estatais, por evidente, tem como destinatários os agentes públicos competentes e não jornalistas em pleno exercício profissional, e em hipótese alguma pode tal sigilo ser usado como fundamento à censura de notícias, por óbvia agressão a direito fundamental garantido pelos dispositivos referidos de nossa Carta.

Outro caso mais sutil, mas não menos gravoso a nossa ordem constitucional, é o da investigação aberta pelo Ministério Público Federal contra a revista *Carta Capital* para verificar se esta publicação receberia indevidamente benefícios advindos de publicações estatais, promovidas pelo Executivo Federal com o fito de obter opiniões favoráveis da mesma.

Ora, mera dedução lógica permite verificar a inadequação da investigação perpetrada com relação a seus fins declarados. Como se verifica compulsando as revistas semanais de circulação nacional, todas recebem publicidade governamental.

O que poderia em tese haver de ilícito é que uma dentre elas fosse favorecida com uma cota proporcionalmente maior que as demais na distribuição das verbas publicitárias oficiais, de forma injustificada. Ocorre que esta verificação não tem como ser realizada apenas face a uma dessas revistas. Há que se investigar os órgãos e pessoas estatais em sua distribuição geral de verbas publicitárias para se verificar os critérios utilizados para tal distribuição. Aí poderá se constatar eventual proteção indevida a este ou àquele veículo, e não se investigando isoladamente um veículo específico.

Consoante noticiado pelo veículo investigado, não há nenhuma denúncia específica subscrita por cidadão ou fato que dê supedâneo à investigação. Não é segredo para ninguém que a revista *Carta Capital* tem dissentido da maioria da mídia impressa em suas opiniões – e não como relata fatos, diga-se – tratando de formular posições que incluem o apoio explícito à candidatura de Dilma Rousseff à Presidência da República.

Ora, nada há que proíba, no caso da mídia impressa, a emissão de opiniões favoráveis a este ou àquele candidato. O jornal *O Estado de São Paulo* apoia expressamente José Serra. *Folha* e *Veja* não assumem, mas, como se evidencia pelo corpo de suas opiniões, apoiam claramente a candidatura oposicionista e nada há de ilícito nessas condutas.

O que determina nossa Constituição é a garantia da manifestação de qualquer opinião e não de opiniões imparciais, se é que elas existem. Nossa Constituição determina mais que a garantia da livre expressão. Determina que o pluralismo político é um valor democrático fundamental de nosso Estado e de nossa vida social, no inciso V de seu artigo 1º.

Ao investigar dessa forma inusitada o único veículo que apoia a candidatura de Dilma, sem realizar a devida verificação geral da distribuição de verbas publicitárias, talvez motivado pela melhor das intenções, o MP Eleitoral Federal se põe às textilhas com o princípio constitucional do pluralismo político e o já referido direito à livre expressão, isto porque não apenas ordens de censura são vedadas pelo Texto Magno, mas qualquer forma de restrição à circulação de opiniões e notícias, como determina o *caput* de seu artigo 220.

O puro e simples fato de um veículo apoiar a candidatura da situação não lhe carreia qualquer suspeita de ilicitude em suas condutas. Em verdade, a distribuição de verbas publicitárias e as despesas realizadas com os veículos de comunicação deveriam ser investigadas em todos os níveis de governo da Federação, pelos Ministérios Públicos estaduais inclusive, para que a devida transparência ocorresse, mas isso sem que um veículo específico, sem denúncias específicas, fosse constrangido.

A nosso ver, e com a devida vênia de entendimentos diversos, o que mais choca em tais constrições inconstitucionais é que elas advêm de órgãos do Judiciário e do Ministério Público, instituições que têm por função maior guardar a Constituição e não descurá-la.

Uma lei federal ou uma súmula do Supremo que tornasse clara a vedação a ordens de censura ou a investigações coercitivas da pluralidade de opiniões seria o mais adequado a propiciar a efetiva garantia da circulação livre de notícias e opiniões em nosso país.

***

A mídia comercial que promove a censura

Publicado no portal Última Instância, em 07/10/2010

Já tive algumas oportunidades de manifestar meu ponto de vista jurídico e político de inconformidade com a censura judicial sobre o jornal *O Estado de São Paulo* e a investigação sofrida pela revista *Carta Capital* (opinião manifestada nas colunas "A renitência da censura", "O padre, o advogado e o jornalista" e "Censura e impunidade").[12]

Sou obrigado, mais uma vez, a voltar ao tema, agora por condutas cerceadoras da livre expressão, pasmem, perpetradas por órgãos da própria imprensa que litiga pelo direito à livre expressão.

O jornal *Folha de S.Paulo* ingressou na última semana com medida judicial de proteção de marca e imagem contra um site de humor da internet, que usava de uma aparência e nome semelhantes ao referido jornal com o evidente fito de parodiá-lo e não de usar indevidamente de sua marca comercial. Puro e evidente *animus jocandi* e não contrafação de marca ou imagem.

---

12 Os artigos referidos também estão contidos neste capítulo do livro.

O site chamava-se *Falha de S.Paulo* e o argumento de proteção da marca tinha por motivação suprimir o uso do domínio virtual pelo site, retirando-o do ar. E foi o que ocorreu por ordem de antecipação de tutela concedida pela jurisdição.

Faz cerca de uma semana protestei aqui contra o uso da jurisdição para a censura inconstitucional de grande veículo de mídia, o jornal *O Estado de S. Paulo*. E agora outro grande veículo usa do mesmo expediente inconstitucional para censurar um site de humor. Parece-me não apenas que o país passa por um momento de insensatez nessa forma de uso da jurisdição, como também a própria jurisdição tem se tornado pródiga em conceder liminares inconstitucionais de censura.

No território ético e político, tal conduta subtrai créditos de um veículo que teve papel fundamental em nosso processo de redemocratização e que, até intentar a malfadada medida judicial de censura, vinha conseguindo manter seu papel público de contribuição crítica e reveladora de claudicações do poder de uma forma coerente com a defesa dos valores fundantes de uma sociedade livre e democrática. Ao promover a censura de um veículo de muito menor poder, manifesta uma conduta autoritária, infensa ao humor crítico e contraditória ao direito de livre expressão que diz defender.

Um jornal de tradição democrática como a *Folha de S.Paulo* promover a censura inconstitucional de outro veículo de comunicação é de entristecer toda a sociedade brasileira. Esperamos que o jornal possa reparar o malfeito!

E o problema aí não se esgota. O portal *Terra* traz a notícia de que a colunista Maria Rita Khel, do jornal *O Estado de S.Paulo*, foi demitida pela direção do jornal por ter emitido opinião em sua coluna contrária à desqualificação do "voto dos pobres".

Ora, numa sociedade hipercomplexa como é a contemporânea sociedade democrática e nos termos do inciso V do artigo 1º de nossa

Constituição, o pluralismo político é um valor fundamental de nossa República e de nossa vida social. Garantir a livre expressão de ideias não é apenas não impedir ou reprimir a circulação de determinada opinião, mas, sim, dar voz ao arco amplo de opiniões que se formam na vida social e política, tendo por base a tolerância ao diferente.

Juridicamente não tenho dúvidas de que o jornal pode demitir sua colunista. Eticamente não tenho dúvida alguma em dizer que não deveria fazer isso. Um veículo que diz lutar pelo direito à opinião não pode punir um colunista seu por mero exercício deste direito pelo simples fato de desgostar de tal opinião.

Ambos os jornais referidos criticaram severamente agentes governamentais, inclusive o presidente da República, quando estes lhes dirigiram críticas. Alegaram haver nas críticas intenção de futura censura e futuras ofensas ao direito de opinião.

Ora, se um futuro governo Dilma irá cometer o desatino e a inconstitucionalidade autoritária de promover a censura ou qualquer forma de restrição ao direito de opinião o futuro dirá, mas, por hora, é mera suposição. Nada foi feito pelo atual governo de concreto que tenha impedido a circulação de notícias ou opiniões. A *Folha* e o *Estado* não tiveram pejo em praticar atos concretos e repressores da livre expressão e promotores de censura à livre opinião.

Todos nós temos que entender, em especial grandes veículos e corporações de comunicação, que não é o Estado o único agente social capaz de, abusando de seu poder, promover a censura e ofensas à livre expressão. Todos nós da sociedade civil temos o dever de velar em nossas atividades pela preservação dessas liberdades, sob pena de amanhã nos tornarmos vítimas do mesmo veneno e vermos enfraquecida nossa capacidade de protestar.

Se qualquer forma de censura ou persecução a pessoas por conta da expressão de opinião é de se repudiar com veemência, quando tal vilania é realizada por empresas que existem e auferem lucros por conta da garantia de tais direitos, é de causar ainda maior indignação ética.

***

Enchentes e política

Publicado no portal Última Instância, em 10/03/2011

O acompanhamento diário do alarmante drama que as fortes chuvas deste início de 2011 impõem às populações das cidades paulistas aprofunda nosso sentimento de indignação e protesto em relação ao despreparo de nosso sistema de Defesa Civil. Aqui e ali surgem sugestões e diagnósticos especializados sobre como superar as dificuldades ou como poderíamos ter evitado o pior. As soluções técnicas, contudo, carecem de um adequado aparato jurídico-institucional a servir de veículo e instância decisória comum entre estado e municípios, com apoio da União: a Região Metropolitana em São Paulo.

Há muito se discute a ampliação do trabalho integrado entre as prefeituras da Grande São Paulo, o governo do estado e o Executivo federal, para permitir que as três esferas administrativas trabalhem de forma coordenada na resposta aos desafios regionais, guiadas por objetivos estratégicos de longo prazo. Trata-se de debate de grande relevância.

Tradicionalmente, considera-se que a Região Metropolitana de São Paulo engloba 39 municípios e mais de 20 milhões de habitantes. Juntos, compõem uma mancha urbana única que não segue fronteiras geopolíticas e compartilha todo tipo de problema estrutural. Legalmente, contudo, não se pode dizer que existe a Região Metropolitana de São Paulo. A área constitui-se uma demarcação de território geográfica, amplamente utilizada nos discursos e referências aos problemas da maior conurbação urbana do país, mas não guarda valor jurídico. A simples conurbação fática não tem o condão de fazer surgir uma Região Metropolitana em sua dimensão jurídica e institucional.

A Região Metropolitana e suas atribuições já chegaram a ser definidas pela Lei Complementar Federal 14, de 1973. Contudo, tal lei não foi recepcionada pela Constituição de 1988. Isso porque a nova Carta redefiniu as atribuições administrativas e políticas dos municípios, além de determinar que é prerrogativa dos estados-membros a criação das regiões metropolitanas. Assim, cabe a aprovação de lei complementar pela Assembleia Legislativa com fixação clara das atribuições administrativas e financeiras da Região Metropolitana, que, sem personalidade jurídica própria, fica submetida à esfera estadual de governo.

Somente a partir da criação da Região Metropolitana será possível estabelecer um planejamento mais estruturado para enfrentar calamidades como as que vivenciamos neste momento com as chuvas que assolam inúmeros municípios do entorno da capital paulista – um planejamento que envolva tanto o governo estadual quanto os municípios metropolitanos. Afinal, abriremos espaço para que um corpo técnico possa conduzir projetos de amplitude regional e administrar serviços de prevenção, manutenção, emergência e recuperação da malha urbana das cidades castigadas pelas chuvas.

A falta de ação e planejamento integrado entre estado e municípios metropolitanos, além da falta de apoio federal, é indubitavelmente o fator humano que mais contribui para a ampliação dos danos advindos das catástrofes naturais ora ocorrentes. Há ainda os casos em que falta aos municípios capacidade técnica para elaborar ações de grande porte, além de projetos firmados por algumas cidades, mas que teriam maior eficácia se fossem estendidos a outros municípios. Enfim, pode-se listar inúmeros problemas decorrentes da inexistência jurídica da Região Metropolitana.

Atualmente, há um projeto de lei na Assembleia Legislativa para instituir legalmente a Região Metropolitana de São Paulo e sua gestão compartilhada entre estado e municípios, de autoria do primeiro governo de Geraldo Alckmin, mas que aguarda a mobilização dos deputados estaduais para ser debatido e aprovado. Seria muito importante que ocorresse essa movimentação, embora ela ainda pareça distante. A iniciativa meritória de Alckmin tem um conteúdo, a nosso ver, ainda tímido e centralista, embora seja o veículo sobre o qual deveriam se dar os necessários debates públicos.

Apesar de se tratar de uma questão marginalizada, embora prioritária, que não traz votos e implica em inequívoca necessidade de generosidade política dos governos estadual e municipais ao sujeitarem suas competências exclusivas a ajustes coletivos entre eles, não debater e não agir sobre o tema é deixar de lado uma oportunidade esplêndida de aprimoramento de nossa gestão pública.

Sabemos que as responsabilidades pelos problemas metropolitanos são coletivas. Mas em momentos graves como o que vivemos, com mortes e perdas severas por conta do mau preparo para receber as chuvas de verão, cada vez mais intensas, parece valer a máxima de que quando a obrigação é de todos, não é de ninguém. Nesse sentido, no atual momento, é importante indicar que a responsabilidade pela decisão cabe hoje à Assembleia Legislativa de São Paulo. A cidadania aguarda sua atuação.

Comunicação social: a reforma necessária

Publicado em Carta Capital, em 06/04/2011

É inequívoco que um dos direitos fundamentais que mais traduz valor inerente ao regime democrático é o da livre expressão do pensamento.

A dimensão mais relevante de tal direito para a democracia é, indubitavelmente, os direitos de informar e de ser informado.

Em nosso sistema constitucional democrático, a informação e a notícia são bens públicos de livre circulação. Ao Estado é vedado, salvo casos muito excepcionais, estabelecer qualquer forma de censura prévia, por ordem de qualquer de seus poderes, inclusive a jurisdição.

Tendo esse pressuposto jurídico, de que se trata tal direito de cláusula pétrea de nossa Constituição e, portanto, imutável, intangível por qualquer reforma constitucional, cabe-nos as seguintes questões: existe algo em nosso sistema constitucional de comunicação social que deva ser objeto de alguma reforma? Pode tal reforma ser realizada sem atingir o referido direito à livre expressão, a informar e ser informado?

Alguns donos de veículos de comunicação têm se utilizado do argumento em favor do direito à livre expressão como forma de camuflar a existência no interior de nosso Texto Constitucional de dispositivos que atentam contra os mais comezinhos valores republicanos e democráticos. Dispositivos de sentido ético evidentemente questionável, que carecem de serem reformados, alterados, para corrigir evidentes distorções ocasionadas pelo *lobby* do setor na Constituinte de 1988.

O regime jurídico da propriedade dos veículos de comunicação social é evidenciado facilmente.

Os veículos de imprensa escrita e de internet devem ser de propriedade privada. Têm tais veículos a prerrogativa profissional própria do jornalismo, de investigar e obter informações de interesse público livremente, bem como de divulgá-las. Além de poder veicular livremente opiniões sobre os vários aspectos da vida pública.

Um relevante limite constitucional a tais direitos de informar e opinar é o da honra e intimidade das pessoas, que devem ser com eles sopesados a cada caso concreto à luz de critérios de razoabilidade.

Outro limite mais sutil, mas não menos relevante, é o da qualidade da notícia, ou da produção da informação, inerente ao direito público subjetivo de ser bem informado. Notícia não se confunde com opinião. Notícia é sempre um relato de um fato objetivo, e como tal deve ser produzida por técnicas e procedimentos jornalísticos que garantam a inocorrência de promiscuidade entre notícia e opinião.

Tal qualidade informativa deve ser controlada por regras éticas produzidas e aplicadas por entidades profissionais do jornalismo, o que se chama autoregulação.

No tocante às opiniões, sua produção e circulação são livres. O que deseja nossa ordem constitucional a respeito é a vigência do valor da pluralidade, valor este que se aplica ao sistema comunicativo e não necessariamente aos veículos de imprensa escrita individualmente considerados.

Democracia na sociedade hipercomplexa que vivemos pressupõe pluralidade de opiniões, e tal pluralidade deve estar refletida em pluralidade de veículos pelo todo do espectro ideológico existente na vida política e social. Numa sociedade democrática, devemos ter veículos propagadores das diversas linhagens de opinião existentes.

Em nossa última eleição, verificamos nossas evidentes deficiências como sociedade em termos de democracia e pluralidade opinativa no campo da política. Embora muitas vezes escondendo opiniões partidárias atrás de hipócrita "independência", nossos veículos majoritariamente se comportaram como partido político, chegando até a contaminar sua dimensão noticiosa com sua preferência óbvia por uma das candidaturas em disputa.

Em relação aos órgãos de imprensa escrita existentes, nada há que se fazer a não ser cobrar publicamente, no campo ético, que abandonem o pântano da hipocrisia declarando abertamente sua posição política e que garantam um mínimo de qualidade informativa em suas notícias.

Mas como sociedade nos cabe mobilizar os agentes sociais e econômicos, instigando-os a empreender mais órgãos de imprensa alternativos à visão ideológica dominante na maior parte de nossos veículos. Nossa democracia só amadurecerá com uma imprensa plural. Não há verdadeira liberdade de imprensa sem pluralidade ideológica.

Mas é importante ressaltar que tal pluralidade não pode ser imposta por ordem estatal. Trata-se de tarefa a ser desempenhada pelos agentes sociais diretamente, sob pena de comprometer-se a devida independência da mídia face aos poderes políticos.

Falta, contudo, tratar da questão que mais merece atenção do debate público, no que tange à produção de reformas em nosso sistema de comunicação social, qual seja, a da propriedade dos veículos de rádio e televisão.

Ao contrário da imprensa escrita e de internet, por ser o espectro de sinal fisicamente limitado e por outras razões de nosso constituinte, os serviços de comunicação por radiodifusão sonora e de sons e imagens são titularizados pelo Estado. São, portanto, um serviço público, cuja prestação é realizada por particulares a partir de concessões estatais, conforme o artigo 223 de nossa Constituição.

Como é cediço às concessões de serviço público em geral, se caracterizam como contratos administrativos pelos quais o Estado transfere à iniciativa privada a execução dos referidos serviços, mantendo, contudo, sua titularidade. O concessionário é, assim, mero executor de um serviço cujo "dono" permanece sendo o Estado.

Em tais contratos vige regime jurídico absolutamente diverso das condições usuais nos contratos privados, razão pela qual doutrina e jurisprudência centenárias alcunham tal regime especial de "cláusulas exorbitantes", por suas diferenças do regime contratual privado comum.

Esta natureza exorbitante se realiza por conta de uma das partes dos contratos de concessão, o Estado-Administração, representar o interesse coletivo, enquanto o particular concessionário representa apenas seu interesse individual.

Por razões óbvias, nossa ordem jurídica privilegia o interesse coletivo representado pelo Estado, outorgando-lhe prerrogativas de autoridade no âmbito contratual, incidentes sobre a permanência da avença e sobre a estabilidade de suas cláusulas de serviço, só permanecendo intangível pela Administração as condições relativas ao equilíbrio financeiro da avença.

Assim, tais contratos podem ser extintos a qualquer tempo por ato unilateral da Administração, com ou sem culpa do concessionário, sendo certo que se não ocorrente referida culpa o concessionário será indenizado pelos danos que sofreu e pelas perdas decorrentes dos lucros cessantes.

Ocorre nesse aspecto um instituto semelhante ao da desapropriação, ou seja, todos estamos sujeitos a ver direitos nossos adquiridos compulsoriamente pelo Estado quando necessário à realização do interesse público. Não haveria o concessionário de dispor de um direito individual privado intangível de apropriação compulsória pelo Estado quando necessário ao interesse coletivo. Teríamos, em contrário, a absurda hipótese de um direito individual superior aos interesses coletivos, absoluto, intangível e ilimitado.

De qualquer modo, em momento algum, salvo raras hipóteses penais, nossa ordem constitucional confere ao Estado poder de confisco, de se apropriar compulsoriamente de direitos privados sem justa indenização. A propriedade privada como direito é preservada pela indenização, tanto na desapropriação propriamente dita como nas extinções unilaterais de contratos administrativos.

No que respeita às avenças de concessão, estes são mecanismos clássicos, construídos por antigas decisões do Conselho de Estado Francês (corte suprema daquele país em questões administrativas), que preservam uma relação de equilíbrio entre o direito individual de propriedade e o interesse público de realização dos serviços e atividades públicas. Preserva-se, assim, no âmbito das avenças administrativas, os valores republicanos e democráticos que devem orientar nossa vida como nação, sociedade e Estado.

Mesmo com as reformas e "privatizações" promovidas pelo governo FHC, o eixo central deste regime permaneceu em relação às concessões de serviço público em geral.

Apenas um ambiente das atividades públicas põe-se como exceção a este regime jurídico, em razão de dispositivos discretamente aprovados pela Constituinte de 1988: as concessões de rádio e TV!

Provavelmente por uma conjunção de *lobby* de empresas de telecomunicações agregado ao fato de que muitos constituintes eram proprietários diretos ou indiretos de empresas de rádio e/ou TV, o artigo 223 de nossa Carta Magna estabelece regime de concessão de serviço público absolutamente diverso dos demais serviços públicos concedidos no que tange aos aludidos serviços de radiodifusão sonora e de sons e imagens (rádio e TV).

As concessões de rádio e TV, por força do parágrafo 4º do aludido dispositivo constitucional, só podem ser extintas, antes de vencido seu prazo, por decisão judicial, enquanto todas as demais concessões públicas podem sê-lo por decisão administrativa.

Mas o pior e realmente relevante: por força do parágrafo 2º do artigo 223, as concessões de rádio e TV são quase de renovação automática, contratos eternos e intangíveis, pois só há hipótese de sua não renovação com aprovação de dois quintos do congresso nacional em votação nominal.

Se os então constituintes, muitos ainda congressistas, tivessem observado valores republicanos em sua decisão, haveriam de estipular para a renovação da concessão de rádio ou TV o mesmo que estipularam para a renovação de qualquer outro contrato público com particular: a necessidade de fazê-lo por licitação aberta a todos os interessados, em observância ao princípio da igualdade que emana da forma republicana de gestão estatal.

Ao estipular a renovação automática das concessões de rádio ou TV, nossa Constituição acaba por estabelecer mecanismo evidente de apropriação privada de serviço público. De um direito contratual público, que careceria ser renovado periodicamente por licitação pública, passamos a ter um direito contratual atípico, que independe de licitação para sua renovação e que só pode deixar de ser realizada por votação nominal de dois quintos do Congresso.

Estabeleceu-se aí inegável imoralidade no âmbito de nossa Carta Magna, uma nódoa em nossa Constituição cidadã. Concessões de serviço público se transformaram em capitanias hereditárias de famílias notórias ou de políticos.

Tal situação nada tem de republicana, remetendo à forma como a aristocracia do Estado Imperial se apropriava privadamente dos bens e serviços públicos.

Obviamente, em favor da livre expressão, um contrato de concessão de serviço de rádio ou TV aberta não deve favorecer o poder estatal com os mesmos poderes e prerrogativas que este dispõe em contratos comuns de concessão, isso porque não cabe ao governo em uma sociedade democrática ter tal controle sobre veículos de comunicação. O cotidiano da prestação dos serviços concedidos deve ser realizado de forma livre pelas empresas concessionárias no que tange ao conteúdo da programação, evidentemente.

Mas nada há que justifique a não ocorrência de licitação, promovida por agência independente do Executivo e da Administração central, para escolha periódica do concessionário dos serviços, segundo critérios técnicos e econômicos previamente definidos em emenda constitucional e lei reguladora, produtos de amplo debate social.

Outro aspecto a ser debatido é o de que, em se tratando o rádio e a TV aberta de serviços estatais, num regime constitucional democrático de Estado laico como o nosso, se há sentido, face à noção que liberdade religiosa se preserva não atuando o Estado em favor de uma crença em detrimento de outra, em permitir-se a outorga de tais concessões a entidades religiosas.

Improcedente o uso do argumento da defesa da livre expressão em favor da inexistência de reforma com tais escopos referidos. Em verdade, o regime republicano e democrático exige a correção de tais distorções em nossa Carta Magna, para que nossos serviços de rádio e TV aberta não permaneçam como verdadeiras capitanias hereditárias!

***

Preservação ambiental e justiça social global

Publicado em Carta Capital, em 29/04/2011

Desde que o conceito de preservação ambiental surgiu pela primeira vez, o entendimento sobre o que é sustentabilidade passou por significativas transformações. Inegável, por conseguinte, que a discussão atual é mais madura e abrangente que a travada no despontar dessas preocupações. Ressentimo-nos, contudo, de avançar em vertentes indispensáveis ao desenvolvimento do debate ambiental: as dimensões sociais da proteção ao meio em que vivemos.

Por mais absurdo que pareça, o estágio em que nos encontramos permite vislumbrar tais dimensões como degraus inerentes ao tratamento comprometido com o problema, mas experimentamos certa hesitação quando se trata de percorrer esse mesmo trajeto. E a razão para isso é historicamente conhecida: incluir o enfoque social implica em atentar contra interesses há muito consolidados, que servem à manutenção de um *status quo* ofensivo à própria noção de humanidade cidadã que começamos a construir.

A despeito do senso comum que vem sendo difundido, a comunidade científica não é coesa em torno das causas das mudanças climáticas que nos assolam. Existe um grupo que considera os movimentos de aquecimento da atmosfera como decorrentes da própria trajetória da Terra ao longo das eras, algo vinculado aos ciclos geológicos que intercalam, de tempos em tempos, resfriamento e calor. Um outro grupo, por sua vez, aponta o ser humano como o catalisador dessas mudanças, o verdadeiro responsável pelo início do atual ciclo de aquecimento. No entanto, para ambos os grupos, não restam dúvidas quanto ao papel de protagonista do *homo sapiens* na aceleração das transformações, por sua influência no meio ambiente, cada vez maior e mais impactante, seja como agente preponderante ou auxiliar das mutações.

É sobre essa convicção científica que se assenta a necessidade de introduzir as dimensões jurídicas e sociais do debate ambiental, a partir da compreensão de que o conceito jurídico de cidadania global pressupõe que sejam equacionados os desequilíbrios sociais existentes atualmente. Em outras palavras, mais assertivas: não há como se falar em equilíbrio ambiental no planeta sem antes debatermos os meios de superar as desigualdades sociais existentes na geopolítica global.

A ONU (Organização das Nações Unidas), um dos organismos internacionais que podem atuar decisivamente para o equilíbrio sociopolítico e ambiental, produziu em 2009 um estudo sobre desastres climáticos no mundo ocorridos entre 1975 e 2007 ("Risk and Poverty in a Changing Climate", ou "Risco e Pobreza em Mudanças Climáticas"). A esperada conclusão foi de que as populações dos países pobres e de governos instáveis ou com instituições menos sólidas sofrem mais danos – e mais profundos e permanentes – resultantes de desastres climáticos do que as populações de países desenvolvidos. A combinação de instituições frágeis, desigualdades sociais e baixo nível de desenvolvimento amplia as consequências das calamidades.

Ora, se a ação do homem é relevante para acelerar os processos de aquecimento global e os desequilíbrios ambientais e se as nações menos desenvolvidas sofrem acentuadamente mais com esse quadro, é preciso atuar em duas frentes de maneira concomitante: trabalhar no desenvolvimento tecnológico e social para mitigar os efeitos da ação do homem sobre o meio ambiente; e, de forma especial e mais urgente, alterar os padrões de consumo no mundo.

A primeira frente é abordada com frequência e muita propriedade pela maioria esmagadora dos ambientalistas, em propostas de ação que vão desde identificar novas fontes de geração de energia limpa, formas de diminuição do ritmo de crescimento populacional e até otimização dos detritos para obter o mínimo possível de lixo ao final da cadeia produtiva. A segunda frente, no entanto, é menos levantada. Há um problema de justiça distributiva no mundo, e a verdade é que não temos como consumir todos no padrão das nações desenvolvidas, porque manter esse padrão e ritmo é perpetuar as implicações sociais nocivas, detectadas pelo estudo da ONU, nos países em desenvolvimento e não desenvolvidos. Em essência, se o ideal de desenvolvimento igualitário entre Primeiro e Terceiro Mundo for realizado, se todos consumirmos no padrão médio de consumo da população primeiro-mundista, os recursos naturais do globo deixarão de existir.

Não podemos mais travar o debate ecológico sem absorver o inescapável prisma social. Da mesma forma, pensar as políticas ambientais doravante é ter de modificar os níveis de consumo do mundo globalizado. Buscar mecanismos de frear a degradação ambiental sem avançar sobre como iremos redistribuir a renda e o consumo mundiais é refletir sobre parte do problema, produzindo uma ideia de sustentabilidade injusta e não cidadã. Porque não podemos mais, como humanidade cidadã, permitir que o hiperconsumo nos países desenvolvidos se dê à custa da miséria dos subdesenvolvidos.

O jornal britânico *Daily Mail* publicou, em 2010, pesquisa que evidencia essa desproporção de consumo. Em média, as mulheres britânicas têm 12 peças de roupa que não são usadas há anos. Juntar todos os guarda-roupas femininos do Reino Unido resulta em R$ 14,3 bilhões (5,4 bilhões de libras) inutilizados. O exemplo do guarda-roupa feminino serve também para os homens, pois o nível do consumo mundial hoje em dia não é veleidade exclusiva a um dos gêneros, é difundido a quaisquer que sejam os sexos, preferências sexuais, profissões, faixa etária etc. Muito do que consumimos é composto de produtos que não vamos usar. E isso se dá à custa da fome nos rincões mais pobres do mundo – na Ásia, na África, na América Latina, no Brasil, ao menos quando pensamos a distribuição dos patamares de consumo na geopolítica global face a um ecossistema de recursos naturais limitados.

Se não imbuirmos o debate ambiental com a perspectiva de redistribuição de renda e consumo no mundo, se não buscarmos equilíbrio do ser humano com o uso dos recursos ambientais e também com os demais seres humanos, estaremos buscando um modelo de preservação ambiental que, mais uma vez na história, privilegiará os de sempre. Adotando políticas de pura e simples interrupção nos níveis de crescimento de consumo, sem que junto sejam produzidas formas de mitigação nas desigualdades deste mesmo consumo, estaremos condenando a maior parte da humanidade a pagar com a fome pela manutenção dos recursos naturais necessários ao sustento do consumo irracional dos povos privilegiados. Destarte, estaremos distante do que se pode entender por cidadania global.

Debater como controlar o aquecimento global e outras questões que impliquem na preservação da vida no planeta é, portanto, rediscutir as relações sociais e de poder no plano internacional. Devemos estancar os padrões de consumo global, redistribuindo pelo globo seus patamares, através de políticas compensatórias do Primeiro Mundo ao Terceiro, de molde a equalizar o consumo global em patamares mais igualitários e menos agressivos ao meio ambiente. Sustentabilidade real não há sem justiça social global.

***

Escândalo no Reino Unido e nova legislação de imprensa

Publicado no portal Última Instância, em 18/08/2011

O escândalo das escutas ilegais no Reino Unido resgata a necessidade de pensarmos um novo marco legal para a atividade jornalística. Os excessos da imprensa britânica, notadamente dos tabloides, ultrapassaram todos os limites, com invasão da privacidade de personalidades políticas e artísticas realizada inclusive com escutas ilegais. Tudo para transformar as informações coletadas ilegalmente em notícia sensacionalista para vender jornal. Registre-se que na Inglaterra há órgão regulador da mídia, o que não se demonstrou eficiente para evitar o corrido.

A descoberta de que o jornal *News of the World*, do magnata da mídia Rupert Murdoch, utilizou-se desses artifícios ilegais revela a necessidade urgente de repensarmos o funcionamento do chamado quarto poder. Como já sustentei em outras oportunidades, considero esse um dos mais decisivos avanços para a consolidação do Estado Democrático de Direito.

O ponto de partida para uma nova legislação de mídia assenta-se sobre a compreensão jurídica de que os princípios constitucionais não são absolutos, devendo ser sopesados nos casos concretos para se saber qual a prevalência de um sobre os demais. No caso do trabalho jornalístico, há tensão entre três direitos fundamentais em nossa Constituição: o do acesso à informação pela sociedade; o do jornalista em informar; e o de preservação da honra dos cidadãos. A meu ver não há como entender o direito fundamental à livre expressão como regra, de aplicação absoluta, portanto, mas sim como princípio a ser razoavelmente sopesado com outros valores e princípios da Constituição.

Em solo britânico, evidentemente, por decisão exclusiva dos editores do *News of the World*, atropelou-se o direito de preservação da honra dos cidadãos e do direito à privacidade. As informações coletadas são afeitas à esfera íntima. Além disso, não se pode obter informação por meio ilícito. Assim, o conteúdo obtido ilegalmente não pode encontrar amparo jurídico.

Há de se pontuar também que em qualquer situação não pode o Estado fazer controle do conteúdo noticioso, pois se assim o fizer estaremos diante de censura prévia – as exceções são as questões relativas à segurança nacional em tempos de guerra, epidemia, risco à saúde pública ou preservação dos direitos de crianças e adolescentes.

O norte da nova legislação democrática de imprensa deve ser a procedimentalização da produção da notícia. O que se propõe, portanto, é a adoção de técnicas próprias do Direito Público à atividade jornalística, com o fito de equacionar os princípios constitucionais em tensão. A chamada autorregulação, já utilizada na atividade de publicidade, deve ser o parâmetro para estabelecimento de instituição incumbida de procedimentos de controle.

Há, por óbvio, algumas maneiras de se concretizar essa procedimentalização, mas apresento esboços iniciais que avalio pertinentes, consciente de que o tema requer participação coletiva.

Nesse sentido, um dos pilares deve ser a compreensão de que a informação, matéria-prima dos veículos de comunicação, é pública e deve sempre se pautar pelo atendimento ao interesse da sociedade. Ou seja, a atividade jornalística tem a valorosa função social de levar as informações públicas ao conhecimento, mas sempre pautada por um mínimo de qualidade técnica e ética.

A deturpação desse traço da profissão de jornalista – seja pelos excessos que atentam contra os princípios constitucionais e legais, seja pela negativa de veiculação de informação de interesse público – deve resultar em sanções. No caso de negativa de publicação, cabe à empresa jornalística apresentar razões objetivas para vedar a circulação de informações de interesse público – que pode ser, por exemplo, a ofensa à honra de uma pessoa, mas jamais se sustentar em interesses comerciais ou subjetivos.

Um dos problemas existentes hoje é que não se observa, em muitos casos, o princípio da livre circulação de informações, que estão nas mãos da mídia, bem como inexiste proteção à honra de pessoas ainda em fase de mera suspeita de cometimento de crime.

Faz-se imprescindível que o novo marco legal avance decisivamente para salvaguardar o direito ao contraditório e à ampla defesa. Hoje, o chamado "outro lado" é apresentado aos leitores como mero componente estético da reportagem principal. Aliás, a maioria dos leitores ignora que esse "outro lado" é fruto, muitas vezes, de 15 minutos de defesa, quando a publicação já está em seus momentos derradeiros de conclusão da edição. O resultado é um potencial elevado de erosão de biografias e de formulação de informações noticiosas de baixa qualidade.

Assim, permitir que o acusado ou suspeito na reportagem a ser publicada goze de um mínimo de tempo razoável – 24 horas, por exemplo – para se manifestar, com acesso a toda documentação que o veículo pretende publicar, constitui-se passo fundamental para inclusive conferir maior credibilidade ao material veiculado. Mais que isso: o "outro lado" deve ser exercido em espaço amplo nos jornais e revistas e ser produzido pelo alvo da reportagem em questão, pois se trata de material de defesa, responsabilidade do acusado/suspeito. Quer dizer: quem produz a notícia não pode produzir o "outro lado".

Finalmente, o novo marco legal deve se voltar para impedir que a produção da notícia extrapole os limites constitucionais e legais. Ora, se as ofensas à honra não forem severamente punidas, não serão modificadas tais práticas. O que se pretende é abandonar o caráter indenizatório irrisório que hoje possuem as sanções. É preciso adotarmos um mecanismo de sanção próximo à ação de improbidade administrativa, que possui *animus* de sanção civil, não reparatório. O Judiciário se encarregaria de controlar a atividade jornalística no pós-publicação, fixando indenizações vultosas que inibam as agressões à ética e aos valores próprios de um jornalismo democrático.

Avalio que a nova legislação precisa recuperar a dignidade do exercício profissional e reforçar os valores da imparcialidade, da ética e do compromisso social do jornalista, com preservação do direito à honra e à privacidade. A prática será capaz de apontar as falhas e os ajustes necessários ao melhor funcionamento do novo arcabouço legal.

Do modo como tratamos hoje essa crucial atividade, que é a jornalística, estamos seriamente arriscados a presenciar em breve novos escândalos de abuso no poder de informar. Ao contrário do argumento pueril de muitos, regulamentar o funcionamento da mídia não é atentar contra a liberdade de expressão e de informação. É, antes, buscar justamente o oposto: valorizar todo o trabalho jornalístico, através de mecanismos de autorregulação realizados pelo próprio setor, garantindo um mínimo de qualidade na informação como direito do leitor.

***

O julgamento do mensalão

Publicado em Carta Capital, em 19/09/2011

Hoje meu artigo tratará de uma obviedade das mais evidentes num Estado Democrático de Direito, pois parece que a nossa sociedade às vezes carece mais de debater o óbvio e o propedêutico do que o mais complexo.

Um dos princípios elementares de um Estado de Direito é que não há crime sem lei anterior que o preveja ou o tipifique. Como consequência dessa tipicidade penal, as pessoas só devem ser condenadas após terem o direito a se defenderem de acusação de conduta tida como criminosa em lei anterior à sua prática, sendo tal imputação individualizada e relativa a fato certo e determinado.

Por via de consequência, ainda, no Estado de Direito as condutas humanas são objeto de investigação quando suspeitas de enquadramento na lei penal. O direito-dever do Estado em investigar condutas suspeitas de crime constitui antônimo da realização de devassas quanto às pessoas.

No Estado de Direito a investigação traduz o direito do cidadão a não ter sua vida devassada. Em linguagem corrente, o Estado pode e deve investigar condutas específicas que possam ser tidas como crime e que cheguem a seu conhecimento, mas não deve devassar a vida de um cidadão procurando encontrar crimes eventualmente cometidos.

Como resultante disso tudo, por óbvio, os réus serão condenados quando comprovada a prática criminosa especificada e individualizada na acusação, após amplo e efetivo exercício do direito de defesa, cujos argumentos devem sempre ser levados em consideração na decisão final mesmo que condenatória.

Tais valores elementares têm sua execução em evidente crise na sociedade contemporânea por diversos fatores, que vão da luta contra o terrorismo à forma de funcionamento de uma sociedade do espetáculo.

A intensidade e a rapidez com que os fatos são divulgados pelos meios de comunicação, trazendo versões midiaticamente construídas, levam muitas vezes os julgamentos criminais a deixarem de fazer valer a lógica própria do direito, do lícito-ilícito, para servirem à lógica própria do espetáculo. Juízes são seres humanos influenciados pelo meio em que vivem e não meros autômatos aplicadores de leis.

Tal defeito sistêmico, no mais das vezes, é um ônus da vida em uma sociedade livre e comunicativa. Algo que merece reflexão e debate, cuidado e distanciamento.

Ocorre que os meios de comunicação não são entidades que existem no limbo, existem por conta de atividade e interesses humanos também.

Em especial quando tal julgamento espetaculoso diz respeito ao ambiente da política, não raro o que alguns veículos procuram é influenciar o resultado do mesmo, procurando criar um ambiente social favorável ou contrário aos réus conforme o caso. Atitude voluntária ou dolosa, portanto, e não mera consequência natural de uma sociedade comunicativa e sígnica.

E tal conduta precisa ser denunciada, pois trata-se não de procurar trazer fatos ao conhecimento público, mas sim de tentativa de manipulação da opinião coletiva com vistas para que, no julgamento, a lógica própria do direito seja substituída pela do espetáculo e dos interesses políticos.

A nosso ver é esse o risco que corremos como sociedade livre e democrática, no julgamento do chamado caso do mensalão, cuja realização se aproxima.

O que verificamos é a ocorrência constante de matérias jornalísticas em alguns veículos que procuram nitidamente criar um ambiente de opinião pública contrária aos réus, apelando a matérias mais dotadas da verossimilhança dos romances que à verdade que deveria ser o mote dos relatos jornalísticos.

Foi o que ocorreu, por exemplo, no episódio dos "encontros" do ex-ministro José Dirceu com políticos num hotel de Brasília. Nada de criminoso ou antiético foi sequer relatado na matéria, que consistiu apenas de ilações sobre "conspirações" não atestadas por nenhum fato ou declaração dos participantes.[13]

Com este tipo de matéria, vai se construindo uma imagem de culpa pela pessoa no caso do ex-ministro e dos demais réus. Procura-se criar um certo consenso de corredor de Tribunal de que, mesmo que não existam provas de qualquer conduta delituosa por parte dos réus, esses devem ser condenados para manutenção da imagem da Corte.

Procura-se criar a impressão de que se o julgamento for pela inocência, independentemente de seu acerto técnico jurídico, a imagem de "pizza" será inevitável, face inclusive a nossa triste tradição de proteção dos Tribunais aos poderosos de plantão.

Nada mais atentatório aos valores de um Estado Democrático de Direito como o que pretendemos que seja o nosso.

---

13 Em 27/08/2011, a revista *Veja* publicou reportagem na qual afirmava que o ex-ministro José Dirceu mantinha ume espécie de gabinete no hotel Naoum, em Brasília, onde, com frequência, se reunia com ministros, senadores e figuras importantes da República.

Julgamentos não devem ser produzidos pela imagem midiática que deles decorra, mas sim pela aplicação de nossa ordem jurídica ao caso concreto.

O que deverá estar em julgamento no chamado caso do mensalão não é a pessoa dos réus como um todo consideradas, mas sim se cometeram ou não as condutas que lhes são específica e individualmente imputadas, e para que sejam condenados tais condutas devem ser cabal e claramente comprovadas.

O que estará em juízo não é a corrupção que grassa no país, abstratamente considerada, mas pura e simplesmente condutas específicas que foram descritas na acusação.

Tratar os réus como depositários de mazelas históricas de nossas práticas políticas, além de ser uma forma de jogá-las para debaixo do tapete, depositando-as em bodes expiatórios, é um mecanismo potencialmente produtor de terríveis injustiças.

E tal comportamento tem intenção política evidente, qual seja, procurar criminalizar o PT e o governo Lula, pois ao distanciar o julgamento de sua concretude por relatos abstratos e simbólicos, o que se procura pôr no banco dos réus não são apenas as condutas pessoais em pauta, mas sim todo um segmento político e ideológico.

Por mais críticas e discordâncias que se possa legitimamente ter contra este segmento ideológico, por óbvio é no tribunal da história que este deve ser julgado e não numa Corte de Justiça.

A sociedade precisa estar atenta a isso. A questão deve ser debatida às claras e não nos corredores das Cortes e nas salas dos escritórios. O que está em questão quando se procura garantir um julgamento justo e concreto para os réus, nesse caso, não é apenas a defesa de seus direitos fundamentais, mas sim de garantir o regular funcionamento do Estado de Direito, interesse maior e geral de uma sociedade minimamente civilizada.

CNJ e os direitos do cidadão

Publicado em Carta Capital, em 03/10/2011

O debate sobre os limites de atuação do CNJ (Conselho Nacional de Justiça) ganhou grande relevância nacional nesta semana, com ampla participação de diversos setores da sociedade, o que é algo extremamente elogiável. No entanto, as discussões têm sido marcadas por equívocos de informação e rótulos que turvam o real foco da questão.

O primeiro dos problemas a contaminar o debate é enxergar na Adin (Ação Direta de Inconstitucionalidade) proposta pela AMB (Associação dos Magistrados Brasileiros) como uma tentativa de defesa incondicional de seus pares, ou seja, uma ação motivada pelo espírito corporativista em defesa de desvios de colegas. É preciso rechaçar essa percepção equivocada.[14]

De fato, a AMB tem uma preocupação histórica desde o Regime Militar (1964-1985) com a defesa da jurisdição. O nascedouro dessa preocupação está no fato de a ditadura ter tratado muito mal nossa jurisdição, ainda que não tenha tratado tão mal nossos juízes em termos funcionais. Nesse contexto, entidades como a AMB travam tradicionalmente lutas mais em defesa da jurisdição, e não em defesa do interesse particularista dos juízes. Identifico esse *animus* público tanto na Adin que a AMB propôs ao STF (Supremo Tribunal Federal) questionando a resolução do CNJ quanto em suas posições públicas sobre o papel que considera adequado ao referido conselho externo.

---

14 Em agosto de 2011, a Associação dos Magistrados Brasileiros (AMB) ajuizou no Supremo Tribunal Federal (STF) uma Ação Direta de Inconstitucionalidade (ADI 4638), questionando alguns aspectos da Resolução 135 do Conselho Nacional de Justiça (CNJ), que dispõe sobre a uniformização de normas relativas ao procedimento administrativo disciplinar aplicável aos magistrados.

A segunda "contaminação" do debate reside na dificuldade em se identificar qual é o foco principal, no plano constitucional e institucional, sobre o qual o STF irá se debruçar. Um debate difuso acaba não surtindo o efeito desejado e formando convicções precipitadas.

O que está em jogo no julgamento do STF é saber o que diz nossa Constituição sobre a competência do CNJ. A AMB e alguns dos juízes punidos pelo órgão externo de controle pretendem que a competência disciplinar do CNJ seja subsidiária, ou seja, o conselho teria caráter de instância derivada de controle disciplinar, não cabendo a ele promover investigações paralelas às realizadas pelas corregedorias dos tribunais.

O Artigo 130-B, parágrafo 4° e incisos, da Constituição estabelece as competências do CNJ e é inteiramente esclarecedor quanto ao questionamento apresentado pelo STF. Diz o dispositivo constitucional que o CNJ deve "receber e conhecer das reclamações contra membros ou órgãos do Poder Judiciário, inclusive contra seus serviços auxiliares, serventias e órgãos prestadores de serviços notariais e de registro que atuem por delegação do poder público ou oficializados, sem prejuízo da competência disciplinar e correicional dos tribunais, podendo avocar processos disciplinares em curso" (inciso III).

Ora, se o CNJ pode "avocar processos em curso" e "receber e conhecer" as queixas, portanto, o que a Constituição lhe confere é a possibilidade de agir ao mesmo tempo em que agem as corregedorias estaduais. Tecnicamente, diz-se que o texto constitucional prevê que as competências sejam concorrentes, ou seja, ambos os órgãos (CNJ e corregedorias) podem processar e julgar administrativamente integrantes do Judiciário – funcionários e juízes.

Até o momento, não vi nenhum dos defensores da tese da AMB apontar onde na Constituição há indicativo de que a competência do CNJ deve ser subsidiária. Assim, prevalece o entendimento de que cabe ao CNJ realizar de forma plena a atividade de controle administrativo e disciplinar da jurisdição.

A meu ver, se for decidida de forma genérica que a competência é subsidiária, retornaremos a um momento em que o Judiciário se revelava como único dos três Poderes a possuir mecanismos de controle somente internos. A criação do CNJ via Emenda Constitucional 45/04, conhecida como Reforma do Judiciário, apresentada e votada no governo Lula, não se deu porque havia insatisfação com o trabalho das corregedorias, mas porque havia a necessidade de se introduzir no Judiciário o princípio republicano do controle externo. Assim, hoje, Executivo, Legislativo e Judiciário submetem-se a um duplo controle administrativo: os mecanismos internos e o controle externo – no caso do Judiciário, as corregedorias e o CNJ, respectivamente.

Cumpre verificar que o modelo é positivo e coerente com os princípios republicanos e o Estado Democrático de Direito.

O mais trágico em uma eventual decisão do STF que, contrariamente aos dizeres de nossa Constituição, decida eventualmente em acolher a pretensão da AMB e dos magistrados punidos é que estará subtraindo do cidadão o direito de solicitar e ver apreciado diretamente pelo órgão externo de controle do Judiciário seu pedido contrário a algum abuso ou desvio praticado por magistrado. O acesso da cidadania à instância que pode, externamente, corrigir algum abuso cometido contra o cidadão estará suprimido. A cidadania só poderá ter acesso ao CNJ de forma derivada, após o "filtro" do órgão interno de controle e correição. Evidente a grave ofensa, antes de tudo, ao cidadão e seus direitos.

Não podemos confundir o foco do debate com o valioso argumento de que o CNJ tem conduzido investigações sem respeitar o direito fundamental, resguardado pela Constituição, de ampla defesa dos investigados. Argumenta a AMB também que o CNJ tem agido muitas vezes de forma imperial e autoritária. Tais questões são evidentemente relevantes, mas devem ser corrigidas no âmbito individual de defesa de direitos, não podendo servir de justificativa a uma redução de competência do Conselho.

Os atos concretos irregulares que o CNJ tenha praticado, ou venha a praticar no futuro, devem ser questionados no exercício do direito individual, na via de defesa, como chamamos no mundo jurídico. Eventuais dispositivos regulamentares do CNJ que possam estar ofendendo tais direitos podem ser invalidados pela Adin, mas nunca justificar a referida redução de competência do órgão de controle externo. Aliás, o STF tem revelado ao país que garante o respeito aos direitos fundamentais do contraditório e à ampla defesa, em decisões tomadas não apenas quando a vítima é um cidadão comum, mas também quando é um magistrado.

Por fim, devemos destacar que é legítima a pretensão de se debater eventual modificação no papel e as funções do CNJ, mas o local apropriado para esse debate é o Congresso Nacional, não o STF, que não tem competência para legislar, mas, sim, de meramente aplicar a Constituição e as leis. Haveria inegável "default democrático" em tal conduta, haja vista que juízes não são eleitos pelo povo, para inaugurar ou inovar primariamente a ordem jurídica.

A sociedade sairá perdendo duplamente se o Supremo acolher a demanda da AMB. Primeiro, ao ver um desrespeito ao texto constitucional que é claro na fixação das competências do CNJ. Depois, ao verificar um desvio de função do Poder Judiciário para atuar na seara legislativa. Essa dupla perda desemboca numa terceira, ainda mais nociva, a de vermos esvaziado o controle externo do Judiciário.

A inocência de José Dirceu

Publicado em Carta Capital, em 07/08/2012

O debate na mídia quanto ao chamado caso do mensalão vai se constituindo cada vez mais como uma realidade à parte do julgamento concreto. Como bem destacou a *ombudsman* do jornal *Folha de S. Paulo*, nesta fase do julgamento a imparcialidade da cobertura midiática deveria ser um mantra, mas efetivamente não é o que tem acontecido.

Por isso a necessidade que sinto de expor meu ponto de vista de forma clara, taxativa e sem rebusques para que seja claramente compreendido: sob o ponto de vista estritamente jurídico, em meu entender, não houve prova suficiente no processo que possam demonstrar a existência do chamado mensalão e o ex-ministro José Dirceu deve ser inocentado de todas as acusações contra ele formuladas.

Como o processo é extremamente volumoso e composto de uma infinidade de documentos e depoimentos, versando sobre um rol extenso de fatos, e tratando-se o presente artigo apenas de um texto opinativo de caráter jornalístico, vou cingir-me apenas às acusações que foram dotadas de efeito político-midiático.

Por tratar-se de processo complexo, relativo a um grande número de réus e a um número maior ainda de acusações e condutas imputadas, escolhi tratar apenas do que parece chamar mais atenção da opinião pública. Obviamente a referida complexidade e amplitude do caso implica que existam condutas que merecem punição e reprovação ética.

A própria prática do chamado caixa 2, admitido pelos réus, é prática criminosa e integralmente antiética. Se no plano criminal pode não implicar consequência concreta pela incidência da prescrição, no plano político o efeito é muito incisivo. Com o reconhecimento de tal prática por seus dirigentes, o PT declarou o divórcio com seu compromisso histórico de mudar a ética reinante na política brasileira desde o descobrimento, igualou-se a uma tradição espúria, cujo real sentido é mais amplo e grave que a expressão de mero "malfeito" costumeiramente usada.

Junto com o caixa 2, o PT aceitou um jogo que corrompe sistemicamente o regime democrático em todo o mundo e ao não punir, clara e ostensivamente no plano ético partidário, seus militantes que participaram desta prática, abriu mão de uma experiência política que ousava ser alternativa à hegemonia de práticas aéticas e patrimonialistas que caracterizam a vida democrática no mundo contemporâneo.

Como tal tipo de prática jamais seria aceita pela militância de base do partido, a democracia interna do PT corroeu-se. De uma usina de ideias de transformação política e social que era, o PT cada vez mais se aproxima de reduzir-se a um instrumento de operações políticas concretas e eleitoreiras. Sem o oxigênio da democracia crítica de base, o partido vai sendo sufocado pelo espectro dos compadrios burocráticos e se limitando ao debate do que "ganha a eleição" e não do que transforma a vida das pessoas e da sociedade.

O empobrecimento do debate interno traz como pena o personalismo de suas lideranças e o afastamento progressivo dos quadros mais comprometidos com a utopia da mudança.

O PT e a esquerda brasileira, independentemente do resultado do julgamento da ação 470 pelo STF, já foram condenados a uma pena política que não tem prazo certo para terminar seus efeitos, os quais poderão acarretar até mesmo a morte do partido, ao menos como possibilidade de utopia para os que creem em práticas políticas eticamente mais adequadas.

Ocorre que, se no plano político e ético as práticas evidenciadas pela então direção do PT se mostraram recrimináveis, sob o ponto de vista jurídico não se pode ter como certa a chamada prática do mensalão, na forma divulgada pela mídia; assim, de forma alguma o ex-ministro

José Dirceu deve ser condenado criminalmente pelo que lhe foi imputado na denúncia formulada pelo Procurador Geral da República.

Tem-se entendido como mensalão a suposta criação de um esquema criminoso de compra de votos parlamentares para aprovação de projetos de iniciativa do Executivo ou de interesse do governo no Congresso com o uso de dinheiro público para tanto. Quando a expressão mensalão foi criada, referia-se a pagamentos mensais supostamente feitos a parlamentares.

A denúncia do PGR fundou-se no depoimento de Roberto Jefferson para fundamentar a acusação inicial e deveria, no decorrer do processo, provar a referida acusação. Entretanto o que dele resultou, em apertada síntese, foi o seguinte:

1 – Ouvidas mais de 600 testemunhas no processo, não houve uma sequer que sustente a existência de algum esquema ou iniciativa organizada de compra de apoio parlamentar; também não foram apresentados documentos, dados fiscais ou bancários, filmagens ou gravações telefônicas, imagens de reuniões, nada que ofereça a menor demonstração da existência do suposto esquema;

2 – Não há um parlamentar que tenha realizado saques ou recebimentos mensais;

3 – A relação entre votação de reformas constitucionais e pagamentos recebidos pelos parlamentares estabelecida na denúncia foi abandonada pelo PGR nas alegações finais, que passou a apontar outros projetos que teriam sido objeto do suposto crime. Obviamente tal argumento não será apreciado pela Corte Suprema por ter sido trazido apenas no final do processo, sem direito a ser refutado pela defesa. Nenhuma prova sequer foi apresentada que relacione os pagamentos recebidos a votações de projetos; a defesa, contudo, apresentou extenso estudo feito com base em dados oficiais das votações da Câmara no período de 2003 e 2004 que demonstra a inexistência de relação entre

os saques feitos pelos partidos e as votações dos projetos de interesse do governo. Aliás, nos meses de repasse mais elevado, o apoio às iniciativas do governo teve queda significativa;

4 – Não há provas de que os recursos que originaram os saques feitos pelos partidos tenham origem pública. O bônus de volume da publicidade feita pelo Banco do Brasil através da agência de Marcos Valério foi demonstrado como de propriedade da agência e não do banco, inclusive conforme entendimento do Tribunal de Contas, contrariando o alegado na denúncia. Conforme demonstrado, o que pertencia ao Banco do Brasil por cláusula contratual era a bonificação de desconto, que tem nome semelhante mas não é a mesma coisa que bônus de volume, como pressupunha a denúncia. Também os recursos advindos do Fundo Visa-Net são de origem privada, como demonstrado por declarações de testemunhas, da própria companhia e de documentos. O Banco do Brasil é acionista do Fundo, mas não possui seu controle. Embora as alegações finais do PGR falem em desvio de recursos de órgãos públicos e empresas estatais, não aponta quais seriam estes órgãos e empresas estatais. Não há, portanto, qualquer prova minimamente consistente nos autos do processo que ateste a existência do mensalão, entendido como esquema de compra de votos de parlamentares;

5 – Não se pode falar em provas consistentes de que José Dirceu comandou os atos de dirigentes do partido que implicaram a realização dos pagamentos e respectivos saques de partidos políticos e parlamentares. As demais acusações formuladas contra ele também não foram demonstradas. O depoimento de Jefferson em relação à participação de José Dirceu nos fatos foi refutado por diversas testemunhas, que não figuram como réus no processo. Os testemunhos contra José Dirceu foram dados por réus no processo e foram refutados por número maior de testemunhas não figurantes como partes do processo;

6 – O próprio procurador-geral da República reconheceu em sua sustentação oral a não existência de provas documentais e materiais contra José Dirceu. Após sete anos de investigação, não foram apresentados dados bancários, fiscais, gravações telefônicas, filmagens de reuniões etc. Ou seja, nenhuma das provas que costumeiramente têm sido produzidas em casos de acusações semelhantes.

Com relação a José Dirceu, nem a autoria nem a materialidade do delito foram demonstradas de forma minimamente razoável de se sustentar condenação. Condená-lo seria um aviltamento dos mais comezinhos valores e princípios constitucionais que governam nosso processo penal.

Em sua sustentação oral, o procurador centrou seus argumentos em perguntas, numa fase final do processo, quando essa deveria ter apresentado respostas.

***

O empate no caso do mensalão

Publicado em Carta Capital, em 19/10/2012

Um dos aspectos que já se põe como polêmico e que já era antevisto no juízo do mensalão é o do empate no julgamento, face à aposentadoria compulsória do ministro Cezar Peluso.[15]

---

15 O ministro do Supremo Tribunal Federal (STF) Cezar Peluso aposentou-se no final de agosto de 2012, durante o julgamento do chamado mensalão, que se prolongou para além desta data. Sendo assim, o ministro proferiu seu voto referente a apenas parte dos 37 réus, optando por não antecipar os votos dos demais, como especulou-se à época.

A mídia tem noticiado uma divisão na opinião dos ministros a respeito do tema. Como sabemos, a mídia é o veículo mais usado ultimamente para veiculação de opiniões e fundamentações de juízos de nossa Corte Suprema, comportamento muito peculiar do Brasil, estranho a qualquer Corte Superior do mundo civilizado, em geral mais discretas e conscientes dos rigores de conduta imposta pela toga a seus usuários.

A divisão de opiniões se funda, de um lado, no fato de que o regimento do Supremo prevê, em caso de empate, o voto qualificado (de desempate) do presidente da Corte, salvo no caso de *habeascorpus* em que há o entendimento do princípio constitucional de favorecimento do réu pela dúvida em matéria penal.

Pelo que divulga a mídia, alegam alguns que o que se aplica ao *habeascorpus* é exceção que não se aplicaria a uma ação penal comum.

A nosso ver tal debate não faz o menor sentido. O regimento do STF não pode ser tido como fonte normativa superior à Constituição. O regimento deve ser interpretado à luz da Constituição e não a Constituição à luz do regimento! Não pode haver questões *interna corporis* não sujeitas aos valores da Constituição.

O que caracteriza um Estado Constitucional de Direito é exatamente que todo o *iter*, o percurso de formação da vontade estatal, deve ser conformado pelos valores e princípios da Constituição. Se a dúvida ocorreu no plenário da Corte, uma regra menor não pode fazer de conta que ela não houve para condenar alguém. Não pode, portanto, haver a ficção para condenar no Direito.

Tais lições são primárias em Direito e, obviamente, os ministros melhor que ninguém as conhecem.

Se a Corte empata significa que, como órgão colegiado, tem dúvida quanto à culpabilidade do réu. Atribuir voto de minerva a seu presidente para condenar o réu em matéria penal é uma absurda ofensa ao princípio do favorecimento do réu pela dúvida, um juízo que ofenderia os mais comezinhos valores não apenas do Estado Democrático de Direito e suas garantias fundamentais, mas também da vida civilizada.

Como articulista, me causa muita estranheza ler artigos na grande mídia comercial nos quais colegas colocam a questão como se fosse algo em aberto, algo em que coubesse um espaço razoável de dúvida face ao sistema de garantias de nossa Constituição e seu sistema de valores.

Ora, se por um lado textos normativos têm espaços de subjetividade interpretativa, que receberam diversos nomes nas diversas correntes do pensamento jurídico, de outra é inegável que há um campo de sentido objetivo em seus dizeres, aliás em qualquer dizer humano. Os sentidos das coisas não são criados subjetivamente do nada. São produtos de pactos intersubjetivos, se assim não fosse não haveria comunicação entre os homens.

Não vou aqui entrar em debates acadêmicos, mas sou daqueles que acreditam que o caso concreto, como fonte de elucidação do sentido da norma (que nunca tem inteireza de sentido em abstrato), não permite mais que uma solução adequada à luz do plano de valores posto na Constituição, como formulado por Dworkin.

Mas mesmo os que postulam pela maior amplitude possível de discrição subjetiva do intérprete da norma no caso concreto hão de concordar que, neste caso, nossa Constituição não deixa ao intérprete qualquer margem de manobra de sentido.

Mesmo o mais aferrado dos kelsenianos concordará que nossa Constituição determina o princípio da dúvida em favor do réu e que ele implica em decisão de inocência em empates de Cortes colegiadas, mesmo a Suprema, independentemente de qualquer norma regimental que possa ser tida em contrário.

Um seguidor estrito de Kelsen, com base no famoso capítulo VIII de sua *Teoria Pura do Direito*, alegará, contudo, que mesmo que a decisão do STF seja contrária à Constituição neste caso, considerando os réus culpados, será válida, pois ao juiz é dada a competência para, inclusive, decidir contra a lei, tratando-se a decisão judicial de ato de "política jurídica".

Este poder decisionista e arbitrário que Kelsen concede aos juízes em sua formulação teórica é o ponto que mais divirjo de seu pensamento, mas não vou aqui realizar esse debate. Um texto jornalístico não é o lugar mais adequado para tanto.

Mas digo: mesmo esse kelseniano acrítico e estrito terá de reconhecer que a decisão do Supremo que conceda ao presidente da Corte voto de qualidade em caso de empate do plenário em ação penal para fins de condenar o réu contraria o disposto em nossa Constituição de forma intensa e frontal. Se o sistema jurídico absorveria como válida esta decisão inconstitucional da Corte é outro debate.

No plano político, creio ser inviável aceitar tamanha ofensa à Constituição em uma decisão de nossa Corte Suprema. Como cidadão, espero, sinceramente, que nosso Supremo Tribunal Federal não incorra neste gravíssimo equívoco.

***

A prisão dos réus do mensalão

Publicado em Carta Capital, em 19/12/2012

O procurador-geral da República, Roberto Gurgel, pediu nesta quarta-feira 19 a prisão dos condenados na Ação Penal 470, o chamado mensalão.

Como o STF encontra-se em recesso, a autoridade competente para conhecer e decidir quanto ao pedido será o ministro Joaquim Barbosa.

De plano, diga-se, não há críticas que se possa fazer ao procurador. É seu papel postular ao limite como parte sancionadora do processo.

Mas todas as críticas técnico-jurídicas deverão ser feitas caso tais pedidos sejam, a qualquer título, acatados. Ao magistrado não é dado agir ou se postar como Ministério Público, como parte do processo.

Há, no STF, pacífica jurisprudência no sentido de que só cabe a prisão nesse tipo de caso quando houver o chamado "trânsito em julgado" – ou seja, após o julgamento do último recurso interposto pelos réus.

Embora o julgamento do mensalão seja em grau único de jurisdição pela Corte Suprema, cabem recursos da decisão uma vez publicado o acórdão, como, por exemplo, embargos de declaração e embargos infringentes que podem alterar conteúdo do julgado, extensão das penas e seu regime de execução.

No caso do ministro José Dirceu, por exemplo, parte da pena de 10 anos e 10 meses de prisão refere-se ao crime de formação de quadrilha (2 anos e 11 meses).

A condenação por quadrilha se deu em apertada votação de 5 a 4. Tendo 4 votos favoráveis, segundo o artigo 333 do regimento interno do STF, o ex-ministro pode ingressar com embargos infringentes.

Caso a Corte resolva conhecer o recurso e, no final, resolva provê-lo, a condenação cairá de 10 anos e 10 meses para 7 anos e 11 meses, o que manteria a condenação do réu, mas reduziria sua pena e alteraria o regime de sua execução. Ou seja: o ex-ministro deixaria de cumprir pena em regime fechado e passaria a cumpri-la em regime semiaberto. Essa decisão alteraria substancialmente seu estado de liberdade.

Uma vez preso em regime fechado agora, qualquer um dos réus que, no futuro, tenha seu regime de execução alterado para semiaberto, pelo provimento de algum recurso, terá sofrido um prejuízo irreparável.

A jurisprudência pacífica da Corte, os direitos fundamentais dos réus e a prudência que deve ser própria da magistratura indicam claramente que açodamentos punitivos dessa natureza num caso já demasiadamente polêmico devem ser evitados por absolutamente desnecessários, só servindo para depor contra a higidez do julgamento e contra a imagem da própria Corte.

***

A decisão do ministro, o julgamento do mensalão e a ponderação de valores

Publicado em Carta Capital, em 21/12/2012

Conforme noticiado pelos veículos de mídia eletrônica, o ministro Joaquim Barbosa indeferiu o pedido formulado pelo procurador-geral da República de prisão dos réus da Ação Penal 470, chamada de processo do mensalão.[16]

O PGR nada mais fez que exercer seu direito de petição como parte do processo que é. Pode pedir o que bem lhe aprouver, podendo seu pedido ser ou não deferido pelo juízo. No caso, o descabimento do pedido era mais que evidente, contrariava a jurisprudência pacífica da Corte e os mais comezinhos princípios de Direito e de nossa Constituição.

---

16 Em 21/12/2012, o então presidente do Supremo Tribunal Federal (STF) e relator do processo do chamado mensalão, Joaquim Barbosa, negou petição da Procuradoria-Geral da República (PGR), que solicitava imediata execução das penas restritivas de liberdade aos 22 réus condenados na ação.

Tratava-se de postular não por um pedido de prisão cautelar dos réus, mas já pela execução da condenação dos mesmos.

Já tivemos a oportunidade de tratar em artigo anterior o descabimento da pretensão face ao fato da decisão não ter sequer transitado em julgado; face a ela ainda cabem recursos, inclusive embargos infringentes que podem reduzir as penas de alguns réus alterando o regime de execução de fechado para semiaberto.

A decisão condenatória, aliás, sequer foi publicada, sequer chega a "existir" no sentido jurídico da expressão. Assim, a decisão do ministro Joaquim Barbosa foi inegavelmente correta, merecedora de elogios.

Por maior que seja o desejo de punição da comunidade ou de parte dela, por maior que seja o sentimento de "vítima" que estas pessoas sintam face a qualquer acusado de crimes de corrupção, há que se entender que numa sociedade civilizada o juiz não deve agir nem com o espírito de punição nem com o sentimento de vítima. O juiz deve agir com distância, mesmo que com rigor na aplicação da lei.

Na relação de ponderação entre os valores da moralidade pública e o da presunção de inocência e segurança jurídica, setores relevantes de nossa sociedade, de uma forma totalmente compreensível mas ingenuamente perigosa, têm feito preponderar em sua forma de pensar e argumentar a moralidade pública de forma a esquecer, apagar a presunção de inocência e a legalidade. Tudo vale a pena, qualquer forma de atitude autoritária é bem-vinda, se for a título de combater a imoralidade no trato da coisa pública.

Há um imenso equívoco nesse tipo de ponderação de valores. Muita crueldade, muito autoritarismo, muito gente foi injustiçada e mesmo morreu por conta desse tipo de ponderação equivocada de valores. De Robespierre na Revolução Francesa ao Golpe de 64, os exemplos são inúmeros na história humana. Os historiadores são melhores fontes do que eu para tratar desses exemplos, que sei existentes.

Talvez eu esteja profundamente equivocado, não terei receio de admitir de público se chegar a esta conclusão, mas tenho a firme convicção de que por conta da influência não positiva dos meios de comunicação sobre o comportamento de nossa Suprema Corte no chamado processo do mensalão, este caso acabou contendo mais equívocos que acertos, mais injustiças que correções.

Não tenho dados ainda para poder afirmar que houve um juízo de exceção, me parece prematuro este tipo de afirmação ser feita com rigor científico. Há que se esperar a publicação da decisão e futuras decisões para se formar em definitivo este juízo. Erro judicial não se confunde com exceção, há entre eles profunda diferença jurídica e política. E certamente o julgamento não foi de todo equivocado, mas contém, ao menos me parece, desacertos, que em essência se fundem nessa incorreta ponderação de valores por parte de setores de nossa sociedade.

Para se combater a imoralidade pública, o que é mais que nobre, necessário e urgente, acaba se achando justificável qualquer meio e com isso se sacrificam, ou se tolera o sacrifício de outros valores relevantíssimos para a vida democrática e civilizada e que não necessariamente precisariam ser excluídos de uma sociedade mais saudável em termos de ética nos negócios públicos.

Legalidade, segurança jurídica e presunção de inocência não são valores de uma classe social como acreditam alguns, ou direitos de bandidos como ainda creem outros. São conquistas humanas, após séculos de lutas e sacrifícios, frutos da sabedoria de muitos e do sangue de outros tantos. É pura insensatez deles abrir mão.

Dworkin e Carlos Alexandre Azevedo

Publicado em Carta Capital, em 18/02/2013

Na onda conservadora que tem atravessado o ambiente cultural e midiático do país nos últimos anos, as tentativas de relativização do que foi a brutalidade da ditadura têm sido uma constante.

Da expressão "ditabranda", do jornal *Folha de S. Paulo*, à queixa do cantor Lobão de que nada mais fizeram os torturadores que "arrancar umas unhas", passando pelo desejo de alguns adolescentes de refundar a Arena, partido do regime de exceção em sua época, tem se tornado um certo lugar-comum procurar diminuir a rejeição a esse período histórico, seja pela referida relativização das atrocidades, seja por diversas formas de culpabilização da oposição de esquerda à ditadura, armada ou não.

De forma semelhante ao machismo que culpa a mulher pelo estupro, sutilmente culpa-se o torturado e o assassinado pela tortura e pelo homicídio.

Tudo num invólucro verbal de aparência democrática. Defende-se o arbítrio sem se assumir claramente sua defesa – como, aliás, é corrente na história humana: nenhuma postura arbitrária se declara arbitrária nem nunca se declarou.

Uma boa parte da opinião social ativa procura se colocar numa suposta posição de "equilíbrio", de meio-termo entre as defesas enrustidas e os ataques claros à ditadura. Um ministro do STF chegou a afirmar que a ditadura foi um mal necessário.

Argumenta-se que no Brasil "matou-se pouco"; que "apenas" algumas centenas morreram.

Ora, mediar com atrocidades é compactuar com elas.

É uma postura semelhante a mediar com o Holocausto dos judeus pelo nazismo: "não vamos matá-los, vamos apenas torturá-los e mantê-los num campo de concentração".

No momento da edição do *Patriotic Act*, nos EUA, importantes autoridades daquele país procuraram justificar a prática de uma "tortura moderada" como método investigativo contra o terrorismo.

Mediar com a atrocidade sempre implica propor outra atrocidade. Mediar com a indignidade humana significa aceitá-la.

A morte nesta semana de Ronald Dworkin, o conhecido e genial jurista liberal norte-americano, serve para nos lembrar que certos valores são absolutos no sentido de ter seu fundamento racional plasmado de forma clara no âmbito claro de sentido da dignidade humana.

Comentando o falecimento do aludido filósofo do Direito, o promotor Francisco José Borges Motta dá o exemplo da "tortura" de crianças como um ato de imoralidade absoluta.

Neste fim de semana Carlos Alexandre Azevedo se suicidou. Em 14 de janeiro de 1974, ele tinha apenas 1 ano e 8 meses de idade quando foi preso e torturado com choques elétricos e outras sevícias por agentes da ditadura.

As torturas ocorreram como forma de pressão em seu pai, o jornalista Dermi Azevedo, militante e líder do movimento nacional dos direitos humanos e sua mãe, então presos e também torturados pelo regime.

Não o conheci pessoalmente. Sou amigo de seu pai, com quem convivi na década de 1980, um homem solidário, generoso e de trato gentil e doce.

Carlos Alexandre vai ser um irrisório número na contabilidade de mortos de parte de nossas elites e sua mídia.

Sua morte não afetará o fato de "apenas" algumas centenas terem morrido em razão direta ou indireta da prática de sevícias pela "ditabranda".

Ninguém obviamente será punido, pois nosso STF enterrou a possibilidade jurídica de apuração criminal.

E boa parte de nossas elites e nossas classes médias continuará, nos almoços familiares de domingo, em meio ao barulho vivo e saudável de crianças correndo pela casa, cultivando ideias e discursos de mediação com o inaceitável e com o absolutamente imoral.

***

O televisionamento dos nossos julgamentos

Publicado em Carta Capital, em 12/03/2013

O direito e o sistema de justiça no Brasil sofrem intensas predações internas e externas. Das externas a que mais preocupa é a da mídia, em especial nos casos penais. Para que uma sociedade democrática e de direito contemporânea sobreviva como tal é relevantíssimo que os subsistemas comunicativos convivam entre si com base em relações de racionalidade transversal, ou seja, em essência, a lógica de um não pode superar a do outro dentro da esfera de operação desse outro.

Assim, em um julgamento de um tribunal deve imperar a lógica do lícito/ilícito própria do direito e não a lógica do notícia/não notícia do subsistema de comunicação social ou do poder/não poder da política.

É essa manutenção da autonomia sintática dos subsistemas comunicativos dentro do grande sistema comunicativo que é a sociedade democrática que garante a pluralidade, tolerância e racionalidade conformadoras do Estado Democrático de Direito numa sociedade hipercomplexa como a nossa.

A ação midiática promove emoções, nem sempre boas conselheiras do juízo criminal que deve sempre se pautar por parâmetros racionais e certos valores que estabelecem o distanciamento afetivo e ideológico do julgador ao julgar a causa. O processo não é apenas garantia formal, mas direito material, exigindo a obtenção de um modo racional e equilibrado de formação da decisão. Onde há julgamento não deve haver linchamento, são conceitos totalmente contraditórios entre si.

Ao ser noticiada do cometimento de um crime, a sociedade se solidariza com a vítima ou mesmo se sente vítima daquela conduta. Natural e razoável que seja assim.

O que não é adequado é que este sentimento de ser vítima invada o espírito de quem julga um processo. O julgador não pode ser vítima da conduta, dele se exige distância das emoções que cercam o ocorrido como requisito essencial para que sua decisão seja racional e justa.

Esse papel do julgador distante e racional foi uma imensa conquista humana. A superação dos linchamentos e dos juízos populares no âmbito criminal por formas racionais e legais de julgamento foi uma imensa conquista civilizatória que marca nossa história moderna.

Com os julgamentos do caso do mensalão e do homicídio de Mércia Nakashima sendo televisionados, inauguramos um período de sério risco de retrocesso nessa conquista hoje mínima da sociedade civilizada.

Televisionar ao vivo um julgamento penal é trazê-lo ao patamar de um linchamento contemporâneo. É constranger juízes e jurados a que sigam os impulsos primitivos da turba sob pena de sofrerem constrangimentos inaceitáveis à proteção que faz jus o julgador no exercício de sua função. O que se protege aí não é a pessoa do julgador, mas um sistema civilizado de valores.

Vide o que sofreu o ministro Lewandowski por ter ousado divergir em alguns aspectos do voto do ministro relator do caso do mensalão. Foi achincalhado por nossa mídia marrom sem qualquer respeito a seu papel de julgador.

Uma sociedade democrática que exige de seus juízes que sejam heróis para julgarem segundo o que lhes parece ser os ditames de nossa ordem jurídica não é, de fato, uma sociedade democrática. Agora transmite-se por filmagens ao vivo as cenas do julgamento do homicídio de Mércia Nakashima, o que levará certamente à condenação do réu.

Talvez a referida condenação seja justa. O problema é que não se dará como resultado do que consta do processo, como resultado racional do processo e da investigação que o antecedeu. Será um ato de manifestação do ódio e de afetos próprios do linchamento.

E se o julgador ousar divergir desse sentimento público se transformará em réu da opinião pública ou publicada. O juiz e os jurados terão sua vida perturbada por xingamentos em restaurantes, neles seu bife será cuspido pelo garçom e coisas do gênero.

Tornar-se-á, ao menos por um tempo, um pária. É o que se cobra do julgador que ousar divergir do senso comum em razão de provas ou evidências que constem eventualmente do processo.

O direito fundamental do réu a contar com um juízo isento vai para o ralo. O processo passa a se assemelhar aos processos stanilistas, onde se entrava na sessão de julgamento sabendo-se de antemão o resultado.

Se essa gama de problemas já ocorria como consequência do normal acompanhamento pela mídia dos julgamentos, problema dificílimo de resolver em nossas democracias contemporâneas, televisionar ao vivo os julgamentos penais só agrava sobremaneira o problema ao invés de resolvê-lo.

Transformar os ambientes racionalmente controlados dos julgamentos criminais em espetáculo é um imenso equívoco. A título de uma transparência de fato inexistente, pois os documentos do processo nunca são televisionados, pois seria "muito chato" e de pouca audiência fazê-lo, joga-se no ralo conquistas civilizatórias de séculos de reflexões, revoluções e disputas.

***

Joaquim Barbosa e o direito de defesa

Publicado em Carta Capital, em 20/03/2013

Evito dirigir em meus artigos opiniões e comentários a pessoas específicas. A *fulanização* do debate público só serve à argumentação *ad hominem*, à falácia do ataque pessoal para desqualificar o interlocutor em vez de contra-argumentar.

O uso da desqualificação pessoal é absolutamente indesejado em qualquer debate sério. Os articulistas que usam costumeiramente desse recurso se caracterizam mais pelo radicalismo ideológico e pelo desejo de obter audiência do que pela seriedade de postura e argumentação.

Meu artigo de hoje, contudo, trata da fala de uma autoridade, o presidente do Supremo Tribunal Federal, Joaquim Barbosa, sem, contudo, querer de alguma forma desqualificá-lo – até porque suas qualidades são evidentes: é um ministro honesto, probo, progressista e interessado verdadeiramente na defesa dos interesses da população mais desfavorecida.

Obteve notoriedade, a meu ver, por um de seus menos felizes momentos na Corte, o julgamento do mensalão, mas este não é o tema de hoje.

O ministro declarou, e a mídia em geral reproduziu com destaque, que a relação promíscua entre advogados e juízes é a causa maior das piores mazelas de nosso Judiciário, razão pela qual defende que o juiz só deve atender o advogado quando na presença da outra parte.

Barbosa mostra claramente que ainda guarda visões equivocadas de seu tempo como integrante no Ministério Público.

Quando a relação entre juiz e advogado, ou mesmo do juiz com a parte, implica corrupção, não há o que se discutir. Trata-se de crime gravíssimo, em especial quando praticado por agentes que deveriam cuidar de nosso sistema de Justiça. O mesmo se diga de tráfico de influência, também nefasto e criminoso.

A origem da preocupação de Barbosa não é desprovida de fundamento. No processo brasileiro, o advogado da parte pobre e mais fraca tem muito menos condições de realizar plenamente a defesa dos direitos da parte que o advogado de um cidadão mais favorecido social e economicamente.

Ocorre que o método oferecido pelo ministro como forma de solução é tão nefasto quanto o problema corretamente identificado, qual seja, suprimir o direito dado por lei ao advogado de se dirigir livremente à pessoa do juiz no gabinete ou sala de audiências. Não é tolhendo o direito fundamental à defesa e as prerrogativas profissionais dos advogados que o ministro resolverá o problema da desigualação por razão social no processo.

Para curar a doença, mata-se o doente. Para aperfeiçoar os procedimentos de defesa, suprime-se o direito de defesa.

O problema, em verdade, é mais complexo do que o apresentado. A desigualdade de armas no processo brasileiro não ocorre apenas entre partes pobres e partes ricas. Ocorre com muito mais frequência entre a parte Estado e a parte privada. Quando o Estado é parte que goza de prazos mais dilatados, com até quatro vezes mais tempo que o da parte privada para se defender e recorrer.

Quando o Ministério Público é parte, o problema se agrava.

Os membros do Ministério Público têm relação de proximidade, esta sim, indevida com os membros do Judiciário. É comum nos fóruns haver o "lanche da tarde" tomado em comum pelos juízes e membros do MP.

Os membros do MP têm entrada livre na sala de qualquer juiz; não há pejo em manterem uma relação abertamente diferente da mantida com os advogados das partes. Num processo crime, por exemplo, essa distorção é terrível, em geral propiciando ofensas aos direitos fundamentais do réu e às prerrogativas profissionais da defesa.

Promotores só iniciam seu prazo de recurso quando tomam ciência formal das decisões em seu próprio gabinete. O processo tem de se deslocar até eles, ao contrário dos advogados que têm o prazo correndo a partir da publicação da decisão.

O MP tem vantagens mais que incisivas nos prazos de fato para recursos, no acesso cotidiano ao julgador da causa e na própria posição que ocupa fisicamente na Corte na hora do julgamento. No julgamento do mensalão, a sociedade pôde observar que o procurador-geral da República, que era apenas uma parte a ser tratada em igualdade de condições com os réus e seus advogados, permaneceu sentado ao lado dos ministros, hábito antigo e nefasto de nossa Jurisdição.

O acesso a informações das investigações torna o membro do MP fonte privilegiada de notícias para a imprensa, em "on" ou "off". Surge aí uma relação promíscua a influir imediatamente no resultado dos processos penais. A mídia hoje é quem condena, mais que os juízes.

O único instrumento que sobra ao advogado para se contrapor a esse terrível poder do MP-Estado parte é o do direito de pedir e argumentar livremente e diretamente ao juiz.

Confundir esse direito com corrupção não é minimamente cabível num debate efetivamente ético.

Juiz que se corrompe não o faz no fórum de portas abertas, lugares mais discretos e mais propícios ao crime certamente são os utilizados.

Propor que os advogados só sejam recebidos com a presença da outra parte é submeter o exercício pleno da defesa ao desejo do Ministério Público que acusa. Só quando o membro do MP tiver vontade e disponibilidade de agenda o advogado poderá ter contato com o juiz da causa, enquanto este mesmo membro do MP lancha com este mesmo juiz todo dia.

A amizade pessoal entre juízes e membros do MP e da advocacia não implica desonestidades. Manter o juiz afastado da vida social fortalece uma das maiores formas de submissão dos interesses públicos aos privados em nosso país, o corporativismo.

O ministro não agiu com seu costumeiro acerto quando fez essas declarações. A nosso ver deveria rever seu ponto vista. Suas preocupações são legítimas, mas o remédio proposto agrava o problema ao invés de solucioná-lo.

***

As nomeações para o STF

Publicado em Carta Capital, em 03/04/2013

Será anunciado em breve, pela presidenta Dilma Rousseff, o nome do ministro do Supremo Tribunal Federal que substituirá o recém-aposentado Carlos Ayres Brito.

O fato enseja a oportunidade do debate sobre o papel e o perfil que a Suprema Corte deve ter em nosso sistema.

Até o começo de nosso atual período democrático, com a exceção de breves períodos históricos, nossa Corte teve a tradição de comportar-se como quase um apêndice do Poder Executivo, o mais tíbio e menos relevante de nossos poderes. Nossa herança e cultura autoritária de organização estatal certamente contribuíram para isso.

Que ditadura ou ditador convive bem com uma jurisdição realmente livre e autônoma? Certamente nenhum.

Com o correr do período democrático, contudo, nossa Corte maior foi exercendo de forma cada vez mais plena e autônoma seu papel de intérprete e guardiã de nossa Constituição.

Mesmo setores progressistas de nossa vida política recebem com surpresa o exercício dessa autonomia.

Estranham o papel protagonista do Judiciário no trato de grandes temas regulados por nossa Constituição, chegando a confundir com ativismo judiciário o que muitas vezes é meramente um exercício pleno da interpretação constitucional.

Novo por aqui, esse papel está mais do que consolidado nas democracias de primeiro mundo.

Provavelmente por conta do período ditatorial, quando a Constituição e Jurisdição eram apenas perfumarias de um regime autoritário, nossa esquerda democrática nunca promoveu análises e debate sobre as questões jurídicas, a jurisdição e mesmo a própria teoria do Estado.

São agora surpreendidos por fatos pelos quais não possuem a tradição de uso de instrumentos de análise adequados à sua compreensão. Mais que isso, em conjunto com a chamada "governabilidade" e um certo "republicanismo" de fundo elitista e autoritário, essa falta de relevância dada às análises e propostas de esquerda ao tema são os fatores que levam a uma inusitada situação: passados 10 anos de gestão de esquerda democrática no Poder Executivo e realizadas numerosas nomeações para o STF, essa Corte continua com o perfil conservador que, de uma forma ou de outra, sempre teve.

Erro estratégico da esquerda democrática, vitória de nossas elites conservadoras.

Um dos aspectos positivos dos debates havidos em torno do julgamento do mensalão foi a consolidação nas opiniões pública e publicada do papel político que o STF tem na conformação do Estado brasileiro.

Embora tenha tal papel político reivindicado como forma inconstitucional de flexibilizar-se a presunção de inocência num processo crime, a consequência é que fica inegável por esses mesmos interlocutores o papel de protagonismo político que a Corte tem no exercício da jurisdição constitucional, como no julgamento de grandes temas regulados por nossa Constituição diretamente, como foram o caso do uso indevido de algemas, a união estável gay, o aborto de anencéfalos, a regulação do mercado de comunicação social etc.

Ao representar a garantia contramajoritária dada aos direitos humanos fundamentais individuais e coletivos previstos em nossa Constituição, a Suprema Corte, no exercício de seu papel interpretativo da Constituição, conforma também de fato e nas situações concretas o papel da soberania popular em nosso sistema.

Ao julgar temas constitucionais, o STF determina onde, quando e em quais limites devem se dar as decisões adotadas pela maioria da população; e, uma vez adotadas, se são válidas ou não e em qual extensão.

Num modelo estratégico de ação política democrática como o adotado por nossas forças trabalhistas, progressistas e de esquerda, em que a vontade eleitoral da maioria da população é o mecanismo de poder utilizado para conquistas de avanços no território da distribuição de riquezas e direitos sociais – e também como veículo de modernização de nosso capitalismo "feudal" e plutocrático –, não ocupar espaço na Corte que define os limites dessa soberania popular é entregar nas mãos das elites a palavra final sobre a validade, real extensão e continuidade dessas conquistas obtidas pela maioria democrática.

Decisões estratégicas eventualmente adotadas por lei majoritária, como a aplicação das determinações constitucionais de fim do monopólio de meios de comunicação social e a chamada "lei de meios", imposto sobre grandes fortunas e outras conquistas progressistas que podem se realizar dependerão sempre da decisão final de nossa Corte. O mesmo se diga com relação a conquistas já obtidas como Prouni ou Bolsa Família.

Isso sem contar as tentativas judicionalizadas de desmonte político da imagem de líderes como o ex-presidente Lula, sempre engendradas por alianças não declaradas entre os veículos da mídia conservadora e agentes estatais incumbidos de investigar e julgar.

O papel protagonista da Corte Suprema na definição dos limites da soberania popular é e será uma realidade enquanto houver no país um Estado Democrático de Direito. Esse é seu mister como Judiciário democrático.

Cabe aos setores progressistas ter a coragem de trazer a público o debate sobre o perfil ideológico e político de seus candidatos a ministros. Como, aliás, é fito na maioria das nações democráticas do mundo.

Esse é um debate que deve sair dos corredores palacianos e chegar às ruas. É no debate público que mora a transformação e a justiça real e é nele que a democracia se fortalece.

É hora de reformar o STF

Publicado em Carta Capital, em 18/05/2013

Na data em que escrevo este artigo, nosso STF realizou sessão na qual julgou Reclamação relativa a *habeas corpus* proposta pela Defensoria da União sobre as questões de progressão de pena na execução penal de crimes hediondos.

A polêmica relevante não se deu no mérito da questão, que já havia sido decidida no sentido de considerar inconstitucional lei federal. Ela ocorreu ao interpretar o inciso X do artigo 52 de nossa Constituição, que dá ao Senado a decisão final quanto a oferecer eficácia geral a declarações de inconstitucionalidade proferidas em decisões finais do STF em ações da chamada via difusa de controle, ou seja, em ações comuns nas quais partes litigam em casos concretos.

Normalmente, tais decisões teriam efeito só entre as partes, pois se tratam de litígios concretos. Nossa Constituição, entretanto, ofereceu ao Senado competência para poder estender os efeitos de tal decisão para outros casos análogos.

Não se devem confundir tais casos com o controle concentrado de constitucionalidade, realizado em abstrato por meio do contraste direto de leis e atos regulamentares federais e estaduais diretamente com o Texto Maior, pela via de ações diretas de inconstitucionalidade ou de constitucionalidade propostas pelo MP Federal, pela Presidência da República ou outras entidades legitimadas.

Neste caso do controle concentrado, o parágrafo 2º do artigo 102 da Constituição prevê que a decisão final do Supremo entrará em vigor de imediato, não havendo qualquer intervenção do Legislativo no controle.

Assim, nossa Constituição é expressa nos dois casos: no controle difuso a palavra final é do Senado, no concentrado do STF. O texto constitucional não abre margem a dúvida razoável.

Ocorre que no caso concreto referido dos ministros, com voto capitaneado por Gilmar Mendes, entenderam que a competência do Senado nas decisões de inconstitucionalidade em casos concretos de litígio entre partes, de estabelecer o alcance geral de tais decisões, não deve ocorrer, mesmo com a previsão expressa de nossa Constituição.

Com o voto incisivo e contundente do ministro Ricardo Lewandowski, três ministros postularam pela manutenção da incidência do Texto Constitucional, preservando a competência do Senado.

Com o pedido de vista de um ministro, a sessão foi interrompida sem ainda haver resultado definitivo.

Ocorre que, caso vitorioso o entendimento de Gilmar Mendes, mais uma vez nosso STF estará afrontando às claras o texto de nossa Constituição com o fim de subtrair competência do Poder Legislativo, a exemplo das liminares de "controle judicial preventivo de constitucionalidade", impedindo a tramitação de projetos e da subtração da competência do Legislativo para cassar mandatos de seus integrantes no caso de condenação criminal.

A gravidade de tal conduta, se adotada afinal, é evidente. Haverá, além de agressão à Constituição, gravame indevido à soberania popular representada pelo Legislativo.

Legislativo e STF têm andado às turras, isso não é segredo para ninguém. Mas tal conflito não pode transbordar ao ponto do Supremo, de fato, se atribuir poderes constituintes, ocupando indevidamente território próprio da política e das decisões majoritárias, como tem ocorrido ultimamente em mais de uma decisão e em mais de um tema.

Reações primárias do Legislativo, buscando ceifar competências contramajoritárias próprias do Supremo ,também não devem ser bem-vindas.

O imbróglio todo convida a cidadania a pensar numa necessária reforma do STF, compatível com a tripartição de funções de nossa Constituição.

Mandato de tempo limitado para ministros, forma mais democrática de suas escolhas e assumir como político o debate quanto às nomeações são propostas a serem debatidas.

Enquanto a reforma não vem, o que se exige dos atores envolvidos é equilíbrio e contenção. Respeito à Constituição, aos poderes republicanos e às instituições democráticas.

***

STF acima das pressões

Publicado em Carta Capital, em 14/08/2013

O Supremo Tribunal Federal retoma nesta semana o julgamento da Ação Penal 470, analisando os embargos de declaração apresentados pelas defesas dos réus, além de discutir se aceitará ou não os infringentes. O debate sobre o caso volta à tona, mas agora, na visão de alguns analistas, com um ingrediente extra: "a pressão das ruas" não deixa espaço para que os ministros analisem cada recurso como manda a Constituição e o regimento interno da Corte.

O clima pós-manifestações de junho deve ser respeitado, mas não pode servir de argumento simplista para cercear o papel do STF de avaliar com independência e isenção os recursos apresentados. Mais que simplista, tal argumento é uma armadilha para o Estado Democrático de Direito. Decisões de tribunais devem ter um sentido contramajoritário em favor dos direitos fundamentais. Um tribunal deve ser a voz do direito e não a voz das ruas.

Recentemente, o professor Joaquim Falcão, da FGV, durante debate que promovia o lançamento de seu livro *Mensalão – Diário de um julgamento*, afirmou que os ministros devem analisar, diante da "impaciência das ruas", se os embargos infringentes não serão usados apenas como uma estratégia da defesa para postergar o julgamento. "A pergunta (nas ruas) vai ser a seguinte: sete anos não é tempo suficiente para se chegar a uma decisão? Não teriam todas as oportunidades de defesa sido dadas de forma suficiente?", disse Falcão.

A resposta é não. Não tenho dúvidas de que o brasileiro que saiu às ruas em junho ou mesmo que assistiu a tudo pela televisão, mas ficou orgulhoso com o sentimento de que o "gigante acordou", quer que a Justiça brasileira seja célere, mas sobretudo que seja justa. Condenar e mandar para a cadeia sob o risco de se tomar uma decisão errada não é uma solução que fará do Brasil um país melhor.

As ditaduras no século XX tiveram sempre essa característica de, nessas questões, privilegiar o resultado em detrimento do processo. O fim em desfavor do meio. Assim foram a solução final nazista em relação aos judeus e os julgamentos Estanilistas dos dissidentes.

Em primeiro lugar, é preciso esclarecer que o julgamento não acabou em dezembro exatamente porque os embargos são fases que compõem o roteiro normal de uma ação penal perante o STF. Estão previstos no regimento interno e servem para corrigir erros e também para rever o mérito quando o réu obteve ao menos quatro votos a seu favor.

Não há dúvidas de que o julgamento do mensalão precisa de muitas correções. Entre os vários equívocos apontados pelos advogados de defesa, a questão do desvio do dinheiro público, um dos pilares da acusação, não se sustenta em pé. O STF concluiu que mais de 70 milhões de reais foram desviados do Banco do Brasil e da Câmara dos Deputados para abastecer o esquema. Há, no entanto, provas robustas de que os serviços de publicidade e promoção foram executados pela DNA e SMP&B tanto no contrato com o BB quanto na Câmara. Existem ordens de serviços, notas fiscais, auditorias e pareceres do próprio TCU, além dos relatórios com vídeos e fotografias que comprovam os trabalhos. Exemplos não faltam: anúncios em jornais, revistas e TVs, patrocínios a festas populares e a atletas, como o tenista Gustavo Kuerten e as jogadoras de vôlei de praia Shelda e Adriana Behar.

Na fase de dosimetria, um erro crasso sobre a data da morte do ex-presidente do PTB José Carlos Martinez deverá obrigar o plenário a rever as penas para os crimes de corrupção ativa e passiva. O ministro relator considerou que a promessa de dinheiro a Martinez ocorrera depois de novembro de 2003, quando passou a valer penas mais rígidas para tais crimes. Mas é público e notório que o ex-petebista morreu dia

4 de outubro do mesmo ano em um acidente aéreo. Portanto, qualquer acordo entre os partidos só poderia ter sido fechado ainda no período de vigência da lei anterior.

Esses são apenas dois exemplos, mas que mudam tanto a configuração do mérito do caso quanto das penas aplicadas. Precisamos aprender com o exemplo do ano passado, quando o desejo de se chegar a uma condenação exemplar supostamente garantidora da moralidade pública desequilibrou a balança da Justiça e se sobrepôs tanto à presunção de inocência e outros direitos fundamentais quanto a contraprovas que desmentem boa parte do enredo contado em plenário. Um ano depois, temos uma chance para corrigir injustiças. Que as sessões de 2013 sejam pautadas pelo equilíbrio atento aos autos do processo e à Constituição e que os ministros tenham a grandeza – que sabemos todos lá têm – para corrigir erros evidentes e a rever o mérito, quando necessário e formalmente possível. O Brasil precisa de justiça, não de justiçamento.

A cortesia nos tribunais

Publicado em Carta Capital, em 20/08/2013

A etiqueta, conjunto de regras relativas aos modos de convivência cotidiana, é uma construção cultural do início da sociedade moderna, conforme ensina o filósofo político Renato Janine Ribeiro, um dos mais relevantes intelectuais do Brasil de nossos dias.

A partir do estudo histórico do fenômeno, o professor da USP aponta duas ideias centrais que integram o conceito. Como ressalta o filósofo, a humanidade penou para superar seus modos rústicos e de expressão agressiva e construir um procedimento de condutas e gestos centrados nos valores da urbanidade e civilidade.

Essa primeira ideia tem como núcleo o respeito de um pelo outro; reflete a noção de que todos nós, seres humanos, somos iguais em essência. Por meio do trato educado em relação ao outro, demonstramos, em pequenos gestos, que por mais valência que tenha nossa posição social, ela nunca é motivo justificador da arrogância e da desconsideração do outro.

Tem-se assim etiqueta como uma "pequena ética" o reconhecimento por gestos e posturas do outro como ser portador de dignidade humana, não por conta de suas condições materiais ou de poder, mas pelo simples fato de pertinência à espécie humana.

Nesse aspecto, não é nada relevante o conhecimento de regras específicas de conduta, quais talheres escolher à mesa ou como proceder num serviço à francesa, e sim demonstrar respeito, preocupar-se com os sentimentos alheios, buscar combater a arrogância e a prepotência em suas próprias atitudes, com vistas à observância do valor geral da dignidade como parâmetro das relações humanas, tanto no grande evento social, histórico ou político quanto na microfísica do cotidiano.

O ser verdadeiramente ético não seleciona apenas o olhar público ou os grandes atos como *lócus* exclusivo da vivência dos valores que postula.

As regras dos talheres, do RSVP, dos trajes adequados, em geral e em especial, quando descoladas dos valores referidos, traduzem a segunda ideia que o professor Janine Ribeiro postula como inerente ao conceito de etiqueta, qual seja, distinguir entre as classes e segmentos sociais, criar símbolos gestuais de pertencimento às elites, distinguindo seus integrantes do restante da comunidade humana. Reflexo, portanto, de valores antagônicos ao da "pequena ética" da primeira ideia, uma etiqueta aristocrática da desigualdade em oposição à etiqueta democrática da celebração da dignidade humana.

Em minha atividade profissional, a das lides nos tribunais, a questão da etiqueta se intensifica.

Por todo meu meio século de existência ouvi de amigos profissionais de outras áreas de saber, e mesmo de colegas, críticas incisivas ao modo exageradamente formal de trato entre os profissionais do direito.

Se em certa dimensão a crítica é correta, por outro lado deixa às vezes de levar em consideração aspectos específicos da operação com o direito e seus litígios, que tornam a cortesia mais do que uma saudável e ética regra de convivência, numa verdadeira exigência de salubridade no exercício profissional.

O profissional do direito é o único que tem um colega seu pago para desconstruir seu trabalho traduzido em argumentos, seja na disputa entre promotor e advogado na causa, seja no debate entre julgadores num tribunal (do colegiado democrático se espera mais a divergência que o consenso).

Nem o médico nem o historiador nem o filósofo nem o engenheiro passam por isso.

Podem argumentar que no mundo acadêmico a divergência e o debate são inerências da atividade. Mas a divergência aí, por mais cotidiana, é decorrência ocasional de enfoques ou raciocínios diversos, e não um pressuposto.

A divergência e a oposição no direito não são condições ocasionais, mas sim necessárias, sob pena de direitos fundamentais da sociedade democrática irem para o ralo.

O tribunal, portanto, mais do que qualquer outro lugar social, dever ser o ambiente da cortesia e do respeito. Arrogâncias e incivilidades devem ser tidas não como meras deselegâncias mas como comportamentos juridicamente ilícitos, sujeitos a sanções legais, sob pena de inviabilizar a função republicana da jurisdição, impedindo a sua realização em padrões minimamente civilizados e éticos.

Infelizmente não é o que se tem observado nos tribunais brasileiros. Várias foram as notícias de agressões, inclusive físicas, entre promotores e advogados em júris midiáticos. Mesmo quando a violência física não se faz presente, é de estarrecer os xingamentos e maus modos que vão sendo placidamente aceitos em nossas Cortes.

São mais do que públicas as deselegâncias do presidente de nossa Corte Suprema com outros ministros, por apenas divergir de seu entendimento, e também com outros magistrados, advogados e jornalistas.

Mais do que um problema em si, a falta de bons modos em nossos tribunais me parece um sintoma de um mal maior. O Judiciário, dos Poderes da República, é o mais infenso às mudanças democráticas que se realizam no Estado e na sociedade brasileira.

Ninguém gosta de criticar juiz, advogado ou promotor. O mais honesto entre os homens pode amanhã se ver envolvido numa acusação injusta ou conflitar com terceiros e depender da ação desses profissionais para que a injustiça não o prejudique.

Em nossa tradição aristocrático-patrimonialista de Estado, criticar autoridades e profissionais tão relevantes pode ser o caminho para o dissabor.

Já o deputado ou o chefe do Executivo dependem do voto e, como tal, são naturalmente mais sujeitos à crítica, seja pela disputa eleitoral, seja porque não podem se dar ao luxo da antipatia.

A sujeição à crítica não tem sido suficiente para resolver graves problemas de nossas esferas estritamente políticas, mas pelo menos suas mazelas são de todos conhecidas. O mesmo não ocorre com a chamada "caixa-preta" de nossas instituições e corporações jurídicas.

A sensação de impunidade e intangibilidade a críticas mais amplas é tanta que até o despudor do xingamento público em cadeia nacional é aceito em nossa Corte Maior como ocorrência natural, desmerecedora de reprovação.

O maior problema da ofensa a um colega em um tribunal não é o vilipêndio a um companheiro de profissão, numa perspectiva corporativa, muitas vezes equivocadamente argumentada, mas sim a desconsideração da dignidade do colega, a ofensa ao outro em sua condição humana, sua humilhação pública e perversa.

Pior que isso, a descortesia tem sido festejada em setores mais grotescos do ambiente social como prática moralista, a ira combatente do mal.

Confirma minha impressão de sempre: o sentimento moralista nunca é irmão da ética e da dignidade. Só germina com o adubo da hipocrisia.

Embargos conhecidos

Publicado em Carta Capital, em 18/09/2013

Tive a oportunidade de em artigo anterior neste espaço expor meu ponto de vista sobre a questão do conhecimento dos embargos infringentes na Ação Penal 470, o chamado caso do mensalão. Como a maioria dos ministros do STF, manifestei minha posição pelo conhecimento dos embargos.[17]

Os ministros do STF, em especial Celso de Mello, pela circunstância de votar por último em sessão isolada, o que ocasionou sensível pressão midiática para que não adotasse a decisão que acabou adotando, tiveram de decidir uma questão jurídica de difícil deslinde.

Ao contrário de outras decisões no caso, em que a divisão em plenário não expressou uma verdadeira dificuldade interpretativa de nossa

---

17 Em 18/09/2013, o Supremo Tribunal Federal (STF) decidiu acatar os embargos infringentes de 12 réus do processo do chamado mensalão. O último a votar favoravelmente ao conhecimento dos recursos foi o ministro Celso de Mello, que desempatou o placar da Corte, encerrado em 6 votos a 5.

ordem jurídica, essa última decisão se referiu a um caso que na teoria jurídica é chamado de um "hard case". Ou seja, um caso difícil, no sentido que a ordem jurídica oferece mais de uma solução possível para o caso, contraditórias entre si.

A verdade é que ambas as posições estavam estribadas em argumentos consistentes, o que exigiu dos ministros ponderarem valores de nossa Carta constitucional como forma de verificação da interpretação mais adequada. Tal valoração se dá não pelos valores pessoais do julgador, mas pelos positivados em nossa Carta.

Creio que Celso de Mello valorou da forma adequada o duplo grau de jurisdição e a interpretação favorável ao réu em caso de dúvida, fazendo o sopesamento de valores constitucionais pender para o conhecimento dos embargos. Embora tal fator não impeça de reconhecer consistência nos argumentos jurídicos em contrário.

Sem qualquer sentido, as primeiras críticas que observamos nos sites dos veículos de mídia que atribuem à decisão do ministro o caráter de "pizza" ou de leniência excessiva com os réus.

Primeiro porque julgamento não é linchamento. Num país civilizado, ímpetos histéricos de conclamação ao linchamento devem ser sempre repudiados pela jurisdição democrática.

O portador da opinião pública a ser levado em conta pelo STF é o texto da Constituição e não editoriais histéricos. Opinião pública no sistema democrático é aquela que é aferida por votação parlamentar ou pela vontade constituinte.

O conhecimento dos embargos não implica sua aceitação no mérito. Não implica por si na reversão da culpa dos réus nas decisões embargadas. Quer dizer apenas que agora vai se proceder ao julgamento dos embargos.

De forma alguma há o que anunciam manchetes destes mesmos veículos de que haverá "reabertura do caso do mensalão".

Os infringentes incidem apenas nas decisões que contaram com quatro votos a favor dos réus, dividindo o plenário.

Isso implica dizer que, mesmo que julgados procedentes no mérito os embargos, os principais réus do caso, embora possam ter alterado o regime de cumprimento de sua pena, continuarão condenados em crimes gravíssimos com penas pesadas. Crimes infamantes, graves e com penas aplicadas de forma inusualmente pesada. Isso é jogo jogado, definitivo.

Mesmo que um réu como José Dirceu venha a obter vitória nos embargos e altere seu regime de execução de pena do regime fechado para o semiaberto, ainda assim terá de dormir num estabelecimento penitenciário de péssima qualidade, vestindo roupa de prisioneiro, por um tempo considerável. Terá direitos políticos cassados agora por decisão judicial, terá sua vida pública definitivamente enterrada, sofrerá sanção patrimonial de pagamento de multa de valor vultuoso, carregará pelo resto de seus dias a condição infamante de condenado por corrupção ativa.

E mais, todas essas condenações pesadas e já imutáveis jamais foram vistas em nossa história em se tratando de crimes contra a administração pública. E tudo isso tendo-se em conta provas extremamente frágeis de autoria, sem qualquer consideração por provas apresentadas pela defesa.

O discurso midiático de insatisfação do desejo público ou publicado de punição não corresponde à realidade dos autos e do que já está deliberado definitivamente no julgamento.

O que estará em jogo nos embargos é apenas o crime de quadrilha, o menos grave de todos os atribuídos e com penas mais leves. Óbvio erro chamar esse fato de reabertura do caso. Imprecisão a serviço da histeria.

A meu ver, a decisão do ministro Celso e de seus pares merece elogios pela racionalidade jurídica e pela isenção que expressa. Mas mesmo quem não a considera adequada deve mitigar qualquer crítica que tenha. O caso era de muito difícil decisão, tribunal e comunidade jurídica especializada não se dividiram à toa. Só o leigo desavisado, o "técnico de futebol" palpiteiro ou o jornalista não tão desavisado e não tão isento podem ter certezas e arrotar lições dotadas de plena assertividade.

***

O "mensaleiro" inimigo

Publicado em Carta Capital, em 09/12/2013

A ilegalidade da prisão dos condenados no caso do mensalão é evidente e dispensa maiores comentários. A ordem antecipada de execução da pena, antes do trânsito em julgado do caso, como já tratamos em artigo anterior, é de constitucionalidade no mínimo duvidosa, atentando contra direitos fundamentais dos réus.

Walter Maierovich, em recentes artigos na *Carta Capital*, demonstrou os descumprimentos da lei de execução penal até mesmo em assuntos de natureza disciplinar, como no caso da inconstitucional e ilegal decisão de opor uma mordaça aos condenados, impedindo-os do livre exercício do seu direito à livre expressão, contrariando nossa Carta Magna e a referida lei de execução penal.

A nosso ver, o que mais assusta é o encarceramento de pessoas que não foram condenadas a esse tipo de pena. Por maiores que sejam as tentativas de produção de um discurso sinuoso de justificação, a realidade é crua: pessoas não condenadas definitivamente ao aprisionamento estão aprisionadas.

Não se desrespeita apenas mandamentos constitucionais e de legalidade nesse tipo de comportamento de nosso sistema de justiça, mas regras elementares de civilidade. Conquistas civilizatórias mínimas já assentadas ha mais de século são solenemente desprezadas. Prende-se em regime fechado quem não foi condenado à prisão em regime fechado.

O que também chama a atenção é que o protesto contra tal tipo de conduta ilícita e autoritária, a reivindicação de direitos legítimos pelos condenados, é tida no mais das vezes, pelos órgãos de comunicação, como luta por privilégios. O argumento é rasteiro mas revelador, quase um ato falho. Se a maioria da população pobre encarcerada não tem garantido direitos mínimos, até mesmo o de contar com advogado e defesa, muitos estando presos ilicitamente, porque os condenados do mensalão devem ser atendidos em seus direitos? Ou restaure-se a legalidade a todos ou mantenham-se todos no fosso da ilegalidade e do arbítrio.

Quase como dizer: se muitos detidos pela polícia como suspeitos de crimes são torturados, por que não torturar os "mensaleiros" também? A mesma mídia que protestava, corretamente, contra o uso de algemas quando da prisão de Daniel Dantas agora quer instaurar a indistinção de classes no sistema prisional pela universalização do arbítrio e não dos direitos. O que diferencia Daniel Dantas e outros detidos semelhantes de José Dirceu e Genoíno?

A diferença é clara. Para esses setores midiáticos e sociais, Dirceu e Genoíno devem ser postos na mesma categoria político-penal da maioria pobre da população, a de inimigo.

Conforme já tratamos em artigos anteriores e mesmo em trabalhos acadêmicos, a figura do inimigo há de ser tida como categoria política no plano da Teoria do Estado.

A expressão inimigo, aqui, tem sentido próprio e específico, como a pessoa que não é tida no plano jurídico-político como pessoa. Tem seus direitos fundamentais suspensos. É tratado como um ser vivente sem proteção jurídica ou política por sua condição humana. "Vida nua", portanto, na expressão de Giorgio Agambem.

Durante o regime militar brasileiro, o inimigo era o comunista. Como o comunista é difícil de identificar no todo social, a sociedade em sua totalidade tinha seus direitos suspensos em alguma medida. Todos, por exemplo, tinham o direito à livre expressão suprimido, os oposicionistas, seus parentes, amigos e alguns incautos também viam suspensos seus direitos à vida e à integridade física. Ou seja, a sociedade civil, não fardada, era a inimiga.

No Brasil de hoje, o inimigo é o "bandido". O bandido tem etnias diversas, de acordo com o local do território nacional, mas em geral é afrodescendente. E sempre é pobre.

O incluído do centro expandido das grandes cidades e dos bolsões de riqueza no campo, quando suspeito de crime ou quando eventualmente condenado, é tratado como o ser humano que erra, tem os direitos fundamentais de sua condição humana mantidos mesmo na detenção ou condenação. Não perde seus status jurídico e político de humano.

O pobre quando suspeito de crime é morto, sem qualquer respeito ao seu direito à vida. Se não é morto é preso, sem processo real ou defesa efetiva. Sequer se cogita de qualquer cumprimento da legalidade na execução de sua pena. É tratado como inimigo, como vida nua, sem qualquer tipo de proteção de direitos mínimos inerentes à sua condição humana.

Ora o que se pleiteia é que os réus do mensalão não sejam tratados como os de sua classe social, os incluídos do centro urbano, mas sim como os excluídos da periferia.

O sistema punitivo de nossa Justiça funciona sobre um nítido mecanismo de distinção de classes. Talvez seja o âmbito da vida social onde a distinção injusta de classes mais possa ser aferida.

Mas no caso de Genoíno e Dirceu, sua classe social pouco importa. A eles deve ser destinado o tratamento punitivo do inimigo, do pobre suspeito ou condenado por crime. Creio que tal aspecto pode ser inconscientemente revelador do porquê do excesso.

Deseja-se não apenas a condenação dos réus, mas seu máximo sofrimento. Deseja-se retirar-lhes sua condição humana pela condenação. Deseja-se trata-los como inimigos e não como seres humanos que erraram.

Talvez não apenas pelos supostos crimes que cometeram, mas também pelo fato de serem políticos com relevante papel na construção do partido e do governo que em nossa história recente mais fez pela maioria pobre de onde os bandidos e os inimigos provém.

Os "mensaleiros" devem ter por parte do sistema punitivo tratamento igual ao do segmento social que defenderam por toda sua vida política e não o costumeiramente oferecido aos integrantes da classe social a qual efetivamente pertencem.

Estariam tais mensaleiros sendo punidos também por alguma imaginária "traição de classe"? Filhos da classe média incluída que dedicaram seu tempo vivido a combater os privilégios deste mecanismo de opressão social.

O caso do mensalão ainda está vivo, só se pode analisá-lo por biópsia. E a boa análise histórica e política se faz, normalmente, por necrópsia. O tema está muito quente no espírito para conclusões definitivas. Mas essa outra narrativa alternativa à narrativa dominante, que este artigo traz uma de sua dimensões, não pode ser de plano descartada. Há que ser refletida ao menos como possibilidade.

***

A decisão do STF

Publicado em Carta Capital, em 27/02/2014

A discussão sobre quadrilha dividiu os ministros em 2012, dividiu no ano passado e, agora, voltou a dividi-los, mas desta vez com um resultado diferente: em favor dos réus. A razão da divergência é simples: a acusação não conseguiu provar que os réus se reuniram de forma permanente com o propósito de cometer crimes. Seis ministros entendem que não houve formação de quadrilha e sim, como votou Rosa Weber, "situações em que os réus fazem apenas uma coparticipação para obter vantagens individuais".

Contudo, diante das pressões por um julgamento exemplar, não seria possível concluir que "formação de quadrilha", "sofisticada organização criminosa" ou simplesmente "associação criminosa" são a mesma coisa?

Não, essa possibilidade não existe. O crime de formação de quadrilha está claramente definido no Código Penal, e ocorre quando três ou mais pessoas se associam, de maneira estável e permanente, com o propósito de cometer crimes e perturbar a paz social. O que, convenhamos, não ficou provado no julgamento.

Segundo o voto da ministra Cármen Lúcia, no caso da AP 470, tanto os réus ligados aos partidos políticos quanto os relacionados às agências de publicidade não se associaram com esse fim específico. Para a ministra, eles já ocupavam tais cargos quando outros crimes foram cometidos.

A ministra Rosa Weber argumentou ainda que só atuam em quadrilha pessoas que sobrevivem dos produtos conquistados pelo crime. "O fato narrado na denúncia caracteriza coautoria e não quadrilha", afirmou à época do julgamento.

Lampião no processo

É preciso lembrar que o delito de formação de quadrilha surge no Código Penal brasileiro na época do cangaço no sertão nordestino, quando a simples existência do grupo organizado por Lampião causava desassossego na sociedade. Ou, como diz o artigo 288 do Código, era uma ameaça à "paz social". O exemplo do cangaceiro como referência à quadrilha chegou a ser citado por Cármen Lúcia em plenário.

O debate tampouco é inédito no Supremo. Já em 2007, quando da aceitação da denúncia que deu origem à Ação Penal 470, já havia vozes na própria Corte que entendiam que a reunião de algumas pessoas para cometer delitos – sejam de ordem financeira ou eleitoral – dentro de uma agremiação política não caracterizava a formação de quadrilha.

Mesmo assim a denúncia foi aceita sob o argumento de que era preciso ir a fundo na investigação. Cinco anos depois, superada toda a instrução penal, a acusação do Ministério Público manteve-se igualmente desprovida de provas.

Em agosto do ano passado, um caso similar chamou a atenção e sua decisão caminhou na linha da divergência aberta por Lewandowski. O STF condenou o senador Ivo Cassol (PP-RO) e outros dois réus por fraude em licitações na cidade de Rolim de Moura, em Rondônia, entre 1998 e 2002, porém os absolveu do crime de quadrilha. No entendimento do ministro Dias Toffoli, revisor do caso, não ficou provada a associação permanente para cometer crimes, como acusou o Ministério Público, restando apenas a união dos envolvidos para delitos pontuais, no sistema de coautoria. Os ministros Luis Roberto Barroso e Teori Zavascki, que ainda não haviam se pronunciado sobre a AP 470, acompanharam o voto de Toffoli.

JB argumentou que o caso do mensalão é diferente dos aludidos julgados mas, no tocante à definição do crime de quadrilha ocorrida nesses julgamentos, essa afirmação não se sustenta. Tais julgados estabeleceram critérios para caracterização do crime. Não observá-los neste atual julgamento sem clara justificação do porquê da mudança fere a coerência como princípio da jurisdição.

O que fez a maioria do STF agora foi manter a coerência da Corte em seus julgados, o que, no entender da Teoria Constitucional contemporânea, é um direito fundamental da pessoa humana jurisdicionada.

Desrespeito de Barbosa

De qualquer forma, é inegável a divisão da Corte, o que indica correção na decisão por inocência. A questão não é de fácil interpretação, se o fosse não teria ocasionado tal divisão.

Por isso não é nada razoável quem se filie a uma dessas interpretações, por mais convicção que tenha, desqualificar os que pensam de forma contrária.

Esse fato por si só desautoriza o presidente da Corte a agir como agiu, chegando ao ponto de injustamente desqualificar a pessoa de seu colega, o ministro Barroso, pelo simples fato de este não pensar como ele.

A forma agressiva como se dirigiu a seu colega, sem favor nenhum a um dos maiores constitucionalistas brasileiros, foi totalmente despropositada, revelando comportamento estranho e inadequado a um integrante da Suprema Corte, em especial sendo seu presidente.

No final fez discurso político, em tom de dar um pito em seus colegas contrários à sua posição. Falou como se o caso fosse de fácil e unívoca interpretação, chegando ao ponto de acusar motivações não jurídicas de seus colegas na decisão, o que também não é adequado a uma Corte de Justiça. O presidente desrespeitou seus colegas e, por consequência, o próprio STF.

De qualquer modo, esta correta decisão do STF não altera o fato de que os réus foram condenados a penas pesadas por crimes graves e infamantes por decisão irrecorrível.

***

Esta obra foi impressa em São Paulo pela Gráfica Vida e Consciência no outono de 2015. No texto foi utilizada a fonte ITC Stone Serif em corpo 10,5 e entrelinha de 18 pontos.